Elsa Koester

Stiefmutter sein

VOM UNGEPLANTEN
GLÜCK, IN EINER
PATCHWORKFAMILIE
ZU LEBEN

PENGUIN VERLAG

MIX
Papier | Fördert gute Waldnutzung
FSC® C014496

Penguin Random House Verlagsgruppe FSC® N001967

1. Auflage

in der Penguin Random House Verlagsgruppe GmbH,
Neumarkter Straße 28, 81673 München
Umschlaggestaltung: FAVORITBUERO, München
Umschlagabbildung: © Mimi E/Shutterstock
Satz: GGP Media GmbH, Pößneck
Druck und Bindung: GGP Media GmbH, Pößneck
Printed in Germany 2023
ISBN 978-3-328-11047-7
www.penguin-verlag.de

zwei kleine herzen

eins
zwei

eins
isst das eis mit streuseln
(bunt)
und verspricht
es immer zu tun
(auch erwachsen)
immer mit streuseln
(bunt)
aber nur nicht
auf der stirn
auf der stirn:
zitrone
gegen rote streusel
und hochgesteckt
die haare
(rot)
eins
hat rote haare
mit streuseln
wie eine mohnblume

zwei
ist geheim
(!)
er darf nichts fremdes
wenn die erwachsenen
weghören
dann flüstert er leise
mit den göttern
(beim teutates!)
flüstert er
diese erwachsenen
sie brüllen wie löwen
aber was in ihrem herzen ist
das sagen sie nur
mit den augen
und wollen
dass man es sieht
aber nicht sagt
diese erwachsenen
(teutates!)
sie brüllen schweigend

zwei flüstert
und liest
augen

zwei kleine herzen
eine mohnblume
und ein gottesflüsterer

Inhalt

Ich bin Elsa. Ich bin eine Stiefmutter.

Meine Kollegin ist vor Kurzem Mutter geworden. Das heißt: Sie wurde schwanger, sie bekam einen Babybauch, und dann ging sie in den Mutterschutz, dann bereitete sie alles für die Geburt vor, dann bekam sie einen kleinen Sohn. An ihrem letzten Arbeitstag vor ihrer Mutterwerdung verabschiedeten wir sie im Büro, bei der Wochenzeitung *der Freitag*. Wir hatten unter Kolleginnen ein gemeinsames Geschenk organisiert – einen Verpflegungsdienst mit tollem Essen zur Stärkung nach der Geburt. Es gab auch Blumen und Karten, und alle sagten Dinge wie: »Oh, das wird jetzt eine ganz besondere Zeit, du wirst soooo müde sein, hahaha, aber es ist die wichtigste Zeit im Leben, genieß sie.«

Meine Kollegin und Freundin lächelte glücklich und ein bisschen schüchtern, wie sie meistens lächelt, sie las die Karten und ließ sich kleine Geschichten erzählen, von Babys und Familie, die Stimmung war so schön, und ich sah auf die Blumen und die Karten und all das Lächeln und dachte: Wann habe ich eigentlich so ein Lächeln bekommen? Wann werde ich es bekommen? Ich habe doch auch gerade eine Familie gekriegt! Wie ist das eigentlich passiert? Dass mein Leben sich dermaßen auf den Kopf gestellt hat, mit einer Jugendlichen und einem kleinen Jungen in meinem Zuhause, dass plötzlich alles Chaos ist, morgens und abends und an den Wochenenden, dass die Küche plötzlich erfüllt ist von Gejammer und Protestgeheul, von Gezeter und Diskussion, von Lachen und Kitzeln und Stampfen und Quatschmachen, von Nutella und schief gerolltem Sushi, und dass ich so müde bin, ständig bin ich müde, aber glücklich, und auch genervt, und ihr alle hier wisst gar nicht, warum, und nie habe ich dieses Lächeln bekommen. Es gab nie diesen Moment hier für mich, es gab keine Karten und keine Blumen und keine Geschenke, und vor allem gab es keine Geschichten und Tipps, wie man es mit so einer Jugendlichen und einem kleinen Jungen aushält, ohne durchzudrehen, und es gab keine Power-Verpflegungsdienst-Gutscheine.

Meine Kollegin lächelte weiter, und die anderen Kolleginnen strahlten und erzählten weiter, und da platzte es aus mir heraus: »Ey! Wo sind eigentlich meine Blumen? Ich hab auch eine Familie bekommen! Ich bin … Stiefmutter geworden!«

Mit einem Mal war es ganz still im Raum. Dutzende Augen blickten mich groß an, denn sie hörten es zum ersten Mal: »Stiefmutter geworden«.

Alle wissen, wer eine Mutter ist. Aber wer ist eine Stiefmutter?

Ich konnte es sehen, das Bild, das meine Kolleginnen da im Kopf hatten. Ich kannte es genau. Nehmen Sie mal Ihr Smartphone, einen beliebigen Messenger-Dienst und suchen Sie bei den GIFs nach »Stepmother«. Da kommt das Bild, das wir alle im Kopf haben bei diesem Wort: eine alternde Giftspritze mit grauen Haaren, zu einem Dutt hochgebunden, spitzes Kinn, gehässige, zu Schlitzen gezogene Augen, mit einer Hautfarbe, die irgendwo zwischen Gelb, Grün und Lila liegt. Voilà: die Stiefmutter aus Disney's Cinderella. Walt Disney ist spitze darin, Klischees direkt aus unseren Köpfen auf die Leinwand zu projizieren.

Ich konnte ihn sehen, den Film, der vor den inneren Augen meiner Kolleginnen ablief: Stiefmutter. Nur passte dieser Film nicht zu dem, was sie vor sich sahen: eine 37-jährige Kollegin, die eigentlich ganz nett wirkte, bislang zumindest. Ohne Dutt. Ohne diese gehässigen Augen. Was also sagte ich da? Wer war ich?

Dann rappelten sie sich zusammen.

»Ja«, sagten mir die Kolleginnen, »aber du bist sicher eine ganz andere Stiefmutter! Du bist feministisch und empathisch, du bist eine Bonusmutter. Den Kindern macht es bestimmt Spaß mit dir, du bist gut für sie, da sind wir uns sicher.«

Es wurde ein langer Abend. Ich versuchte meinen Kolleginnen und Freundinnen da irgendwie zu erklären, dass ich sie leider enttäuschen musste. Dass ich durchaus eifersüchtig war. Und manchmal zickig und mies gelaunt und nicht immer *gut* und *richtig* zu den Kindern. Und ich versuchte zu erklären, wie das kam: wie überfordert ich mich fühlte in so einer fremden Familie plötzlich, die teils ganz anderen Regeln folgte, als ich sie mir wünschen würde. Wie ausgeschlossen ich mich oft fühlte im Zusammenleben mit Kindern, die schon eine Mutter hatten und die sich keineswegs ausgesucht hatten, mich als Stiefmutter dazuzubekommen. In einer Familie, in der ich nichts zu sagen hatte, und dadurch auch in einem Zuhause, in dem ich fast nichts zu sagen hatte.

Aber ich erzählte auch, wie schön es war, mit einer Jugendlichen Sushi zu rollen und über Feminismus zu diskutieren, mit einem Jungen Drachen steigen zu lassen und mit allen beiden Game Boy zu spielen. Sich zusammen die Minions anzusehen und endlich wieder Mensch ärgere dich nicht zu spielen und sich richtig ärgern zu dürfen. Ich erzählte, wie ich mich schämte, eine Stiefmutter zu sein; aber dass ich mir nicht mehr vorstellen konnte, keine mehr zu sein. Ich erzählte die Stiefmutter-Märchen aus Perspektive der Stiefmutter, und meine Kolleginnen hörten sie so zum ersten Mal.

Damals war ich gerade mal eineinhalb Jahre mit meinem Partner Bela* zusammen. Als wir uns verliebten, hatte Bela sich kurz zuvor von seiner Partnerin getrennt, mit der er einen gemeinsamen Sohn hat. Der Kleine wurde damals gerade sechs Jahre alt; Belas Tochter Arianna war schon 14 und von einer anderen Mutter, sodass ich also nicht nur mit einem Mann zusammenkam, sondern mit einer Familie, in der es schon einen Jungen und eine Jugendliche, zwei Mütter und eine Stiefmutter gab. Für Doppel-Patchwork-Unerfahrene: Es gab in der Familie bereits eine Stiefmutter vor mir, weil ja Belas zweite Partnerin schon die Stiefmutter von Arianna war – Belas Tochter aus erster Partnerschaft.

Und jetzt achten Sie mal auf Ihr Gesicht. Habe ich da ein Stirnrunzeln gesehen? Und eine hochgezogene Augenbraue! Doch, ich habe es genau gesehen, wie ich es schon in so vielen Gesichtern gesehen habe. Gerunzelte Stirn und hochgezogene Augenbraue, das bekomme ich, wenn ich von meiner neuen Familie erzähle, Bela, Arianna, dem Kleinen und den zwei Müttern.

Warum bekomme ich keine aufgerissenen Augen und ein: »Oh, toll! So viele neue Menschen in deinem Leben, ich freue mich so für dich!!!«?

Das diskutierten wir lange, an jenem Abend im Konferenzraum: Warum freut sich diese Gesellschaft nicht, wenn eine

---

* Meine Familienmitglieder sind in diesem Buch allesamt anonymisiert, ihre Namen durch Pseudonyme ersetzt, damit ihre Privatsphäre geschützt bleibt. Da »der Kleine« über eine Veröffentlichung seiner Geschichten mit seinen aktuell gerade mal neun Jahren kaum selbst entscheiden kann, bedarf er eines besonderen Schutzes; er ist in diesem Buch daher nicht individualisiert. Wenn »der Kleine« eine Erwähnung findet, dann nur, um meine Rolle in dieser Familie zu verdeutlichen; seine eigenen Gefühle, Taten und Aussagen werden hier nicht aufgeschrieben.

Familie auf diese Weise zusammenfindet, und nicht durch einen Uterus hindurch? Wenn eine Erwachsene dazukommt, um die Sorgearbeit für die Kinder mit zu übernehmen? Wenn so viele Kinder und Frauen in das Leben einer Frau kommen? Wie kann es sein, dass hier wieder eine Mutter beschämt wird und das nicht gesehen wird, obwohl doch längst so viel über Mutterbilder diskutiert wird?

Wir leben im 21. Jahrhundert, mehrere Wellen des Feminismus und der Emanzipation von verkrusteten Kleinfamilienvorstellungen sind bereits durch unsere Gesellschaft geschwappt. Frauen kämpfen seit den späten 60er-Jahren gegen die Vorstellung, es sei normal, Mutter zu werden: Mein Bauch gehört mir, das bedeutet, ich kann entscheiden, keine Mutter zu werden, ohne mich dafür schämen zu müssen. Frauen kämpfen dafür, nicht Mutter werden zu müssen – und sich dafür nicht zu schämen: Sarah Diehl veröffentlichte 2014 das Buch *Die Uhr, die nicht tickt* und machte deutlich, dass ein Leben ohne Kinder ein ebenso akzeptables Leben ist wie eines mit Kindern. Lesbische Mütter kämpfen dafür, dass ihre Mutterschaft *ganz normal* anerkannt wird: Die Bundesregierung aus SPD, Grünen und FDP arbeitet seit 2021 an der Gleichstellung queerer Mütter, also daran, dass das Kind, das eine verheiratete Frau zur Welt bringt, automatisch auch das Kind ihrer Ehefrau ist.[1] Bislang war sie für das Baby juristisch gesehen eine Fremde, sie musste erst einen Adoptionsprozess durchlaufen, um das Kind ihrer Partnerin rechtlich als ihr Kind anerkennen zu lassen. Eine lesbische Mutter, die nicht die biologische Mutter ist, war so etwas wie eine: *Stiefmutter*.

Nicht zuletzt hat die israelische Soziologin Orna Donath 2015 mit ihrer Studie *#regretting motherhood* das Tabu gebrochen, dass eine Mutter »normalerweise« glücklich in ihrer Mutterrolle aufgeht, und klargemacht: Mütter dürfen ihre

Entscheidung, ein Kind zu bekommen, auch hinterfragen, ja sogar bereuen, sie können trotzdem liebende Mütter sein.

Wie die Überforderung von Müttern mit der Gesellschaft zusammenhängt, hat jüngst die feministische Autorin Mareice Kaiser in ihrem Buch *Das Unwohlsein der modernen Mutter* aufgeschrieben: Eine Gesellschaft, die Mütter dermaßen mit der Doppelbelastung einer neoliberalen Arbeitswelt und individualisierten Sorgearbeit alleine lässt, darf sich nicht wundern, wenn diese überforderten Mütter ihre Rolle als nicht ganz so angenehm empfinden.

Wie kann es also sein, fragten wir uns da im Büro bei Sekt und Pizza, dass all diese Debatten über das Muttersein in den letzten Jahrzehnten verstärkt geführt werden, aber die Stiefmutter noch immer still und unsichtbar bleibt? Ich sah, wie meine Kolleginnen ihre eigenen Familien zum ersten Mal durch die Augen ihrer Stiefmütter sahen. Und in ihren Augen sah ich etwas, das ich noch oft sehen sollte, wenn ich das Thema auf die Rolle der Stiefmutter brachte: Empörung und Unverständnis darüber, dass die Erzählung der bösen Stiefmutter sich seit Hunderten von Jahren ungebrochen hält und im Feminismus des 21. Jahrhunderts kaum jemand auf die Idee gekommen ist, sie aufzubrechen.

Wir saßen noch bis spät in den Abend da, viel Pizza, viel Sekt, und am Ende stand die Idee für dieses Buch im Raum: »Das musst du alles unbedingt aufschreiben! Es ist Zeit für die Befreiung der Stiefmutter.«

Seit meinem Outing an jenem Abend im Büro, neben meiner Freundin und Kollegin, die Mutter wurde, habe ich zig Stiefmutter-Geschichten gehört. Was ich damals erlebte, dieses Sprudeln, wenn Menschen anfangen, über ihre Stiefbeziehungen zu sprechen, das habe ich seither ständig erlebt. Bekannte,

Kolleginnen und Kollegen outeten sich als Stiefeltern, Freundinnen erzählten von Freundinnen und Schwestern, die unter ihrer Stiefmutterrolle leiden, und so waren sie plötzlich überall, die Stiefmütter: Die eigene Chefin wird Stiefmutter, die Schwester der Zahnärztin wird es, die Freundin des Ex-Bösewichts Gru im Film über die kleinen gelben Minions wird Stiefmutter, die dänische Netflix-Ministerpräsidentin Birgitte Nyborg versteckt sich vor der neuen Stiefmutter ihrer Kinder und wird eine Staffel später selbst zu einer Stiefmutter, die schwedische Serie *Patchworkfamilie* dreht sich sogar ganz um das Stieffamilienleben, die US-amerikanische Schriftstellerin Mary McCarthy wird Stiefmutter und verhandelt mit Hannah Arendt briefelang ihre Rolle, und die queere US-Autorin Maggie Nelson durchlebt mit ihre*r*m Partner*in dieselben Stiefmutter-Qualen wie wir alle seit 300 Jahren.

»Ich bin eine Frau! Ich bin eine Mutter! Ich bin eine Christin!«, wird Giorgia Meloni, die extrem wertkonservative italienische Ministerpräsidentin, nicht müde zu betonen. Das klingt so wunderbar einfach. Alle wissen, was sie meint, oder? Wenn Giorgia Meloni davon spricht, Mutter sein zu wollen, dann weiß jeder Mensch, *wer sie sein möchte*. Wer aber möchte man sein, wenn man Stiefmutter sein möchte? Wer ist eine Stiefmutter im 21. Jahrhundert?

»Wieso sprichst du überhaupt noch von Stiefmutter?« Diese Frage habe ich oft gestellt bekommen. »Stiefmutter ist so unsexy, wieso schreibst du nicht über Bonusmütter?«, fragt mich auch die Autorin Mareice Kaiser später in diesem Buch. Die Antwort ist leicht: um sie sichtbar zu machen! Die Rolle der Stiefmutter ist dermaßen unsichtbar, dass jene wenigen Wissenschaftler*innen, die sich mit ihr beschäftigen, fassungslos vor dem winzigen Häufchen Forschung stehen, die es zu ihr gibt:

In insgesamt 133 Studien zu Stieffamilien zwischen 1987 und 1999 fanden die Psycholog*innen Lisa Doodson und David Morley gerade einmal fünf Prozent, die sich explizit mit der Rolle der Stiefmutter auseinandersetzten.[2]

Die Unsichtbarkeit der Stiefmütter und ihre Stille hängen genau mit der Scham zusammen, sich nicht als solche benennen zu wollen. Wer sich aber nicht in ihrer Rolle benennt, kann nicht aus ihrer Rolle heraus sprechen. Der Begriff »Bonusmama« kommt von dem dänischen Pädagogen Jesper Juul, der damit versucht, die Stiefmutter gesellschaftsfähig zu machen: Sie ist nicht böse, sie kommt einfach als Bonus obendrauf! Doch leider trifft dieser Begriff nicht. Denn zur Rolle einer Stiefmutter gehört das alles dazu: die Eifersucht, das gelb-lila Gesicht mit dem Dutt, das Nicht-ganz-Passen, die ungläubigen Augen, die Rivalität zur Mutter, die Unsicherheit, wer oder was man da eigentlich geworden ist in dieser Familie, die man kaum die »eigene« Familie nennen darf und in der man doch lebt. Eine Stiefmutter ist kein Bonbon. Ich finde mich da ganz in den Überlegungen der Psychologin und Stiefmutter-Beraterin Katharina Grünewald aus Köln wieder, die mir erklärte:

> Ich nutze den Begriff *Stiefmutter* ja noch, anders als viele andere. Das hat einen Grund. Natürlich ist der Stiefmutter-Begriff durch die Märchen sehr verunglimpft, in denen man ja nicht einmal mehr das Adjektiv »böse« davorstellen muss. Stiefmütter in Märchen sind per se böse. Und das ist auch in unseren Sprachgebrauch übergegangen: Jemanden stiefmütterlich zu behandeln, heißt, jemanden zu vernachlässigen. Es gab viele Versuche, den Begriff zu ersetzen: Zweitmama, Fortsetzungsfamilie, Bonusmama. Das Stief kommt weg, die Mutter kommt weg, es bleibt nur die Mama, das

> Kuschelige. Doch all diese Begriffe setzen sich nicht durch. Warum nicht? Meine Erfahrung ist, dass sich die Stiefmutter hält, gerade weil an diesem biestigen Begriff gefühlsmäßig etwas dran ist!
>
> Stiefmütter, die zu mir kommen, fühlen sich häufig ungerecht behandelt. Gemein behandelt. Sie fühlen sich nicht als böse, sondern eher als Aschenputtel. Dieses Gefühl der Ungerechtigkeit, also gemein behandelt zu werden, obwohl man doch nichts Falsches getan hat, kehrt sich dann manchmal um: Eine Stiefmutter erzählte, wie sie vor dem Regal mit dem Joghurt stand, wissend, dass der Lieblingsjoghurt des Stiefkindes der Erdbeerjoghurt ist – und sie kaufte extra den Kirschjoghurt!

Eine Bonusmama würde den Erdbeerjoghurt kaufen. Deshalb spreche auch ich von Stiefmüttern, denn Stiefmütter kaufen Kirschjoghurt. Stiefmütter sind manchmal biestig, und zwar aus Gründen. Weil sie unter ihrer Rolle leiden. Weil sie mütterlich sein müssen, ohne eine Mutter sein zu dürfen. Weil sie in einer Familie leben, die sie nicht gegründet haben und deren Regeln sie daher, vor allem in der Anfangsphase, nicht bestimmen dürfen.

Natürlich passt dieses Biestige nicht ins 21. Jahrhundert. Man ist keine Stiefmutter, man ist Co-Parent. 2022 ist ein irre dickes, über 600 Seiten umfassendes Handbuch über *Feministische Perspektiven auf Elternschaft* erschienen. Darin geht es um kritische Vaterschaft, Mutterschaft als Person of Color, um Scheidung und Unterhalt, schwule und lesbische Elternschaft, trans Schwangerschaft, Fehlgeburten und Leihmutterschaft, es geht um Alleinerziehende und Prekarität, Polyamorie und Depression, aber es gibt nur ein einziges Kapitel, in dem es um soziale Elternschaft geht, dazu eines, in dem es um kollektive

Elternschaft geht, und dort wird auch mal die Existenz von Stiefeltern erwähnt. Patchworkfamilien sind die am schnellsten wachsende Familienform – aber interessanter sind offenbar die Co-Parenting-Modelle, in denen sich Erwachsene zur Kindererziehung zusammentun und deren Häufigkeit man in Deutschland zurzeit vermutlich an wenigen Händen abzählen kann.

Ich finde Co-Parenting toll, das finde ich wirklich, weil ich jedes Modell toll finde, das Eltern aus ihrer Überforderung und Kinder aus der Enge der Klein-Kleinfamilie befreit. Ich würde mich nur freuen, wenn diese Gesellschaft in ihrem Bestreben, Mutterschaft neu zu denken, auch einmal an die Hunderttausenden Stiefeltern denken würde, die jeden Tag Mutterschaft neu zu denken gezwungen sind – und zwar völlig isoliert, weil es kein kollektives Sprechen darüber gibt. Eine Stiefmutter gilt als zu unsexy, um sich mit ihr auseinanderzusetzen: Sie ist nicht queer, sie ist nicht Co-Parent, sie ist miefige Hunderte Jahre alt und versucht, sich in eine Rolle hineinzuquetschen, die der Feminismus doch so gerne aufbrechen würde: die der Mutter. Stiefmutter sein zu wollen, ist total uncool.

Dabei gibt es sie! Es gibt sogar sehr viele von ihnen: coole, feministische Stiefmütter. Einige von ihnen haben mit ihren sehr persönlichen Geschichten zu diesem Buch hier beigetragen, meist anonym, da an dem Leben einer Stiefmutter so viele andere Leben hängen.

Ganz egal, wie wunderbar du bist, wie viel Liebe du zu geben hast, wie reif oder weise oder erfolgreich oder klug oder verantwortungsvoll du bist, als Stiefelternteil bist du strukturell prädestiniert dafür, Hass und Unmut abzubekommen, und es gibt so gut wie nichts, was du dagegen tun kannst, außer durchzuhalten und dir vorzunehmen, gesunden Menschenverstand und gute Laune zu säen, welcher

> Shitstorm dir auch entgegenkommen mag. Und erwarte erst recht kein Ansehen von der Gesellschaft; Eltern haben eine unantastbare Hochheiligkeit, Stiefeltern dagegen sind Eindringlinge, Selbstbediener, Wilderer, Schmarotzer und Kindesmissbraucher.[3]

Das schreibt Maggie Nelson in ihrem autobiografischen Roman *Die Argonauten* über ihr Zusammenleben mit ihre*r*m Partner*in Harry und ihrem Stiefkind.

Das muss doch nicht so sein, oder?! Wie werden wir diesen verdammten, Jahrhunderte alten Shitstorm wieder los? Maggie Nelson ist verzweifelt:

> Immer wenn ich das Wort Stiefkind in einer Todesanzeige lese, etwa in »X hinterlässt drei Kinder und zwei Stiefkinder«, wenn ein erwachsener Bekannter etwas sagt wie: »Tut mir leid, ich schaffe es heute nicht, ich besuche dieses Wochenende meinen Stiefvater«, oder wenn die Olympischen Spiele übertragen werden und die Kamera durchs Publikum schwenkt, und der Kommentator sagt: »Dort ist die Stiefmutter von X, die ihn anfeuert« – dann schlägt mein Herz ein bisschen höher, einfach nur, weil die Verbindung öffentlich gemacht wird, weil sie positiv bewertet wird.[4]

Nein, es ist nicht einfach, eine Stiefmutter zu sein. Es ist schon deshalb nicht einfach, weil die Giorgias dieser Welt – konservative, rechte und ultrarechte Verfechter*innen eines traditionellen Familienmodells, das aus dem 18. Jahrhundert stammt – behaupten, es dürfe nur eine Mutter pro Familie geben. Und weil sie behaupten, das sei einfach: einfach nur Mutter, einfach nur eine Mutter. Beides stimmt nicht. Dass »Mutter« zu sein irgendwie einfach sei, stimmt nicht. Und dass es nur eine Mutter pro Familie gibt, stimmt erst recht nicht. Mehr noch: Das stimmte noch nie.

Die Stiefmutter kann sich nur befreien, wenn die Mutter sich bewegt. Mit Giorgia Melonis in Stein gemeißelter Hetero-Kleinfamilien-Mutter ist eine Befreiung der Stiefmutter nicht möglich. Alles, was die rechte und konservative Erzählung über Väterlichkeit und Mütterlichkeit zu sagen hat, widerspricht der Befreiung von Stiefmütterlichkeit und von solidarischer Elternschaft. Freie Eltern werden wir nur dann, wenn alle zum Tanzen und Spielen bereit sind: zum Miteinander. Nur miteinander können wir wirklich frei sein.

PS: Einige Wochen nach unserem Mutter-Stiefmutter-Pizza-Abend im Büro kam eine Kollegin auf mich zu: Ihre Stiefmutter und ihre Mutter heirateten! Sie würde sich so gut mit ihr und ihrer Familie verstehen, ihre Bonusmama Birgit sei einfach toll. Ich wollte diese Frau natürlich unbedingt kennenlernen, und das taten wir dann, wir trafen uns per Video: Birgit und ihre Ehefrau Ute vor dem Bildschirm am Niederrhein, ich in Berlin. Ich gratulierte dem frisch vermählten Paar, und als ich erzählte, dass ich vor etwa zwei Jahren Stiefmutter geworden war, passierte es endlich, zum ersten Mal. Keine Stille, kein betretener Blick auf den Boden, im Gegenteil! Utes Augen strahlten mich an, sie lächelte breit und sagte: »Herzlichen Glückwunsch!«

Hast du das gehört, Maggie Nelson?

1
Beschämt.
Über die (vermeintliche) Schmach, Stiefmutter zu werden

Ich bekam meine Stiefkinder am Telefon. Es war, als ich eine Freundin anpöbelte, oder vielmehr war es eine Verteidigungsrede. Sie wollte mich treffen, und ich hatte keine Zeit, schon wieder, vielleicht nächste Woche, vertröstete ich sie, und sie sagte: »Nächste Woche, du sagst immer nächste Woche, wann soll sie denn sein, deine nächste Woche, in der du dann Zeit hast?« Und da riss etwas in mir. Ich wurde wütend, ich verstand die Welt nicht mehr, oder eigentlich war es die Welt, die mich nicht verstand. »Wann zur Hölle«, sagte ich, »soll ich denn Zeit haben, wenn morgens um sechs ein Kind bei uns im Zimmer steht, morgens um sechs, warum der Verrückte so früh aufsteht, weiß ich doch auch nicht, aber das tut er, und ganz offensichtlich tue ich das jetzt also auch, und danach geht das Theater los, wo ist dies, wo ist jenes. ›Wo sind meine Sportsachen?‹, fragt die Große, ›Papa, wo ist die Leggins? Die Leeeegins, ich muss loooos, zur Schuuule!‹ Und wenn sie dann endlich los sind, ist die Küche im Chaos, und ich muss selbst zur Arbeit, acht Stunden Arbeit, und dann einkaufen und dann kochen und … Wieso muss ich mich hier überhaupt rechtfertigen?«, fiel mir dann auf, da am Telefon: »Ja, wieso muss ich mich überhaupt rechtfertigen, wirfst du jungen Müttern, die gerade ein Kind bekommen haben, auch vor, keine Zeit zu haben? Nein? Was muss ich tun, damit ich Blumen bekomme oder Luftballons oder Glückwunschkarten oder irgendeiner mal checkt, dass mein Leben gerade auf dem Kopf steht? Und wenn Kinder nicht meine eigenen sind, wenn sie nicht durch meinen Bauch kommen, sondern über meinen neuen Partner in mein Leben platzen, weil sie mit ihm bei mir einziehen, zählt das dann nicht, oder was? Dann darf ich nicht müde sein?«

Und dann fiel es mir ein, was mich überhaupt am meisten ärgerte: »Warum hast du, als meine Freundin, eigentlich nie danach gefragt, ob du sie mal kennenlernen kannst? Meine …?«

Ja, meine was? Da war er, der Moment, als ich zum ersten Mal dachte: Stiefkinder. Meine Stiefkinder. Ich sagte es nicht, wer sagt schon: Stiefkinder? Richtig: Das tun nur Stiefmütter. Und ich kann mich nicht daran erinnern, wann ich zur Stiefmutter wurde. Ich kann mich nicht erinnern an die Geburt meiner Stiefkinder, ihre biologische Geburt sowieso nicht, aber auch nicht an ihre Geburt in mein Leben hinein und an meine Geburt in ihr Leben hinein – wann war das? Als meine neue hübsche Bekanntschaft beim Kennenlernen immer mal fallen ließ: mein Sohn, meine Tochter? Als mir beim Verlieben immer klarer wurde: Aber der hat ja zwei Kinder? Als wir darüber sprachen, ob ich sie kennenlerne, diese zwei Kinder? Als ich sie zum ersten Mal sah? Als sie in meine Wohnung einzogen? Ich weiß nicht, wann ich Stiefmutter wurde. Ich weiß nur noch, dass es da plötzlich war, bei diesem Telefonat. Das Wort. Stiefkinder. Und wenn man Stiefkinder hat, ist man doch auch Stiefmutter – oder?

Nein, in dieser Gesellschaft wird man keine Stiefmutter. Das gilt doppelt: Zum einen wird man einfach keine Stiefmutter, das schickt sich nicht, das macht man nicht. Man wird Mutter, oder man lässt es. Und zum anderen *wird* keine normale Frau in ihrem Leben Stiefmutter – es *gibt* nur Stiefmütter. Als wäre Stiefmuttersein ein Wesenszug. Als wäre man so zur Welt gekommen: als Stiefmutter. Wie die Hexe aus dem Märchen. Man *ist* es einfach.

Dementsprechend gibt es keine Bräuche für das Stiefmutterwerden, keine Tradition. Als ich einer Freundin erzählte, dass ich verliebt sei und dass dieser Mann zwei Kinder habe – ich glaube, ich sagte »aber«: dass dieser Mann »aber« zwei Kinder habe –, da sagte sie: »Dann wirst du Stiefmutter, hahaha.« Ich habe dieses Lachen noch nie im Zusammenhang mit Mutterschaft gehört, also mit »echter« Mutterschaft, der biologischen, *the real one*: Dann wirst du also Mutter, hahaha. Nein, Mutter wird man vor Freundinnen mit großen, nassen Augen, mit warmen Herzen und Umarmungen und mit dieser Betonung: Wow, dann wirst du also ... Mutter! Mit Betonung auf dem u. Eine Stiefmutter bekommt dieses u nicht. Sie bekommt: Stieeeef-mutter. Mit viel iiiie und kurzem u. Je kürzer das u, desto weniger Mutter. Und was ist das für ein Lachen, das »Stiefmutter« begleitet? Es ist das verschämte Lachen über eine Daseinsform, die eigentlich nicht sein darf. Die man nicht sein soll. Eine gute, eine emanzipierte, eine warmherzige, eine gesunde, eine *richtige* Frau ist keine Stiefmutter. Das gehört sich nicht.

Die Schande der Stiefmutterschaft

Die Historikerin Ute Frevert hat sich mit der kulturgeschichtlichen Entwicklung von Gefühlen beschäftigt, darunter auch der Scham. Scham, so Frevert, ist ein Gefühl, das auf eine *Schande* folgt.

> Schande ist das Gegenteil von Ehre; wer Schande auf sich lädt oder sich und anderen Schande macht, verliert Ehre und Ansehen. Ähnlich wie Ehre ist auch Schande kein objektiver, unveränderlicher Tatbestand. Vielmehr beruht sie auf moralischen Übereinkünften, die sich zeitlich, räumlich und sozial unterscheiden.[5]

Wer sich den moralischen Vorstellungen einer Zeit gemäß schändlich verhalten hat, erntet dafür Missachtung; Scham ist das Gefühl, diese Missachtung verdient zu haben. Im Brockhaus heißt es dazu, Scham reflektiere das *Versagen vor einer Idealnorm* und werde *in Form eines peinlichen Gewahrwerdens der Andersartigkeit bzw. Minderwertigkeit der eigenen Person erlebt.*

Minderwertigkeit: gegenüber dem, was eine Stiefmutter eigentlich sein sollte. Nämlich, Giorgia Meloni donnert es heraus: MUTTER!

Als ich diese Zeilen fand, las ich sie jubelnd einer Freundin vor – jubelnd deswegen, weil ich mich mit ihnen so gut identifizieren konnte. Diese Freundin hatte mir zuvor erklärt, dass ich für sie eigentlich keine Stiefmutter sei. Sie erlebe mich als eine sehr selbstständige Frau, sie erlebe meine Beziehung zu meinem Partner als eine so schöne und warme Geschichte, auch meine Beziehung zu den Kindern und der Exfrau meines Partners, das alles sei so lebendig, es tue ihr einfach weh, meine Rolle darin mit diesem hässlichen Begriff *Stiefmutter* zu belegen. Sie konnte sich zu dem Zeitpunkt nicht vorstellen, dass Stiefmutter ein Begriff war, den ich für mich annehmen wollte – und eine Identität, für die ich Anerkennung haben wollte. Ich hatte zu diesem Zeitpunkt wohl auch, das muss ich zugeben, nicht besonders positiv über diese Rolle berichtet, sondern bei ihr vor allem meinen Ärger über meine neue Daseinsform abgelegt. Ich las ihr also diese Zeilen vor, und sie fragte mich: »Aber wann hast du denn das Gefühl, missachtet zu werden?« Und ich antwortete ihr: »Wenn du sagst, du findest den Begriff *Stiefmutter* hässlich.« Meine Freundin blickte zu Boden, und ich konnte förmlich hören, was sich in ihrem Kopf alles in Bewegung setzte, um meine Perspektive zu verstehen. Um zu verstehen, warum ich so unbedingt eine Figur sein will, die in ihren Augen bislang eigentlich nur als Hexe in Märchen auftrat und über die ich so viel jammerte. Um zu sehen, wen ich eigentlich meinte, wenn ich *Stiefmutter* sagte.

Scham und Missachtung sind eben keine individuellen Gefühle, sie sind gesellschaftlich. Und so arbeitet Ute Frevert in ihrem Buch *Mächtige Gefühle* auch heraus, wie stark »Schande« und »Scham« mit den zeitgenössischen Normvorstellungen und Machtverhältnissen verbunden sind. Die Norm der Schamhaftigkeit von Mädchen und Frauen hat sich insbesondere in der bürgerlichen Gesellschaft des 19. Jahrhunderts herausgebildet:

> Die bürgerliche Gesellschaft legte größten Wert darauf, dass ihre weiblichen Mitglieder stets und überall die Grenzen beachteten, die ihnen die angeblich natürliche Schamhaftigkeit ihres Geschlechts zog. »Das weibliche Gemüth«, hieß es 1874 im *Handwörterbuch für den Deutschen Volksschullehrer,* sei »von der Natur« auf Schamhaftigkeit angelegt, »daher stellen wir an das Weib in dieser Beziehung ganz besonders hohe Anforderungen«. (...) Noch 1956 rühmte ein katholisches Lexikon Scham- und Ehrgefühle als »wesentliche Antriebskräfte der menschlichen Seele«, wobei das Schamgefühl »der weiblichen Zurückhaltung« näherliege, das Ehrgefühl »der männlichen Tatkraft«.

Scham hat ganz offensichtlich mit Macht zu tun. Die Mächtigen beschämen die Ohnmächtigen. Mächtige Männer beschämten weniger mächtige Frauen jahrhundertelang für ihre Sexualität, für ihren Körper, für ihre Blutungen. Gleichzeitig hat Scham mit Normvorstellungen zu tun. »Normale« Heterosexuelle beschämen »unnormale« Lesben für ihr Liebesleben, »normale« Cis-Männer und -Frauen beschämen »unnormale« trans-Männer und -Frauen und so weiter. Scham sorgt dafür, eine Norm aufrechtzuerhalten in der Gesellschaft: So, wie es laufen soll, das ist normal. Und so, wie es nicht laufen soll, das ist schambehaftet.

Daher schämt sich eine Stiefmutter! Und wie habe ich mich geschämt. Hahaha, habe ich mitgelacht, genau, Stiefmutter, nee, ich doch nicht.

Was genau ist daran denn so beschämend? Dass ich mich um Kinder (mit) kümmere, die nicht meine biologischen Kinder sind? Dass ich mich einer Familiendynamik unterordne, die vor mir bestand und die ich erst mal kaum ändern kann? Dass ich mich in eine Familie einfüge, die von einer anderen Frau, der »echten« Mutter, gegründet wurde? Oder schäme ich mich, weil es sich anmaßend anfühlt? Mich Stief- »Mutter« zu nennen, obwohl ich kein Kind durch meine Vagina bugsiert habe? Obwohl ich keine Windeln wechsle, obwohl nicht ich das Frühstück zubereite, sondern der Vater der Kinder das übernimmt? Stiefmutter, hahaha.

Nachdem mir klar wurde, dass ich es in meinem Leben aus unerfindlichen Gründen geschafft hatte, mich in eine Stiefmutter-Situation hineinzumanövrieren, schaute ich mich um. Ja, es gibt inzwischen Lektüre für Stiefmütter. Die Psychologin Katharina Grünewald hat sich die Stiefmutter-Beratung zum Schwerpunkt gemacht und Bücher dazu veröffentlicht: *Glückliche Stiefmutter* heißt eines. Ich habe es gelesen, in der U-Bahn, im Café, im Zug, immer dann, wenn ich mal fünf Minuten Zeit hatte in diesem neuen Chaos-Leben. Da steht vieles drin, das mir geholfen hat. Aber: Ich habe mich geschämt! »Glückliche Stiefmutter«, steht drauf, und ganz ehrlich: Welche Frau Mitte 30 möchte mit diesem Buch in der Hand gesehen werden? Ich habe das Buch manchmal in Zeitschriften versteckt. Ich habe es mit dem Titel nach unten auf den Tisch gelegt und nicht in die Hand genommen. Dabei hätte ich doch stolz sein können: auf den Versuch, eine gute Stiefmutter zu werden, was auch immer das heißen mag. Auf den Versuch, mir Mühe zu geben, für meine Stiefkinder, für mich und für meinen Partner: für unsere Familie eben.

Aber Stiefmutter sein ist eine Schande, für die Frau und ihre Familie. Häufig wurde ich schon gefragt, wie es denn für meine Eltern sei, dass ich jetzt »einen Partner mit Kindern« hätte. Denn die Idealvorstellung ist eine andere: Der Norm nach sollte ich einen ledigen Partner ohne Kinder finden und mit ihm Kinder bekommen. Und: Der Norm nach sollte ich es mir nicht anmaßen, die Kinder einer anderen Familie »zu rauben«, was »Stiefmutter« dem Wortsinn nach noch immer bedeutet.* Normal ist, wenn Kinder bei ihren (zwei) biologischen Eltern (zweier Geschlechter) aufwachsen. Nicht normal ist es, wenn ich mich plötzlich in einer Art Mutterrolle für die biologischen Kinder einer anderen Frau fühle.

Das Spannende an diesen Normen ist, dass sie statistisch gesehen oft gar nicht die Norm darstellen. Welche Kleidergröße gilt für Frauen als normschön? Normal? Medium? Eine M?

---

* Das mittelhochdeutsche Wortteil *stief* geht auf althochdeutsch *stiof* zurück, das sich aus dem Altgermanischen *stipan* entwickelt hat, was ebenso berauben wie vernachlässigen bedeuten kann. *Stiof* ist nah am Präfix *stiufi*, das ein nicht-biologisches Verwandtschaftsverhältnis anzeigt: Schwägerin.

Höchstens! Die Schönheitsnorm liegt wohl eher bei S oder XS, also 34 oder 36. Die statistische Norm liegt aber laut Statistischem Bundesamt in Deutschland bei der Kleidergröße 42/44.

Und so ist es auch mit Müttern, Vätern und der Normfamilie. Statistisch gesehen ist die häufigste Haushaltsform der Single-Haushalt mit rund 42 Prozent, gefolgt vom Zweipersonenhaushalt mit über 30 Prozent; Mehrpersonenhaushalte stellen die Minderheit dar. 2020 lebten 11,8 Millionen verheiratete Menschen mit Kindern in einem gemeinsamen Haushalt – weitaus mehr Menschen, nämlich 19,2 Millionen Menschen, lebten alleinstehend, und 23,8 Millionen verheiratete Menschen lebten ohne Kind im Haushalt. Die Zahlen zu Stieffamilien sind dabei weitaus schwerer zu greifen. Es gibt zwar Statistiken darüber, in wie vielen Familien mindestens ein Stiefkind lebt[6], jedoch wird hier nach Hauptwohnsitzen der Kinder gewertet und nicht nach Familien, in denen Kinder nur zeitweise leben. Denn am häufigsten praktiziert wird in Deutschland nach wie vor das Residenzmodell: Die Kinder leben nach einer Trennung der Eltern meist hauptsächlich bei der Mutter und pendeln etwa jedes zweite (teils verlängerte) Wochenende in den Haushalt des Vaters – der ja auch der Haushalt der Stiefmutter ist. Offiziell bilden daher sogenannte »Stiefvaterfamilien« die häufigste Stieffamilienform: Das Kind lebt die meiste Zeit bei Mutter und Stiefvater, nicht bei Vater und Stiefmutter. Nach diesen Daten wäre ich also nur halb Stiefmutter: Zwar lebte Belas Tochter Arianna zuerst 50 Prozent der Zeit bei uns, später auch mehrere Monate am Stück, doch sein zweites Kind kommt nur jede zweite Woche für vier Tage zu uns. Gehöre ich dann also zu Ariannas Stieffamilie, aber nicht zur Stieffamilie von Belas Sohn? Das ergibt für unseren Lebensalltag überhaupt keinen Sinn. Dass es ein Leben stark prägt, wenn der Partner auch Vater ist – egal, wo die Kinder gerade leben –, das bildet sich in diesen Statistiken nicht ab. Wenn die Kinder gerade bei der Mutter sind, aber vom Arzt abgeholt werden müssen, wenn sie Hilfe bei den Hausaufgaben brauchen, mit Vater und Stiefmutter zum Schwimmen wollen, zählt das dann nicht als Stieffamilien-Leben, nur weil sie abends im Bett der mütterlichen Wohnung schlafen?

Die Studienlage wurde daher schon vielfach kritisiert. Die jüngsten Daten jedenfalls gehen davon aus, dass zwischen sieben und 13,6 Prozent der Familienhaushalte in Deutschland Stieffamilienhaushalte sind.[7] Viele dieser Haushalte könnten jedoch doppelt gezählt werden, wenn davon ausgegangen wird, dass das Kind auch im Haushalt des jeweiligen zweiten Elternteils eine Rolle spielen wird. Doch auch hier geht die Perspektive der Stiefmutter in den Daten verloren (zur Erinnerung: Nur fünf Prozent der Studien zu Stieffamilien befassen sich überhaupt mit der Rolle der Stiefmutter[8]).

Der Familienhaushalt von Mama, Papa, Kind ist damit, statistisch gesehen, nicht die Norm, sondern die Abweichung von der Norm. Hartnäckig halten die meisten von uns jedoch am Bild der Normfamilie als einzig wirklich Glück bringende weil: *einzig wirklich normale Familienform* fest.

Stünden sie wirklich völlig frei vor der Wahl, würden die meisten jungen Frauen wohl noch immer die Mama-Papa-Kind-Variante wählen, einige die Mama-Mama-Kind-Variante – aber jedenfalls nicht meine Stiefmutter-Mama-Mama-Papa-Kinder-Variante. Welches Mädchen träumt davon, eines Tages Stiefmutter zu werden? Welcher Film zeigt, was eine Frau tun muss, um einen Papa von zwei Kindern mit zwei unterschiedlichen Müttern zu angeln? Nein, so läuft das nicht. Es läuft so: Man lernt jemanden kennen, man findet ihn sexy, man flirtet, man schläft miteinander, man hat eine Affäre, man verliebt sich, und irgendwann wird es ernst – und irgendwann in diesem Kennenlernprozess erfährt man von den Kindern, und irgendwann kommen diese Kinder mehr oder weniger »mit« dem neuen Liebesmenschen in das eigene Leben. Die Frage an eine zukünftige Stiefmutter lautet wohl nie: Na, willst du mal Stiefkinder haben in deinem Leben? Nein, die Frage lautet eher: Kannst du dir vorstellen, diese Kinder deines geliebten Menschen als Stiefkinder in deinem Leben zu akzeptieren? Das ist nicht nur wenig romantisch, sondern auch nicht besonders selbstbestimmt. Und Selbstbestimmtheit und Autonomie sind inzwischen, darüber hat die israelische Liebessoziologin Eva Illouz mehrere Bücher geschrieben, der zentrale Anspruch an Beziehungen:

> Die – sexuelle, konsumbezogene oder emotionale – Wahl ist das Leitmotiv, an dem sich das Selbst und der Wille in liberalen Gemeinwesen orientieren. Ein modernes oder spätmodernes Selbst zu haben heißt, von der Möglichkeit der Wahl Gebrauch zu machen und sich der subjektiven Erfahrung, dass man die Wahl hat, so oft wie möglich zu vergewissern. (…) Die Wahl ist also eine der zentralen kulturellen Erzählungen des modernen Menschen. Wenn sie sich in den diversen Institutionen der Ehe, der Arbeit, des Konsums und der Politik zum wichtigsten Medium von Subjektivität entwickelt hat und darüber entscheidet, wie Menschen in diese Institutionen eintreten und ihre Zugehörigkeit zu ihnen erfahren, dann ist die Wahl an sich zu einer Kategorie geworden, die eine soziologische Erforschung verdient – zu einer eigenständigen Form des Handelns, die von kulturellen Rahmenbedingungen durchsetzt ist, deren hervorstechendste »Freiheit« und »Autonomie« heißen.[9]

Wie oft habe ich mir von Freunden (sic! Es waren die männlichen Freunde) anhören müssen, wenn ich im Patchwork-Werdungsprozess über mein Leid klagte: »Wieso machst du das mit? Wieso muss es dieser Mann sein? Trenn dich doch einfach, such dir einen anderen, der keine Kinder hat!«

Es ist, wie Eva Illouz ausführt: Wenn wir in Beziehungsfragen jederzeit die Wahl haben, sind wir ja selbst schuld am Leiden! Wir können es jederzeit beenden und uns eine neue Beziehung suchen. Autonomie heißt: Recht auf Scheidung. Auch aus dieser Perspektive ist das Stiefmutterwerden so verdammt *unmodern.* Denn es ist nicht selbstbestimmt. Selbstbestimmt ist nur die Entscheidung für oder gegen das Zusammensein mit dem Partner – die einzige Wahl, die eine Stiefmutter hat, ist: *es sein zu lassen.* Hindert ein hoher Grad an extremer Verliebtheit sie jedoch daran, *es sein zu lassen*, und das soll vorkommen, begibt sie sich in einen Beziehungsrahmen, in dem sie nur sehr wenig bestimmen kann. Eine Stiefmutter darf nicht einmal entscheiden, ob die Kinder ihres Partners in ihrem Leben eine Rolle spielen – das entscheidet der Vater. Wenn er nicht will, dass die Stiefmutter und seine Kinder sich kennenlernen, wird das nicht passieren. Es gibt einige solcher Fälle, im Kapitel über stiefmütterliche Ohnmacht komme ich darauf zu sprechen.

Doch auch wenn eine Frau sich aktiv dafür entscheidet, Stiefmutter werden zu wollen, und der Partner die Patchwork-Familiengründung unterstützt: Sie hat keine Ahnung, und es liegt auch nicht in ihrer Hand, wie lange dieser Prozess dauern und wie er aussehen wird. Es handelt sich dabei nicht um eine feste Zeitspanne wie in einer Schwangerschaft. Es ist ein Prozess, der gefühlt jeden Moment unterbrochen oder gar beendet werden kann, dessen Geschwindigkeit von so vielem abhängt, was die Stiefmutter nicht beeinflussen kann: von der Trennungsdynamik des Partners und seiner Expartnerin; von den

Übergangsvorstellungen der Expartnerin und Mutter seiner Kinder, also der Stiefkinder; von der Lebenssituation, der Entwicklung und Gefühlslage der Stiefkinder selbst.

Die Tochter meines Partners, Arianna, habe ich relativ unkompliziert *bekommen*, Bela erzählte ihr schon nach wenigen Wochen von mir als neuer Partnerin, sie wollte mich kennenlernen, ich wollte sie kennenlernen, wir verstanden uns sehr schnell sehr gut, und sie erklärte mir – damals, wie gesagt, immerhin schon 14 Jahre alt: »Ich hatte schon eine Stiefmutter, ich brauche keine zweite. Lass uns … irgendwas Neues machen.«

Seitdem erforschen wir unser Miteinander, es ist nicht immer harmonisch, manchmal schmerzhaft, oft anstrengend, häufig wunderschön. Bis heute, über drei Jahre später, haben wir keinen passenden Begriff für unsere Beziehung gefunden.

Meinen Stiefsohn *bekam* ich mit weitaus größeren Komplikationen. Er hat eine andere Mutter als seine Halbschwester, die Trennung zwischen ihr und meinem Partner lag noch nicht weit zurück, als er und ich zusammenkamen, und während ich bereits wochenweise mit Arianna lebte, spielte ich im Leben des Kleinen noch lange keine Rolle. Er lebte weiter in seiner Familienwohnung, und Bela wechselte sich mit seiner Betreuung in dieser Wohnung mit der Mutter ab. Dieses Modell nennt sich Nestmodell – in Abgrenzung zum Wechselmodell, bei dem die Kinder selbst zwischen zwei Elternhaushalten pendeln. Bela war dienstags, donnerstags und dann jeweils abwechselnd ein langes Wochenende in der Nestwohnung. Während Bela dort war, traute ich mich kaum, ihn anzurufen – spielte ich in dieser Welt doch keine Rolle. Unsere Leben waren jeden zweiten Tag und jedes zweite Wochenende völlig voneinander getrennt. Ich wusste kaum etwas über meinen Stiefsohn, kaum etwas über seinen Alltag mit Bela. Wann wir uns als Paar sehen konnten, bestimmte Bela – in Absprache mit der Mutter, einer Frau, die ich nicht kannte und nie getroffen hatte. Ich musste dann bereitstehen, unabhängig davon, was in meinem Leben gerade los war. Wie eine Mätresse. Ich schämte mich für dieses Arrangement vor meinen Freundinnen, vor meiner Familie: Wieso ließ ich mich von diesem Mann so auf Distanz halten, wieso stand ich ihm so zur Verfügung, wenn ihm danach war, mich zu sehen – und andersherum musste ich auf ihn so oft verzichten, wenn ich ihn brauchte? Das war keine Beziehung auf Augenhöhe. Dieser Teil meines Stiefmutterwerdens war eine schwierige Zeit mit sehr vielen Erfahrungen der *Ohnmacht*.

Die Familiengründung einer Stiefmutter hat jedoch auch sehr schöne Momente: jene nämlich, an denen man das Gefühl bekommt, den Kindern etwas Gutes getan zu haben, ihnen geholfen zu haben. Jene Momente, in denen man zum ersten Mal das Gefühl hat, keine Belastung für die Kinder zu sein, sondern eine Unterstützung. Eigentlich sind es die Momente, in denen man zum ersten Mal spürt, dass es besser ist, da zu sein – als wenn man nicht da wäre. Für mich sind es die Momente, in denen ich mich sinnvoll-fürsorglich fühlte: mütterlich.

Bei Arianna weiß ich noch ganz genau, wann ich mich zum ersten Mal mütterlich fühlte. Sie stand eines Sommerabends vor mir, im bauchfreien Crop Top, trägerlos, weiß gerippt, mit einem knielangen Rock, bunt, aber durchsichtig, und fragte mich zum ersten Mal um Rat: »Was meinst du, kann ich so rausgehen?« Bestimmt zehn Stimmen schrien gleichzeitig in meinem Kopf: Sie soll bloß nicht den ganzen Abend irgendwelche Arschlöcher am Arsch kleben haben! Sie soll nicht weinend nach Hause kommen, wie letztens, als man ihre Unterhose durch den Stoff sehen konnte und eine Gruppe von zehn Typen ihr hinterherrief! Sie soll gefälligst ausgehen können, wie sie will, sie ist eine freie Frau! Sie sieht krass hübsch aus so, sie soll ihre Schönheit und Freiheit genießen! Und was, wenn ein Typ aufdringlich wird und sie dir danach vorwirft, du hättest sie nicht geschützt? Belas Tochter schaute mich an und hob die Augenbrauen. Entscheidung jetzt! Da geht der Puls.

Wie, bitte, lebt man eng mit Kindern zusammen, fürsorglich, unterstützend, dabei gleichzeitig für genug Raum für die eigenen Wünsche sorgend, den Kindern also Grenzen setzend, und ist dabei auf keinen, aber auf gar keinen Fall übergriffig – also: eine Mutter? Diese Fragen gehören zum Stiefmuttersein von jetzt auf gleich. Sobald man mit Kindern wohnt und lebt, stellen sie sich ununterbrochen, jeden Tag, in jeder Sekunde dieses Tages. Das Leben ist nicht wie vorher. Man macht sich Gedanken über zwei kleine Menschen. Man steht früher auf als sonst. Man kauft für Menschen ein, die nicht selbst einkaufen können. Man kocht für Menschen, die nicht selber kochen können; jedenfalls tut man das, wenn man nicht will, dass jeden einzelnen Tag nur der Vater der Kinder kocht. Man kocht anders. Man brät Fischstäbchen, man macht Hotdogs, man gibt den eigenen Nachtisch ab (echt!). Man räumt für andere auf. Man denkt für andere mit. Man rennt im Treppenhaus hinterher und gibt Sonnenmilch mit. Man hält Geschrei aus, man schlichtet Konflikte, man macht sich Sorgen um die nicht nach Hause kommende 15-Jährige, die man vor drei Stunden im weißen Crop Top und schön buntem, aber durchsichtigem Rock in das Berliner Nachtleben entlassen hat mit den Worten: »Du siehst super aus und bist frei! Du kannst dich anziehen, wie du willst! Aber pack einen langen Pulli zum Drüberziehen ein, falls du ein paar Idioten triffst und dich doch unwohl fühlst.« Weshalb man viel zu spät einschläft, als die 15-Jährige pünktlich um elf (puh!) happy und aufgekratzt im sexy Top nach Hause kommt (Warum dieses Kaugummi? Hat sie geraucht? Wäre das schlimm? Muss ich das wissen?), dann aber von dem Kleinen am nächsten Morgen um sechs geweckt wird (»Ich will aber nicht mehr schlafen! Papa, kannst du kommen?«).

Ich meine: Ja! Ich fühle mich für diese Kinder verantwortlich! Ist das Mutterschaft? Bin ich zu mütterlich für eine Stiefmutter? Dann verbrennt mich doch auf dem Scheiterhaufen mit all den anderen Hexen der Geschichte, die euch nicht in den Kram passten!

Wie wird man eine gute Stiefmutter? Es gibt kein Stiefmutter-Schwangerschaftsyoga, bei dem wir andere werdende Stiefmütter kennenlernen und uns mit ihnen über ihre Ängste und Fragen austauschen. Es gibt keine Stiefkinder-Krabbelgruppe. In der Kita und in der Schule gehen wir nicht zum Elternabend. Unsere Freundinnen mit kleinen Kindern sagen, es ist nicht das Gleiche, plötzlich Vollzeit für kleine Kinder verantwortlich zu sein oder nur Teilzeit mit schon größeren Kindern zu leben. Unsere Freundinnen ohne Kinder fragen: Wann hast du endlich Zeit für mich, für uns, für unsere Freundschaft? Wieso verbringst du nur noch Zeit mit deinem Partner und »seiner« Familie? Eine Stiefmutter bekommt für all diese Umwälzungen ihres Lebens keine Unterstützung, keine Anerkennung, kein Verständnis. Es gibt keine Elternzeit, um sich an den in die Höhe geschnellten Berg von zusätzlicher Sorgearbeit zu gewöhnen. Es gibt keine wohlwollenden Ratschläge von Großeltern, Eltern oder Freundinnen, die schon Eltern geworden sind. Es gibt keine Luftballons, wenn die Stiefkinder ins Leben treten, es gibt keine Glückwunschkarten oder Kuscheltiere. Es gibt überhaupt keine Glückwünsche! Stattdessen gibt es nur dieses Lachen. Dann bist du jetzt also Stiefmutter, mit ieeh und kurzem u, hahaha.

Der Stolz der Stiefmutter

Dies ist ein Manifest für die Befreiung der Stiefmutter. Ich stelle fest: Eine Stiefmutter darf eigene Bedürfnisse haben, eine eigene Beziehung zu den Stiefkindern, eigene Rituale erarbeiten, eine eigene Familie gründen mit allen Menschen, die mit ihr leben. Eine Stiefmutter darf sich fragen, ob sie diese Kinder in ihrem Leben möchte – oder nicht. Sie darf entscheiden, wie sie dieses Leben mit den Kindern gestalten will. Sie darf mütterlich sein, wenn sie es will – und sie muss nicht mütterlich sein, wenn sie es nicht will.

Eine Stiefmutter muss sich nicht schämen! Wenn Scham die Ohnmacht manifestiert, dann bedeutet die Befreiung von Scham: *Ermächtigung*. Wer sich für eine Identität, für eine Rolle schämt, verstummt und schluckt die Bedürfnisse herunter, die mit dieser Rolle einhergehen. Erst wer sich von dieser Scham befreit, kann handeln. Kann laut werden. Kann Bedürfnisse artikulieren und ihre Befriedigung einfordern: Her mit dem schönen Leben!

Ich bin vor Kurzem Stiefmutter geworden.

Was ich von jetzt an ablehne: beschämte Blicke auf den Boden.

Was ich von dieser Gesellschaft erwarte: Glückwünsche; Elternzeit im Job, um mich einzugewöhnen; Luftballons; Verständnis; Anerkennung; dumme und kluge Ratschläge für das Zusammenleben mit Kindern; und die Frage, wie man mich jetzt unterstützen kann.

Ich habe es oben vielleicht noch falsch betont, ich versuche es noch mal:

Hey, ich bin in diesem Jahr Stiefmutter geworden! Es sind fünf tolle Menschen in mein Leben gekommen, zwei Frauen, ein Mann und zwei Kinder! Bei mir zu Hause wird gelacht, gespielt, gestritten, umarmt – mein Zuhause ist voller Leben! Ich werde mich dafür nicht länger schämen. Ich bin stolz. Danke der Nachfrage, die stolze Stiefmutter ist wohlauf.

Kleiner Boomerang

Durch das Sprechen über dieses Kapitel entstanden einige sehr schöne Gespräche mit meiner Familie und meinen Freundinnen über meine Verletzungen, über ihre Rolle für mich und meine Familie, über unser Miteinander. Was sie mir auf den Vorwurf sagten, dass sie meine Stiefmutterwerdung nicht richtig anerkannt und gewürdigt hätten, möchte ich gerne teilen – es zeigt, wie unsicher alle Beteiligten bei einem Familienprozess sind, der gesellschaftlich nicht durch Traditionen und Rituale strukturiert ist. Traditionen bringen Sicherheit, sie legen fest, welches Verhalten von den Beteiligten erwartet wird. Breiten sich neue Formen von Familie aus, haben sich dafür (noch?) keine Rituale entwickelt, und alle Beteiligten fühlen sich höchst verunsichert, was von ihnen erwartet wird, wie sie sich verhalten sollen. Die Tabuisierung der Stiefmutter trägt ihren Teil dazu bei, dass darüber nicht offen gesprochen wird. Dieses Schweigen wollte ich mit meinem Schreiben brechen, und so fingen auch meine Freundinnen an, ihr Schweigen zu brechen. Hier ist, was sie mir ungefähr zu sagen hatten, als Stiefmutter-Begleiterinnen.

> Liebe Elsa, es tut mir leid, dass ich nicht danach gefragt habe, deine Stiefkinder kennenzulernen. Dass ich keine Ballons gebracht habe. Aber bei euch war alles so lange so chaotisch, du wusstest selbst nicht: Seid ihr jetzt zusammen?

Was bedeutet es für dich, dass er Kinder hat? Was ist deine Rolle gegenüber diesen Kindern? Ich habe den Zeitpunkt einfach nicht mitbekommen, als ihr dann anfingt, zu einer Familie zusammenzuwachsen. Ich habe nicht mitbekommen, wie du Stiefmutter wurdest. Mir war nicht klar, dass diese Identität wichtig für dich wird. Und ich war mir auch unsicher: Wann steht es mir zu, deine Stiefkinder kennenlernen zu wollen? Steht es mir als Freundin einer Stiefmutter überhaupt zu, danach zu fragen? Darf ich das? Willst du das, will dein Partner das, wollen die Stiefkinder das? Ich wollte nichts falsch machen. Ich wollte dich nicht verletzen. Stell dir mal vor, ich hätte danach gefragt, deinen Stiefsohn kennenzulernen, und es hätte sich herausgestellt, dass du ihn selbst noch immer nicht getroffen hast. Hätte dich das nicht verletzt? Ich wollte keinen Druck ausüben. Ich war mir total unsicher, was deine Rolle ist und was meine Rolle ist in eurer Familie.

Und weißt du was? Es stimmt, dass wir keine Ballons geschenkt haben, keine Glückwunschkarten gesendet – aber du hast ja auch keine Karte geschickt! Bekommt man als Freundin einer jungen Stiefmutter etwa keine Nachricht mit Foto? Ich warte noch immer auf deine Karte, auf der dann etwas steht wie:

»Mit einem Kampfgewicht von 52 Kilogramm und einer stolzen Größe von 1,67 Metern ist die Große in meine Familie gekommen. Die Meilensteine der ersten Kippe, des ersten Zungenkusses und des ersten Cannabis-Rauschs haben wir tapfer zusammen gemeistert! Der Kleine folgte nur wenige Monate später mit einem Gewicht von 26 Kilogramm. Er kann bereits *Star Wars* gucken und Nintendo spielen. Stiefkinder und Stiefmutter sind wohlauf!«

Wenn ich so eine Karte von euch bekomme, dann schicke ich euch auch ein Paket mit einem feministischen Fußball-Comic für den Kleinen und sexy Crop Tops für die Große, und dann schickst du mir ein Selfie von der Großen in meinem handgestrickten Top mit dem Joint in der Hand: »Danke, es passt der Stiefkleinen wie angegossen!«

2
Beglückt.
Über kinderreiches Leben in der Bude

Um fünf Uhr morgens war ich wach. Es war mein Bauch, der mich weckte. Er zog sich zusammen, noch bevor das erste Morgenlicht durch meine Vorhänge dringen konnte. Stille. In der Wohngemeinschaft herrschte Stille, in meinem Zimmer herrschte Stille, draußen auf der Straße herrschte Stille, und während ich diese Stille früher vielleicht als Ruhe genossen hätte, kroch sie jetzt durch meinen Bauchnabel in mich hinein und breitete sich von dort aus in meinem Körper aus, und die Stille flüsterte: Wenn du so weitermachst, wirst du in Stille leben. Ohne Kinder.

Ich war 35 Jahre alt, ich war längst im Erwachsenen-Job-Alltag angekommen, und dennoch lebte ich noch immer dieses Studentinnen-Leben: eine Vierer-Wohngemeinschaft in Berlin Neukölln, zusammen kochen, beim Abendessen über das Leben sprechen, über Beziehungen, Doktorarbeiten und die Lohnarbeit, am Wochenende Partys und Ausflüge, unter der Woche mal ein Wein mit Freundinnen, mal eine Lesung, mal Kino. Ich war nicht einsam, das nicht. Ich war eigentlich auch immer sehr zufrieden mit diesem Leben gewesen. Nur plötzlich war ich es nicht mehr, morgens um fünf. Da wurde ich hellwach. Und stellte es mir vor, wie dieses Leben immer so weitergehen würde. Ohne Kinder.

Verstehen Sie mich nicht falsch, es war nicht unbedingt die

biologische Uhr, die da so laut tickte, dass sie mir den Schlaf raubte. Nein, dass ich in den fruchtbarsten Jahren meines Lebens keine Kinder bekommen hatte, das hatte Gründe gehabt. Gute Gründe. Ich bereute es nicht. Ich hatte längst Sarah Diehl gelesen, *Die Uhr, die nicht tickt,* und Orna Donaths Studie *#regretting motherhood*, ich hatte nicht das Gefühl, nur ein halbes Leben zu führen, nur eine halbe Frau zu sein, wenn ich kein Kind in meinem Bauch spüren würde, wenn ich kein Kind zur Welt bringen würde. Ich wusste, es war lange gut für mich gewesen, keine Kinder zu bekommen. Bis zu diesem Zeitpunkt. Denn morgens um fünf wurde mir klar: Dass ich vielleicht keine Kinder zur Welt bringen würde, okay, das war das eine. Aber ein Leben ohne Kinder? Das Grauen machte sich in mir breit, jeden Morgen. Ein Leben nur unter Erwachsenen? Da konnte man ja gleich im Bett bleiben!

Es fiel mir schwer, über diesen Kinderwunsch zu sprechen. Schon komisch: Ist eine Frau schon schwanger, werden die Augen anderer schnell feucht-glücklich angesichts dieses Wunders: Sie bekommt ein Kind! Ist eine Frau aber (noch) nicht schwanger und möchte trotzdem unbedingt Kinder in ihrem Leben, schnellt ihr auch gerne mal die Frage entgegen: Warum denn? Genieße doch deine Freiheit, deine Unabhängigkeit! Wieso sollte eine lohnarbeitende Frau, noch dazu eine, die sich Feministin nennt, sich freiwillig in diese krass überfordernde Rolle begeben? Während Giorgia Meloni von ihrer Seite der Alpen aus »Seid Mütter!« herüberruft, halten Feministinnen auf der anderen Seite dem Kinderwunsch gerne ein Warnschild entgegen: Vorsicht, Armutsrisiko!

Wer im Kinderkriegen nicht die existenzielle Erfüllung der Frau in einer christlich-patriarchalen Gesellschaft sehen will, spricht über Kinder häufig unter Aspekten der Arbeit und der

(Un-)Abhängigkeit. Wer übernimmt die Sorgearbeit, die *care work*? Wer passt auf die Kleinen auf, wer kauft ein, kocht das Essen, wer kontrolliert die Hausaufgaben, übernimmt den *mental load*[10], wer steht morgens mit den Kleinen auf, wer bringt sie ins Bett? Wer zahlt wie viel für den Unterhalt, wer stellt den Job zurück? Wir sprechen darüber, dass Frauen mehr Arbeit für Kinder übernehmen und diese Arbeit umverteilt werden muss. Und warum? Damit Frauen mehr Zeit für anderes haben: mehr Zeit für sich, mehr Zeit für ihren Job, für ihre Freundinnen, mehr finanzielle Unabhängigkeit. Weniger Sorgearbeit, das heißt: mehr Lohnarbeit, mehr Freizeit, mehr Autonomie. Wenn nach der Soziologin Eva Illouz die Freiheit heute in dem Recht besteht, sich aus einer Beziehung auch lösen zu können, sich also autonom gegen eine Beziehung entscheiden zu können, scheint die Freiheit im Leben mit Kindern darin zu bestehen, sie auch loswerden zu können. Wenigstens für ein paar Stunden. Das Leben mit Kindern wird heute stark aus einer Perspektive betrachtet, die Eva Illouz als Freiheit der negativen (Ab-)Wahl von Beziehungen bezeichnet: Autonomie ist, so verstanden, die Möglichkeit, sich *gegen Kinder zu entscheiden*. Entweder ganz oder wenigstens zeitweise.

Ohne Zweifel ist die Entscheidung gegen eine Schwangerschaft, gegen eine Mutterschaft und die Möglichkeit, auch Zeit ohne Kinder verbringen zu können, eine wichtige Errungenschaft für die Selbstbestimmung von Frauen in dieser Gesellschaft. Was ich aber an jenem Morgen des Grauens in meinem Bauch spürte, war etwas anderes: der tiefe Wunsch, Kinder in meinem Leben haben zu wollen. Verantwortung für mehr Menschen in meinem Leben haben zu wollen. Verbindlichkeit. Miteinander. Und mehr als das. Lachen und spielen, Quatsch machen und herumtollen, Hausaufgaben besprechen und die

Welt erklären, neugierige Kinderaugen, trostbedürftige Kinderkörper, Kuscheltiere und Mensch ärgere dich nicht, Wasserrutschen und Fantasiewelten aus Lego.

Denn Erwachsene sind ja so langweilig! Klar kann man Erwachsene finden, mit denen man rutschen kann oder in den Zoo gehen, vielleicht auch Lego bauen. Aber mal ehrlich, Erwachsene blicken immer so oberflächlich auf die Welt. Sie sehen ein Schloss aus Lego, und sie sehen eben nicht das Schloss, sondern sie sehen die Legosteine in Form eines Schlosses. Sie haben die Fähigkeit verloren, das Schloss zu sehen! Es ist wie mit diesen 3-D-Bildern aus den 90ern, die man ganz nah an die Nase halten und dann langsam wegziehen musste, und das Auge durfte sich nicht an dem Muster des Bildes festhalten, sondern musste unfokussiert auf das Bild schauen, und dann erwuchs aus dem Muster heraus ein Dinosaurier oder ein Hund oder ein Baum: Es war Magie. Wer bloß auf die Legosteine starrt, der findet keine Magie. Man muss schon loslassen. Man muss die Möglichkeit zulassen, dass da wirklich ein Schloss ist. In das Schloss hineingehen. Durch die Gänge gehen, in das Schlafgemach, sich in das Bett legen, aus dem Fenster schauen über die Hügellandschaft bis hinüber zu dem dunklen Wald da drüben, in dem Hänsel und Gretel leben und die sieben Zwerge und aus dem sicher bald die Ritter auftauchen, von denen man noch gar nicht weiß, ob sie freundlich oder feindlich gesonnen sind, man muss hinauf in den Turm laufen, die vielen Steintreppen hinauf, die Kühle der Treppen auf der Haut spüren, die Sonne durch die kleinen Turmfensterchen scheinen sehen, gebrochen durch das milchige Glas, man muss hinauf in das Turmzimmer gehen und von dort noch einmal über die Hügel und den Wald schauen, und wenn man genau guckt, sieht man vielleicht einen Zwerg, da hinter den sieben Bergen, und was ist das, hinten am Waldrand, ist das eine Ritterin auf einem

Pferd, die, ja, die ein Schwert in der Hand hält? Und hinter ihr, kommen da sechs, sieben, nein, zwanzig weitere Ritterinnen auf Pferden, alle mit erhobenen Schwertern? Werden wir etwa, ja, wir werden angegriffen! Zugbrücke hoch!

Wer hier kein Herzklopfen bekommt, der ist eben unrettbar erwachsen. Was soll das für ein trauriges Leben sein, in dem es keine sieben Berge gibt, keine sieben Zwerge und keine angreifenden Ritterinnen, sondern bloß Plastik-Steinchen und Plastik-Figuren in Form von Rittern und Pferden?

Wer will denn so leben?

Ich wollte nicht. So leben.

Ich kannte Bela schon eine Weile, bevor wir uns ineinander verliebten. Wir waren beide in festen Partnerschaften. Er erzählte mir immer mal wieder von seinen Kindern, und ich hörte seine Geschichten gerne: Wie sein damals vierjähriger Sohn einmal in einer Ausstellung verloren ging, er ihn panisch suchte und schließlich sah, wie er total gechillt durch die Räume ging und sich die Bilder anschaute; Bela versteckte sich hinter einer Säule und wartete, bis der Kleine ihn vermissen würde, aber das passierte nicht, und ich konnte es mir so gut vorstellen, wie man völlig verträumt durch die Gänge wandelt und sich absolut sicher ist, dass der Papa einen im Blick hat, dass man gar nicht darüber nachdenkt, man könnte auch verloren gehen. Papa sieht doch alles!

Bela vertraute sich mir an, als er verunsichert wurde durch die Pubertät seiner Tochter, dass er Angst habe, was nun alles passieren könnte, Worst-Case-Szenarien von schlimmen ersten Liebesgeschichten über sexuelle Übergriffe bis hin zur Magersucht, und ich erzählte ihm aus meiner Pubertät – wobei ich nicht weiß, ob das nun so beruhigend war.

Wenn ich so an diese Zeit denke, in der meine Stiefkinder für mich nur Erzählungen aus dem Leben dieses spannenden Mannes waren, dann bin ich davon überzeugt, dass ich mich nicht nur in einen Mann verliebte. Von Anfang an verliebte ich mich in einen Vater.

Vom Verliebtsein bis zur Stiefmutter ist es jedoch ein weiter Weg, und das Stiefmutterwerden war für mich wie für viele andere Stiefmütter – die kommenden Kapitel machen das vermutlich deutlich – oft von heftigen Schmerzen begleitet. Ich fand es jedoch befremdlich, wenn mich Familienmitglieder oder Freundinnen in dieser Zeit der Schmerzen fragten, ob ich sicher sei, dass diese Beziehung die richtige für mich ist. Wer fragt denn eine werdende Mutter, die unter starken Rückenschmerzen leidet, deren Beine sich mit Wasser füllen, die Diabetes bekommt, wochenlang im Bett liegen muss, nur um dann körperlich regelrecht zerrissen zu werden – wer fragt denn solch eine unter Schmerzen leidende werdende Mutter, ob das Kinderkriegen denn wirklich so eine gute Idee ist? Denn ich kann Ihnen versichern: Wenn so ein kleiner Mensch zum ersten Mal seine strahlenden Augen unbefangen auf Sie richtet und Sie mitnimmt in seine Welt, wenn ein Kind zum ersten Mal in Ihre Arme möchte und Sie einen kleinen Menschen spüren, der sich gerade mit dem ganzen Körper freut, dass Sie da sind – dann ist das ein Glück, dass es auf der Erde so kein zweites Mal gibt.

Leben mit Kindern, leben ohne Kinder

Wenn man nur von oben auf unsere Gesellschaft schaut, sieht es schon komisch aus, wie sie das Zusammenleben mit ihren Kindern organisiert: Auf der einen Seite sind die kleinen Familien oder Alleinerziehenden, die »Menschen mit Kindern« genannt werden und irgendwie versuchen, die Kinderbetreuung und den Broterwerb zu koordinieren, die sich untereinander um wenige Kita-Plätze streiten, wo sie die Kids wenigstens für ein paar Stunden am Tag abladen können. Menschen mit Kindern kämpfen um »Vereinbarkeit«: Das Leben mit Kindern müssen sie mit dem Rest ihres Lebens »vereinbaren«.

Der Rest wird dann »kinderlos« genannt und verteilt sich auf Wohngemeinschaften oder Einzimmerwohnungen, wo man dann nichts »vereinbaren« muss, sondern hauptsächlich für die Lohnarbeit lebt und den Rest der Zeit für den »Spaß«, also Freund*innen, Hobbys, Netflix, Kino, Lesen, Partys, Reisen. Aber stimmt diese Unterteilung denn wirklich: Menschen mit Kindern und kinderlose Menschen?

Das Statistische Bundesamt jedenfalls schaut sich die Gesellschaft mit dieser Brille an und stellt fest: Die Kinderlosenquote unter Frauen lag 2018 bei 21 Prozent (für die Statistik gilt eine Frau als »endgültig kinderlos«, wenn sie 43 oder älter ist und bis dahin nicht als Mutter für ein Kind eingetragen wurde). Männer bleiben demnach häufiger »ohne Kinder« als Frauen: 29 Prozent der Männer zwischen 40 und 49 sind »kinderlos«[11]. Im bereits erwähnten *Handbuch Feministische Perspektiven auf Elternschaft* sieht sich die Mutterschafts-Expertin Teresa Bücker diese Zahlen an und schreibt:

> Ein Leben ohne Kinder sollte etwas ebenso Selbstverständliches sein wie ein Leben mit Kindern. Doch die gesellschaftlichen Erwartungen, die Kinderwünsche wecken, vor allem den Wunsch nach einer traditionellen Familie, wirken noch immer stark. Zwar entscheiden sich mehr Menschen – aus ganz unterschiedlichen Beweggründen – bewusst dazu, nicht mit eigenen Kindern leben zu wollen, mit Fragen nach dem Warum müssen sie jedoch immer noch rechnen (z. B. Dürrholz 2021). Frauen müssen sich zudem häufiger dafür rechtfertigen als andere Menschen, warum ihr Leben kinder-

> frei ist (z. B. Diehl 2014). Dieser Druck nimmt sogar auf lesbische Frauen zu, seitdem in der breiten Öffentlichkeit bekannter ist, dass auch homosexuelle Menschen Familien gründen und sie sich mehr Rechte erkämpft haben. Die kulturelle Norm, dass eine Frau ohne Kinder nicht vollständig ist, ist sogar so stark, dass die bewusste Entscheidung gegen eigene Kinder von manchen Menschen als politischer Protest verstanden wird: ein »Gebärstreik« als Mittel, um eine bessere Familienpolitik zu bewirken.[12]

Es ist interessant, dass Menschen, die keine biologischen Kinder bekommen und kein Kind adoptiert haben, so selbstverständlich als »kinderlos«, ja sogar als »gebärstreikend« wahrgenommen werden. Mehr noch: Wer sich das Leben mit einem Kind wünscht, aber selbst keines qua Geburt oder Samengabe »bekommt«, wird nicht selten kritisch beäugt. Wenn ein kinderloser Einzimmerwohnungs-Mensch sagt, er möchte ein Kind kennenlernen und das Leben mit ihm teilen, gehen schnell die Augenbrauen hoch: Dieser Mensch da will mit einem fremden Kind leben? Was führt er im Schilde? Wenn es sich bei dem allein lebenden Menschen dann noch um einen Mann handelt, ist gar die Furcht vor Pädophilie nicht weit. Aber auch Frauen mit nicht-biologischem Kinderwunsch werden hinterfragt, denn aus welchem Grunde sollte eine völlig frei und unabhängig lebende Frau Zeit mit einem »fremden« Kind verbringen wollen? Der Ausdruck der »Beutemutter« für die Rolle der Stiefmutter verdeutlicht, wie kinderbegeisterte, aber bio-kinderlose Frauen verdächtigt werden: Wollen sie uns etwa ein Kind stehlen?

Wann ist das Zusammenleben mit Kindern eigentlich so absurd segregiert worden, seit wann spaltet sich die Gesellschaft so krass auf in jene, die mit ihren eigenen Kindern leben und häufig damit überfordert sind, und jene, die kinderlos und ohne Kinder leben? In der feministischen Debatte über den Kinderwunsch wurde diese Ungleichheit inzwischen erkannt. Wo über assistierte Befruchtung als »Kinderwunschbehandlung« diskutiert wird, mehren sich die Stimmen, dass die Vorstellung eines »Rechts auf ein (eigenes) Kind« kritisch zu sehen ist und sich eigentlich diverse Möglichkeiten anbieten, mit Kindern zu leben[13]. So schlägt auch Teresa Bücker vor, den Kinderwunsch offener zu denken und die Chancen zu sehen, die darin für das Familienleben liegen:

> Einen Kinderwunsch zu haben, muss nicht bedeuten, sich nach einer Kleinfamilie zu sehnen. (…) Über die geteilte Sorge für Kinder in größeren Familien könnten sich zudem mehr Menschen den Wunsch erfüllen, sich um Kinder zu kümmern. Man müsste bei einem unerfüllten Kinderwunsch nicht zuerst an eine Arztpraxis denken, dann an Adoption oder Pflegschaft, sondern bekäme eine weitere Möglichkeit hinzu, gemeinsam mit Kindern zu leben.[14]

Was in der Debatte um das Kinderkriegen in Zeiten der Kleinfamilien-Individualisierung als neue feministische Erkenntnis gilt, war Jahrhunderte und gar Jahrtausende lang eigentlich völlig normal. Vor über 10 000 Jahren kümmerte sich die umherziehende Menschen-Community von etwa 25 Mitgliedern gemeinsam um ihre Kinder, wie etwa der niederländische Evolutionsbiologe Carel van Schaik und der deutsche Historiker Kai Michel in ihrem feministisch-evolutionstheoretischen Buch *Die Wahrheit über Eva* beschreiben:

> Auch wenn die Mutter früh im Leben eines Kindes die Hauptfigur ist, beteiligen sich (…) Väter, Großmütter, ältere Kinder

> und andere Erwachsene – kurz, so ziemlich jeder, der in der Nähe ist – an der Betreuung der Kinder. Diese Form von Familien, eingebettet in ein Netzwerk gegenseitiger Verpflichtungen des Sharing and Caring, ist einzigartig unter Primaten, und zusammen mit dem Gebrauch von Werkzeugen und der Sprache war die Familie zweifellos die bedeutendste Erfindung der menschlichen Revolution.[15]

Noch in der Zeit des Zusammenlebens als *familia,* einem Haus- und Hofzusammenschluss, in dem von der Antike bis ins Mittelalter hinein der Großteil der Bevölkerung in Europa lebte, war es völlig normal, mit den Kindern der Hausherren, der anderen Mägde und der Geschwister zusammenzuleben. Auch vor rund 100 Jahren waren Kinder in Europa stärker in das Alltagsleben der Gesellschaft integriert als heute. Bei Karl Marx und Friedrich Engels können wir nachlesen, wie die Kinder der Arbeiterklasse im 19. Jahrhundert mit in den Minen und Fabriken arbeiteten. Wie Sarah Diehl schreibt, wurden Kinder lange Zeit als notwendige Arbeitskraft betrachtet, um über die Runden zu kommen:

> Ein Kind war nicht die Krönung einer Paarbeziehung, nicht Ausdruck von besonderer Liebe zwischen zwei Menschen, sondern eine wirtschaftliche Notwendigkeit: Kinder sicherten die Weiterführung und Bewirtschaftung des Hofes, sie konnten später durch geschickte Verheiratung Ansehen und Auskommen der Gemeinschaft mehren und die Altersvorsorge sicherstellen.[16]

Bei Arbeitstagen von 16 Stunden im Frühkapitalismus bestand die »Kinderbetreuung« oft genug darin, die Kinder bei der Arbeit auf den Rücken zu binden oder, wenn sie laufen konnten, mitarbeiten zu lassen. Die Straßen der Dörfer und Städte waren voller Kinderbanden, in denen sich Kinder verschiedenen Alters organisierten, und wenn sie Unfug anstellten, dann griff selbstverständlich jede Erwachsene ein und schaute nicht erst nach den »Erziehungsberechtigten«.

Man sollte diese Zeit der kollektiven Kindererziehung natürlich nicht romantisieren. Die umherziehenden Horden vor über 10 000 Jahren ließen ein Baby auch mal einfach liegen, wenn es die Horde in Gefahr brachte, weil man es nicht mehr tragen oder nähren konnte.[17] Auf den Feldern, in den Minen und Fabriken der letzten Jahrhunderte haben Kinder massenhaft gelitten und sind elendig gestorben. Die Kindheit als eine Zeit des Schutzes, die Kinder abgesondert von der Erwachsenenwelt verbringen sollen, ist eine Erfindung des Bürgertums und der Neuzeit, und es ist keine schlechte. Aber sie hat eben auch ihre Nachteile. Sie brachte nicht nur geschützte Kinder hervor – sondern auch Kinder, die ihren Eltern in den engen Wänden der Kleinfamilie ausgeliefert sind. Und sie brachte Erwachsene hervor, die ein komplettes Leben verbringen können, ohne darin je mit einer Kinderperspektive konfrontiert zu werden.

Das nimmt in der nordeuropäischen Gesellschaft beeindruckende Ausmaße an: Ein Fünftel der Bevölkerung lebt in einem Einpersonenhaushalt und ein Drittel in einem Zweipersonenhaushalt.[18] Das bedeutet, das gemeinsame Zusammenleben mit zwei oder mehr weiteren Menschen praktiziert tatsächlich weniger als die Hälfte von uns – in nur einem Viertel aller Haushalte leben mehrere Menschen mit Kindern. Aus einer trockensoziologischen Verteilungsperspektive könnte man sagen: Kinder sind in unserer Gesellschaft extrem ungleich auf die Erwachsenen verteilt – oder, andersherum, aus Kinderperspektive: Erwachsene sind in dieser Gesellschaft extrem ungleich auf die Kinder verteilt.

Das ist nicht überall so. Die Hildesheimer Geschlechterforscherin Sevda Evcil erzählte mir, wie Kinder im türkischen Teil Kurdistans ganz selbstverständlich von mehreren Erwachsenen großgezogen werden; die Tanten und Großmütter helfen mit, auch jene »Tanten«, die nicht biologisch mit der Familie verwandt sind, aber als Freundinnen oder Nachbarinnen einen engen Bezug zu der Familie haben. Kinderreiche Familien oder Familien, die gerade in schwierigen Situationen stecken, geben Kinder eine Zeitlang bei anderen Familienmitgliedern oder Nachbarinnen in Obhut, teils Monate, teils Jahre. Aus Tanten und Freundinnen werden Pflegeeltern, Co-Eltern, Stiefeltern, offenbar weitaus fließender in ihrer Rolle, als es das mir bekannte Stiefmutter- oder Pflegemutter-Bild in Deutschland erlauben würde. Auch die Institution der »solidarischen Milchmutterschaft« unter Frauen mit gleichaltrigen Babys sei immer noch gängige Praxis in der kurdischen Gesellschaft, so Evcil: Die Frau, die das Kind ihrer Nachbarin oder Freundin mitgestillt hat, nimmt eine besondere Rolle im Leben des Kindes ein.

Nach dem verheerenden Erdbeben im Februar 2023 habe diese Praxis der kollektiven Kinderbetreuung eine besondere Rolle gespielt. Etliche Kinder haben in der Katastrophe ihre Eltern verloren, und der türkische Staat startete eine Kampagne zur Suche nach möglichen Pflegeeltern. In der kurdischen Gesellschaft reagierte man darauf zunächst mit Irritation, wie Evcil berichtet: Dass Kinder in Krisensituationen in ihrem vertrauten Umfeld ein Zuhause bekommen, gilt hier als so selbstverständlich, dass der bürokratische Aufruf zur Registrierung von Pflegeeltern für die Verteilung von Kindern in der Türkei fremd erschien.

Welche Alternativen es zur Vorstellung eines Kinderlebens mit den (nur zwei) biologischen Eltern andernorts gibt, das erforscht auch die Ethnografin und Sozialanthropologin Erdmute Alber von der Universität Bayreuth. Sie beschreibt in ihrer Studie *Transfers of Belonging. Child Fostering in West Africa in the 20th Century* von 2018, wie in Benin das Aufwachsen von Kindern als Pflegekinder gängige Praxis war – und zwar nicht nur als eine weitere akzeptable Art der Kindererziehung, sondern als die am besten geeignete Form, weit gängiger als das Aufwachsen bei den »Geburtseltern«. Noch heute, schreibt Alber, haben die meisten Eltern (auch) Pflegekinder und sind häufig selbst bei Pflegeeltern aufgewachsen. Unter den jüngeren Leuten mischt sich die Pflegefamilien-Tradition inzwischen mit der durch den europäischen Kolonialismus in die Gesellschaft getragenen Geburtslogik.

Die »Verteilung« von Kindern in der Gesellschaft der Baatombu folgte lange Zeit nicht dem Prinzip der Geburt, sondern wurde rein gesellschaftlich bestimmt: Wenn ein Kind geboren wurde, kamen Verwandte der Geburtsmutter oder des Geburtsvaters auf die Vorsteher eines Familienverbundes (»compound«) zu und meldeten dort an, dass sie das Kind gerne aufziehen möchten. Die Geburtseltern hatten dabei gar kein Mitspracherecht; weder durften sie die Pflegeeltern für ihre Geburtskinder aussuchen, noch durften sie ein Ansuchen ablehnen. Wer in der Hierarchie ihres Verbundes höher stand als sie, konnte das Anrecht auf die Erziehung des Kindes anmelden und umsetzen. Die passive Rolle der Geburtseltern zeigt sich noch heute bei der Geburt des Kindes:

> Öffentliche Glückwünsche an den Vater oder die Mutter sind selten. Aber die Großeltern des Kindes oder seine Tanten und Onkel werden beglückwünscht, als ob es ihr Kind wäre. Dahinter steht die Vorstellung, dass Kinder zu vielen Menschen gehören, nicht nur zu ihren Eltern, sondern auch

> zur Schwester des Vaters, zum Bruder der Mutter, zu den Großeltern und anderen Onkeln und Tanten. Ein Kind gehört zur väterlichen Abstammungslinie, wird aber auch als zur Verwandtschaftsgruppe der Mutter gehörend betrachtet. Diese verschiedenen Arten der Zugehörigkeit hängen von der Art der Beziehungen ab, aber sie können alle ein Grund dafür sein, dass man von »meinem Kind« spricht.[19]

Meist sind die Pflegeeltern Verwandte der Geburtseltern, also Tanten, Onkel oder Großeltern. Gründe für die Aufnahme eines Pflegekindes waren und sind vielfältig: In der kleinbäuerlich geprägten Region des heutigen Benin ging es meist darum, Kinder für die Hilfe auf den Feldern (Jungs) oder im Haus (Mädchen) einsetzen zu können, als Botengänger*innen, oder um als Frau im Verbund des Ehemanns die eigene Position zu stärken, indem man ein Kind aus der eigenen Verwandtschaft in den patrilinearen Verbund mitnimmt: Weil eine Pflegemutter für die Verheiratung ihrer Pflegetochter zuständig ist, spielt sie im neuen Verbund eine wichtigere Rolle, als wenn sie ohne Kinder aus ihrer eigenen Verwandtschaft käme.

Auch heute noch holen sich Verwandte mit nur wenigen Kindern Pflegekinder dazu, wenn ihre jüngeren Geschwister Kinder gebären – wobei, wie Alber betont, ein Pflegekind die Kinderlosigkeit einer Frau keineswegs »wieder gutmacht«; es sei gesellschaftlich absolut geboten, selbst Kinder zu gebären, weil diese dann soziale und finanzielle Verantwortung für ihre Geburtseltern übernehmen. Aber wer schon keine Kinder gebäre, brauche mindestens Pflegekinder, ein Leben ohne Kinder ist in Benin auch heute noch kaum denkbar. Eine interviewte Pflegemutter erklärte es Erdmute Alber so: »In deinem Fall, weil du nicht oft entbunden hast, ist es klar, dass du keine weiteren Kinder haben wirst. Nun wird deine jüngere Schwester – wenn sie nicht will, dass du zu sehr leidest – sagen, sobald sie ein Baby zur Welt bringt: Komm und nimm ein weiteres Kind, damit du es schicken kannst.«[20] Das »Schicken« referiert auf den Einsatz der Kinder als Arbeitshilfe auf den Feldern und im Haus.

Die Kinder ziehen dann nach der Stillzeit zu ihren Pflegeeltern, häufig weit entfernt vom Wohnort ihrer Geburtseltern. Sie halten Kontakt zu ihren Geburtseltern, teilen Zeremonien und sind etwa auch für deren Beerdigung zuständig – doch eine intime persönliche Eltern-Kind-Beziehung war in der Gesellschaft lange absolut verpönt und ist heute noch immer schambesetzt:

> Neben dieser gesellschaftlichen Bedeutung der leiblichen Kinder für ihre Eltern (...) gibt es eine weitere Dimension, eine persönliche, die konkrete, emotionale und individuelle Beziehung zwischen Eltern und ihren leiblichen Kindern. Diese wird in der Öffentlichkeit verleugnet oder verschleiert, sie ist ein Grund zur Scham, und der Kontakt zwischen Eltern und ihren leiblichen Kindern ist tabu. (...) Auch die direkte Frage nach der Anzahl der leiblichen Kinder löste in der Regel Verlegenheit, Schweigen oder ein verschämtes Lachen aus. Manchmal endete dies in lautem Gelächter, und man teilte mir mit, dass dies eine »typische« Frage der Europäer sei. Und wenn ich Kinder beim Spielen auf einem Gelände beobachtete und eine Frau beiläufig fragte, ob dieses oder jenes Kind ihres sei, hatte sie nie ein Problem damit, »nein« zu sagen und mir zu verraten, wer seine Mutter war. Aber für praktisch alle Frauen war es völlig unmöglich, »ja« zu sagen und offen zuzugeben, dass ein Kind von ihnen war, oder gar zu sagen, wie viele Kinder sie geboren hatten.[21]

Jemanden »zur Welt gebracht zu haben« (»na mi wara«), ist in der Gesellschaft der Baatombu ein Ausdruck, den nicht nur Geburtsmütter für ihre Kinder nutzen, sondern auch Onkel und Tanten und Großeltern für ihre Nichten, Neffen und Enkel, die allesamt »ihre Kinder« sind. Für die Frage, warum diese Praxis der Pflegeelternschaft sich durchgesetzt hat, erntete Alber meist eine gerunzelte Stirn:

> Fragt man Männer und Frauen der Baatombu, warum sie ihre Kinder von Pflegeeltern aufnehmen lassen – eine Frage, die für einen Europäer selbstverständlich ist –, so muss sie für sie genauso absurd klingen wie für einen Europäer die Frage, warum Kinder von ihren leiblichen Eltern aufgezogen werden.[22]

Wer mit wie vielen Kindern lebt, das entscheidet in Benin die Familie und die Gesellschaft, nicht das Individuum oder der biologische Zufall. Man könnte es auch so herum betrachten: Dass der einzige Zugang zum Leben mit Kindern in der Geburt eigener Kinder besteht, ist ein gesellschaftliches Arrangement, zu dem es durchaus lebbare und schon viel gelebte Alternativen gibt.

Wobei auch Alber betont, dass die Praxis der Pflegeelternschaft in Benin nicht ohne Konflikte verlief: Manche Pflegekinder haben die Trennung von ihren Geburtseltern nicht verwunden und versuchten zurückzukehren; immer wieder gab und gibt es Konflikte zwischen den Geburtskindern und Pflegekindern innerhalb einer Familie. Mit den Einflüssen des europäischen Kolonialismus und vor allem durch die Einführung des Schulwesens setzte sich die Kinderverteilung nach Geburtsprinzip dann auch in Benin immer stärker durch.

Vom Hippie-Onkel zum Co-Papa: Zurück in die Zukunft

Die Lebensweise, nach der Kinder fast ausschließlich bei den ein oder zwei Menschen aufwachsen, die sie gezeugt und/oder geboren haben, ist also historisch relativ neu – und, global gesehen, auch eher eine Spezialität westlicher Gesellschaften. Eine sich ausbreitende Sonderart, die im Deutschland der 1970er-Jahre bereits hinterfragt wurde, als in den linken Zirkeln der 1968er-Bewegung mit Modellen der vertieften Patenschaften experimentiert wurde. Der Berliner Psychologe Wolfgang Krüger, der selber Stiefvater ist und zusammen mit seiner Stieftochter ein Buch über ihr Zusammenleben schrieb[23], erinnert sich mir gegenüber sehr gerne an diese Zeit:

> In den 70ern war man teils schon weiter! Ich selbst habe Patenschaften für Kinder von Freunden übernommen. Das war sehr verbindlich: Ich habe regelmäßig mit ihnen Schularbeiten gemacht, war in einer Großelternrolle, manchmal haben die Kinder bei uns übernachtet. Wir haben die Eltern entlastet. Manchmal wurde den Eltern sogar angeboten, dass die Kinder ein Vierteljahr zu Freunden ziehen und sie also die gesamte Betreuung übernehmen. Ich finde, das hat relativ gut funktioniert – das war Teil einer gesamtgesellschaftlichen Aufbruchstimmung der 70er-Jahre.

Vielleicht ist es ein Fluch der sich im ständigen Fortschritt wähnenden Gesellschaft, dass vermeintliche Fortschritte von jeder Generation immer wieder neu entdeckt und erkämpft werden müssen. Waren in den 1970ern die Patenschaften eine Idee, die Überforderung der Kleinfamilien abzumildern und in diesen

Zeiten der Individualisierung mehr Erwachsene in das Kinderleben hineinzulassen – und die Kindererziehung auf mehr Erwachsene zu verteilen –, so wird Anfang des 21. Jahrhunderts das »Co-Parenting« und die multiple Elternschaft neu entdeckt. Unter Co-Parenting versteht man eine geteilte Elternschaft für ein Kind, die nicht zwingend auf der romantischen Liebe zwischen den Eltern basiert: Es können sich zwei Menschen, die sich vorher absolut nicht kannten, zusammentun, um ein Kind zu betreuen; es kann sich ein schwules romantisches Paar mit einer Frau zusammentun, um zu dritt ein Kind zu bekommen; es können sich zwei oder drei Freundinnen zusammentun, um zusammen oder abwechselnd mit einem Kind zu leben. Zwar ist noch nicht erforscht, wie verbreitet diese Form der Elternschaft in Deutschland ist[24], doch hat sie seit Jochen Königs Buch *Mama, Papa, Kind? Von Singles, Co-Eltern und anderen Familien* aus dem Jahr 2015 medial Aufmerksamkeit erfahren. An den im Jahr 2021 erstellten Plänen der Ampel-Koalition aus SPD, Grünen und FDP, über die Ausweitung des kleinen Sorgerechts auf mehr als zwei Eltern nachzudenken, ist ablesbar, dass diese Form des Lebens mit Kindern ein Modell sein könnte, von dem in Zukunft noch häufiger zu hören sein wird.

Ob Tante oder Pate, Nachbar oder Freund*in, Co-Vater oder Stiefmutter: Es gibt auch heute wesentlich mehr Wege, mit Kindern zu leben, als Mutter oder Vater zu werden. Die Vehemenz, mit der diese neuen Formen der Mit-Elternschaft gegen herrschende gesellschaftliche Rollenbilder durchgesetzt werden, kann jedoch kaum nachvollzogen werden, wenn Kinder als Arbeit, als Hindernis für Autonomie und Freiheit verstanden werden. Natürlich ist der feministische Beitrag, die geschlechtliche Arbeitsteilung in der Kinderfürsorge zu thematisieren, eine wichtige Voraussetzung für die Gleichberechtigung der Geschlechter in allen Lebensbereichen; ein Beitrag, der gerade jetzt, in Zeiten einer erstarkenden Rechten mit erzkonservativ geprägter Mutterverherrlichung noch einmal wichtiger wird. Doch vielleicht sollten wir den so vielfältigen Wunsch nach Elternschaft zum Anlass nehmen, über Kinder mal wieder aus anderer Perspektive nachzudenken, die zuletzt als irgendwie unfeministisch galt: aus der des Glücks, das Kinder in das Leben von Erwachsenen bringen können und das Erwachsene in das Leben der Kinder bringen können. Und vielleicht schaffen wir das ja sogar, ohne dabei in die Falle der biologistisch-patriarchalen Mutterschaftsvorstellungen einer Giorgia Meloni zu tappen.

Kinderglück

Ich mache die Phô-Suppe warm, die ich mittags für die kranke Arianna gekocht hatte und von der abends noch etwas übrig ist. Während der Topf auf dem Feuer steht und den Duft von Ingwer, Anis und Zimt in der Küche verbreitet, schneide ich die langen Sushi-Rollen in Stücke, die Bela fertigt und mir zum Schneiden rüberschiebt – denn der Kleine und scharfe Phô, ne, schon klar, also Sushi für alle und die Suppenreste zur Vorspeise, vielleicht nippt er ja mal. Ich höre, wie die Suppe kocht, und kochen soll sie ja nicht mehr, also laufe ich vom Tisch zum Herd, bloß komme ich nicht richtig an den Herd ran, weil Earl Grey davor steht, die Hündin von Ariannas Mutter Helen, die sich gerade den Fuß gebrochen hat und uns bat, die Weimaranerin für ein paar Tage (Oder werden es Wochen? Oder wird sie ganz unser Hund?) zu übernehmen, ich versuche, über Earl Grey hinweg die Suppe vom Feuer zu ziehen, da klettert der Kleine unter meinen Armen über die Hündin und quetscht sich durch zu Bela, Videodiskussion, noch fünf Minuten vor dem Essen, nur eine Folge vielleicht, oder noch fünf Minuten von *Kung Fu Panda*? »Nein, für heute hast du genug Video geguckt!«, ich finde, Bela könnte dem Kleinen ruhig ein bisschen mehr Video erlauben, ich hab doch eh ständig Fernsehen geguckt als Kind, und hat es mir etwa geschadet? Na also, aber ich sage mal nichts, sondern versuche, an Earl Grey und dem Kleinen vorbei zurück an den Küchentisch zu kommen, denn da liegen schon drei Rollen Sushi und warten darauf, geschnitten zu werden. »Deck den Tisch«, sagt Bela, der Kleine protestiert, aber sein erneuter Versuch, auf sein Videobedürfnis hinzuweisen, wird überlagert von einer lauten weiblichen Stimme, plötzlich beginnt ein Referat auf Englisch über die Weimarer Republik, »already in 1917, the social labour movement decided to split into the Independent Social Democratic Party USPD, the Majority Social Democratic Party MSPD and the socialist Spartacus League« – »So kannst du das nicht sagen«, sage ich – »Was?« – »Dass die Arbeiterbewegung sich dazu entschieden hat, sich zu spalten, die saß ja nicht zusammen und entschied dann gemeinsam, sich lieber auf drei Parteien aufzuteilen, das ...« – »Aber das Essen ist ja noch gar nicht fertig! Wieso kann ich dann nicht noch fünf Minuten ...?« – »Aber wieso haben die dann drei linke Parteien ...?«, fragt Arianna – »das entwickelte sich eher in heftigen Streitereien, weil es in der SPD damals unterschiedliche Haltungen zum Krieg und möglichen Friedensverhandlungen gab« – »nur fünf Minuten, Papa!« – »Bela, lass den Kleinen doch noch ein bisschen gucken!«, bricht es aus mir heraus, aufgerissene Kinderaugen, schneller Blick zu Bela, der gegen seinen Willen lachen muss, bingo! Der Kleine schlüpft zwischen mir und Earl Grey aus der Küche, »ah okay, verstehe«, Arianna kritzelt in ihr Schulheft, »so already in 1917, the social movement *split* into the Independent Social Democratic Party USPD, the Majority Social Democratic Party MSPD and the socialist Spartacus League« – »eher: *communist* Spartacus League«, ich fülle die Phô in vier Schälchen, gehe mit den Schälchen zum Tisch, stoße mit dem Knie gegen etwas Großes, Felliges, stolpere, heiße Suppe auf meinem Daumen, »Earl Grey! Raus!«, große Hundeaugen schauen mich an, wedelnder Schwanz – »sie versteht besser, wenn man Englisch spricht« – »Earl Grey, out!«, und sie hört wirklich, Schwanz eingezogen, Hündin aus der Küche.

Die Suppe ist auf dem Tisch, das Sushi geschnitten, Bela und Arianna am Tisch, über die Haltung der MSPD zum Sozialismus diskutierend. Ich gehe ins Wohnzimmer, zwei warme Körper liegen friedlich auf dem Sofa, vor ihnen auf dem Bildschirm versucht ein Pandabär, Kung-Fu zu lernen, klappt nicht so gut. Ist Po denn wirklich der Drachenkrieger? Ich gehe zurück in die Küche, »Bela, Arianna, habt ihr eigentlich schon *Kung Fu Panda* gesehen …?« Bela findet: Gegessen wird am Küchentisch. Arianna will *Kung Fu Panda* sehen. Ich finde eh, wir gucken viel zu wenig Fernsehen in dieser Familie.

Fünf warme Körper sitzen auf dem Sofa, essen Sushi und schauen Po beim Drachenkämpfen zu. Da rappelt sich der eine kleine Körper auf, klettert über die anderen und legt sich zwischen mich und … Moment, fünf Körper? »Earl Grey, runter vom Sofa! Down!«

War da mal Stille in dieser Wohnung? Ich kann mich nicht erinnern. Jetzt ist sie erfüllt von Kichern und Lachkrämpfen, von Geschichtsreferaten und Diskussionen über die Weimarer Republik und über Algen, die den Klimawandel stoppen könnten, über die Frage, ob man im Laden schon in eine Laugenstange beißen darf, obwohl sie noch nicht bezahlt ist, was Mundraub bedeutet, wer schneller ist, eine Schlange oder ein Pandabär, und ob man wirklich aus dem Ohrenschmalz eine Kerze machen kann, wie im Film beim grünen Shrek, sollten wir nicht alle unser Ohrenschmalz sammeln? In der Statistik gelte ich als kinderlos. Als ob!

Ich habe ein riesiges Glück in meinem Leben: In den vergangenen drei Jahren wurde ich Stiefmutter zweier Kinder und Patentante gleichzeitig. Jetzt baue ich nicht nur mit dem Kleinen Schlösser aus Lego, sondern ich tanze auch mit meiner eineinhalbjährigen Patentochter in der Küche meiner Freundin, ich lese ihr aus Büchern vor, drücke mit ihr kleine runde Felder, durch die dann Vogelgesang aus dem Buch tönt, wir gucken uns mit aufgerissenen Augen an und hören zu, wie die Vögel plötzlich im Buch zwitschern, wie schön ist das denn!

Einmal waren wir zusammen auf dem Spielplatz, der Kleine, meine Patentochter, meine Freundin und ich. Die beiden Kinder liefen zusammen los, sie an seiner Hand, meine Patentochter ließ sich von meinem Stiefkleinen mitnehmen, zur Rutsche, sie rutschten zusammen, und das sah echt sehr niedlich aus. »Er kümmert sich ja gut um sie!«, sagte meine Freundin, und ich spürte mein Herz klopfen: Stolz.

Doch als er dann versuchte, meine Patentochter hochzuheben, passierte es natürlich: Sie war doch zu schwer, sie fiel auf den Boden und stieß sich den Kopf leicht an einem Stein. Sie weinte, ihre Mutter nahm sie hoch, und ich lief zu meinem Stiefkleinen, um ihn zu beruhigen: »Keine Angst, es war nicht deine Schuld.« Ich nahm ihn in den Arm. Da hörte ich auf dem Arm meiner Freundin ein wimmerndes: »Elsa!« – »Willst du zu Tante Elsa?«, fragte meine Freundin, und die Kleine: »Ja! Elsa!« Da nahm ich meine Patentochter auf meinen Arm, und sie hörte auf zu weinen und lachte mich an. Neben mir spürte ich den Kleinen und legte den Arm um seine Schulter. Dieses

Gefühl da im Bauch, diese Wärme, die entsteht, wenn wir das Vertrauen von Kindern geschenkt bekommen. Diese Dankbarkeit, diesen kleinen Menschen da Nähe schenken zu dürfen und Geborgenheit, Sicherheit in dieser Welt. In kleine Kinderherzen hineingelassen zu werden. Und kleine Kinderherzen in meines hineinzulassen. Nein, auf solch eine Kinderliebe habe ich kein »Recht«, und gerade deshalb ist sie so ein Geschenk.

Ohne die Hoffnung auf dieses Geschenk würde es die Stiefmutter vielleicht auch kaum durch die schwierigen und schmerzhaften Zeiten ihres Stiefmutterwerdens schaffen.

3
Ohnmächtig.
Über eine Mutter, die nicht Mutter sein darf

So hatte ich mir das Stiefmuttersein nicht vorgestellt. Ich war ausgezogen aus meiner WG, nur für Bela und seine Kinder: Damit Arianna einen Platz bei ihm haben konnte, ein Zimmer bei uns, in unserer Zwischenmietwohnung, denn meine WG hatte keine Lust auf das Wohnen mit Patchwork-Experimentierern und Teenagern. War das nicht extrem mütterlich von mir? Und so verantwortungsbewusst! Wir hatten uns eine Dreizimmerwohnung gesucht, für einige Monate, und nun konnten Arianna und der Kleine kommen, wann immer sie wollten, denn einen Platz bei ihrem Papa, den brauchten sie, und ich sah mich in der Verantwortung, ihn mit zu ermöglichen. Ich fühlte mich toll. Endlich hatte ich etwas in der Hand! Ich konnte gestalten. Ich gestaltete, zusammen mit Bela, eine Wohnung für uns und seine Kinder. Na also, endlich Handlungsmacht.

Nun saß ich da, in dieser Dreizimmerwohnung in einem anderen Kiez: alleine. Arianna wollte nicht kommen, es war ihr zu eng dort, zu viel Druck, und Bela war bei seinem Sohn in der Nestwohnung, denn er hatte zusammen mit der Mutter befunden, dass es zu viel Neues für das Kind wäre, wenn es jetzt auch noch woanders übernachten müsse. Arianna war also bei ihrer Mutter, und Bela war bei seinem Sohn, sie alle aßen gerade zusammen zu Abend, ich stellte mir vor, wie sie lachten, wie Arianna Helen aus der Schule erzählte und Belas Sohn noch mit Bela Lego spielen wollte, und ich saß dort in dieser absoluten Stille, keine Mitbewohnerinnen mehr, und aß alleine an diesem fremden Küchentisch. Es war die Zeit des Corona-Lockdowns, und gerade hatte die Bundesregierung beschlossen, eine Ausgangssperre nach 22 Uhr zu verhängen. Also keine Chance, noch zu meiner Freundin nach Neukölln zu fahren oder Besuch zu bekommen. Ich war gefangen in der Stiefmutter-Einsamkeit. Und ich konnte nichts, absolut nichts dagegen tun: Ich war nicht berechtigt zu entscheiden, dass Belas Kind durchaus bei uns schlafen konnte, und ich konnte auch überhaupt nicht einschätzen, ob das nach der Trennung seiner Eltern vertretbar wäre oder nicht. Und ich konnte auch Arianna nicht überreden zu kommen. Ich hatte eine Familie bekommen, ich hatte mein Leben für diese Familie auf den Kopf gestellt, ich hatte meine WG verlassen und war umgezogen, und nun saß ich da, alleine und völlig abhängig davon, was Bela, Helen und die andere Mutter für ihre Kinder und damit für die Weiterentwicklung »unserer« Familie entscheiden würden. Ich fühlte mich ausgeschlossen – und *ohnmächtig*.

Früher war das anders. Früher kam eine Stiefmutter in eine Familie, nachdem eine Mutter gestorben war – sie sollte also explizit die Aufgaben der Mutter übernehmen und war fester Bestandteil der neuen Familienkonstellation, sie kam nicht als fünftes, zusätzliches Rad irgendwie dazu. Die heutige Stiefmutter, erklärt die Psychologin Katharina Grünewald, ist in einer völlig anderen Rolle als vor 200 Jahren, als die Gebrüder Grimm ihre Märchen verfassten:

> Früher, zu Zeiten großer Müttersterblichkeit, kamen Frauen nicht als Geliebte in die Familie, sondern als Mutter. Da spielte die romantische Liebe nicht so eine zentrale Rolle, sondern die Frau bekam etwas ganz Materielles für ihre

mütterlichen Dienste: eine ökonomische Absicherung. Dafür kümmerte sie sich um die Kinder, das war ihr Job – ein klar definierter Deal. Heute tun wir gerne so, als ginge es ausschließlich um Liebe: Eine Stiefmutter kümmert sich um die Kinder ihres Partners, weil sie ihn liebt! Das geht nicht lange gut. Da kommt die Liebe unter die Räder! Wieso sollte eine Frau auf fremde Kinder aufpassen? Oder ihren Platz räumen? Sich zurückstellen? Selbstlosigkeit lässt sich nicht lange durchhalten.

Nun muss die Liebe für den Partner ja nicht der einzige Grund sein, warum sich eine Frau im 21. Jahrhundert dazu entscheidet, Stiefmutter zu werden. Sie kann ja auch ganz bewusst Kinder in ihrem Leben haben wollen – wie im Kinderglück-Kapitel beschrieben. Übernimmt eine Stiefmutter wirklich nur aus Liebe zu ihrem Partner Verantwortung? Erfüllt sie sich nicht vielleicht auch einen Kinderwunsch? Und könnte sie nicht, ganz nebenbei, mit ihrer Stiefmutterschaft viele Probleme dieser Zeit absoluter Eltern-Überforderung auf einmal lösen? Den Eltern Arbeit abnehmen, die Kids betreuen, Spaß haben? Wie ich bereits beschrieben habe, war ich sehr schnell bereit, nicht nur die Partnerin von Bela zu werden – sondern auch Co-Parent. Co zu ihm, und meinetwegen auch zu den beiden Müttern, sollten wir uns verstehen (und warum nicht?)!

Die Sache ist nur die: Als Co-Parent war ich nicht angefragt worden, weder von den Kindern noch von den Müttern der Kinder noch von meinem Partner. Nein, ich kam nicht als Mutter in die Familie, wie Stiefmütter dies in Grimms Märchen taten. Aber ich kam auch nicht als Co-Parent in diese Familie. Ich kam in diese Familie als Partnerin von Bela. Das macht einen gewaltigen Unterschied. Denn in dieser Rolle muss ich im Zusammenleben mit der Familie zwar mütterliche Pflichten übernehmen – aber ich darf keine Mutter sein, zumindest keine »wirkliche Mutter«.

Dieser Widerspruch zeigt sich im Leben vieler Stiefmütter in Form großer Ohnmacht, also fehlender Handlungsmacht über wichtige Bereiche ihres Alltags und Beziehungslebens. Meine Stiefmutterwerdung fühlte sich in der ersten Zeit oft an, als würde mir mein eigenes Leben entgleiten, als hätte ich darin nichts mehr zu bestimmen: Wann mein Partner und ich uns sahen, hing plötzlich davon ab, wann seine Exfrau die Kinder betreuen konnte. Von den Stundenplänen seiner Kinder, von den Krankheiten seiner Kinder. Wir konnten nicht zusammen in den Urlaub fahren, weil er ja seinen Urlaub mit seinem Sohn verbringen musste und ich den Sohn noch nicht kennenlernen durfte – zumindest die eine Hälfte der Schulferien, die andere übernahm die Mutter. Aber für mich blieb da kein Paarurlaub übrig. Wenn wir ein Wochenende zusammen verbringen wollten, musste er das Wochen vorher mit den beiden Müttern seiner beiden Kinder besprechen. *Er* besprach das mit ihnen. *Ich* konnte es nicht. Er tat es nach seinem Rhythmus und dem Rhythmus seiner Kinder – der nicht meiner war. Auf den ich keinen Einfluss hatte. Wenn ich ihn sehen wollte, dann musste ich da sein, wenn er mal Zeit hatte. Wenn seine Kinder ihn nicht brauchten. Egal, was bei mir im Leben gerade los war.

Mit dieser Erfahrung bin ich nicht alleine. Ich habe lange mit Hannah* gesprochen, die sich in einen Mann verliebte, der zwei Kinder hatte – und der nicht wollte, dass sie als Stiefmutter in das Leben seiner Kinder kommt. Der Prozess des Beziehungsaufbaus, des Scheiterns, der Pause, der Wiederaufnahme der Beziehung war für sie so schmerzhaft und der

---

* Die Namen aller Beteiligten sind auf Wunsch der (Beinahe-)Stiefmutter zum Schutz der Privatsphäre verändert.

Ausgang dieses Prozesses zum Zeitpunkt des Schreibens dieses Buchs so unklar, dass sie keine Lust hatte, ihre Geschichte noch einmal in eigene Worte zu fassen. Sie erlaubte mir aber, sie aufzuschreiben, für all die anderen (verhinderten) Stiefmütter.

Hannah ist Mitte 40, arbeitet als Anwältin in einer kleineren Hamburger Kanzlei – und verliebte sich vor knapp drei Jahren in Philip, etwa gleich alt, ebenfalls Jurist, aber in einer anderen Stadt, und Vater zweier Kinder. Ja, Hannah weiß, dass dieser Mann eigentlich nicht in der Situation ist, eine neue Beziehung aufzunehmen. Das weiß sie, wirklich. Er sagt zwar, dass sie schon längst getrennt sind, die Mutter seiner Kinder und er, und dass sie es auch so sieht, sie haben darüber schon gesprochen. Sie schlafen längst in getrennten Betten, und sie wollen einfach nicht mehr zusammen sein. Aber sie wohnen noch zusammen. Für die Kinder.

Philip hat zwei Kinder: Die Kleine ist neun, und der Große ist 13. Dem Großen geht es nicht besonders gut, psychisch, beide Eltern machen sich große Sorgen um ihn, das wollen sie ihm einfach nicht zumuten, die Trennung und dann das Auseinanderziehen, so viel Veränderung. Das kann ja auch sein, dass der Junge jetzt eher Ruhe braucht. Aber ob es gut für ihn ist, wenn seine Eltern zusammenbleiben, obwohl sie nicht mehr zusammen leben wollen …? Spürt er das nicht, diese Konflikte, diese Wut aufeinander, und dann wird es ihm nicht erklärt? Da möchte sich Hannah nicht einmischen, es ist ja auch gar nicht ihre Entscheidung, Philip muss ja entscheiden, was das Beste für seinen Sohn ist, Philip und seine Expartnerin.

Nein, Hannah weiß nicht, wie sie aussieht, Philips Ex, oder was sie arbeitet, aber das geht sie ja auch nichts an. Er spricht überhaupt sehr ungern über seine Familie mit ihr, er trennt das gerne, er möchte die Kinder schützen, und auch den Namen der Kinder hat sie erst nach Jahren erfahren, als sie es noch mal versuchen wollten, Hannah und Philip. Er wollte mit ihr zusammen sein, schrieb er ihr, und er schickte sogar mal ein Foto von seinen Kindern, von Lara und Noah, das sagt doch etwas, oder? Dass er jetzt ihre Namen sagt, Hannah gegenüber, und das Foto, jetzt hat sie wenigstens mal ein Bild vor Augen, das macht es einfacher. Lara und Noah. Doch, es bewegt sich etwas, immer mal wieder. Aber kennenlernen? Nein, kennenlernen soll sie sie nicht, die Kinder.

Hannah hat Philip gesagt, dass sie offen dafür wäre, für Lara und Noah, für ein Leben mit der Familie, aber sie hat nicht das Gefühl, dass er daran interessiert ist. Er kann sich das einfach nicht vorstellen: Eine Familie zu gründen und sich dann zu trennen, ein Leben in Trennung, und die Kinder sollen pendeln … nein, so hat er sich das Leben nicht vorgestellt, und auch für seine Kinder hat er sich etwas anderes vorgestellt. Sie sollen eine Familie haben, eine richtige. Aber er hat jetzt mit seiner Expartnerin geredet. Sie haben darüber gesprochen, dass sie getrennt sind und über die Möglichkeit eines Nestmodells, dass sie also abwechselnd bei den Kindern wohnen und der jeweils andere dann auch wirklich weg ist, dass sie also auch in eine andere Wohnung geht, wenn Philip da ist. Dass sie dann nicht mehr da ist. Das kann er sich vorstellen. Dann hat er immer eine halbe Woche für Hannah Zeit.

Hannah kann sich das auch vorstellen, sie wünscht sich zwar etwas anderes, aber das Nestmodell geht wenigstens in die richtige Richtung. Immerhin können sie sich dann sehen, regelmäßig. Nur geht alles so unglaublich langsam … seit drei Jahren sind sie verliebt. Sie haben schon so oft versucht, es bleiben zu lassen, es war ja beiden klar: Er will die Familie aufrechterhalten, sie will mehr als eine Affäre, da passt etwas nicht, sicher haben sie das schon bemerkt, oft schon hat Hannah entschieden, dass sie das beenden will, dass sie keine Kommunikation mehr will, aber es ist einfach so, dass sie nicht aufhören kann, an Philip zu denken. Nie. In drei Jahren hat sie nie aufgehört. Und wenn sie dann doch wieder telefonieren, dann fließt das Gespräch nur so, und es geht ihnen beiden besser, wirklich, das hat er auch gesagt, sie können beide dann endlich wieder richtig schlafen, und es geht ihnen besser, wenn sie sich endlich wieder hören, es fühlt sich einfach so richtig an, wenn Hannah und Philip reden und wenn sie sich sehen.

Aber jetzt ist wieder Funkstille. Dabei hatte er sich für sie entschieden, im Frühjahr hatte er sich endlich für Hannah entschieden, er hatte sie angerufen und wollte zu ihr kommen, und dann wollte er bei ihr wohnen, immer die Hälfte der Woche, sie hatten das Nestmodell vereinbart, und er wollte Hannah. Sie war so glücklich gewesen. Manchmal ging sie nicht die Straße entlang, manchmal flog sie sie entlang, sie rannte und stellte sich vor, dass er sich jetzt wirklich bewegen würde, dass sie zusammenleben würden, Hannah und Philip. Sie sahen sich, und sie waren so verliebt, und er übernachtete bei ihr. Aber dann. Dann rief er nicht mehr an, wenn er bei seinen Kindern war, und wenn sie anrief, dann war er so kurz angebunden. Und rief noch seltener an. Dann hatte er Stress auf der Arbeit, und es war ihm zu viel, an seinen freien Tagen zu ihr zu pendeln. Sie solle nicht so viel Druck machen, fand Philip.

Hannah findet nicht, dass sie Druck macht. Okay, sie fragt manchmal, wann sie sich sehen, sie will regelmäßig Kontakt, telefonieren, aber ist das zu viel verlangt? Philips Kinder sind Hannah wichtig. Natürlich geht ihr Wohl vor, das findet sie richtig. Hannah hat das Gefühl, sie denkt sie inzwischen schon häufig mit, die Kinder. Sie akzeptiert, Philip so selten zu sehen, damit es ihnen gut geht. Es ist ja nicht so, dass Philip einfach nur ein Hobby hätte. Da könnte Hannah ja sagen: Das ist nicht angemessen, du investierst da zu viel Zeit, wir sehen uns zu selten, so können wir keine Beziehung führen. Aber bei Kindern kann man das eben nicht sagen. Da geht es nicht um Hobbys, da geht es um die Psychen von mehreren anderen Personen, von Kindern, da muss man vorsichtig sein, und das weiß Hannah auch. Es ist Philip, der über das Wohl seiner Kinder entscheidet: Das ist ja auch richtig so. Er entscheidet, ob Hannah seine Kinder kennenlernt – oder eben nicht. Aber Philip entscheidet noch viel mehr über Hannahs Leben: Er entscheidet darüber, wann sie sich sehen und wann nicht. Er entscheidet, wann sie sich sprechen und wann nicht.

Philip ist von Mittwoch bis Samstag bei den Kindern, und dann übernimmt seine Ex wieder für die Hälfte der Woche. Eine komische Aufteilung. Es gibt kein Wochenende frei, kein Wochenende, an dem nur er und Hannah sich sehen können. Hannah muss sich nach Philip richten: Wenn er Zeit hat, dann muss sie sich die Zeit für sie beide auch nehmen – er wohnt in einer anderen Stadt als Hannah, nicht weit entfernt, aber spontan können sie sich nicht treffen. Wenn er sie also gerne sehen möchte, am Sonntag und Montag, dann muss Hannah dafür Zeit schaffen; wenn sie dann keine Zeit hat, dann sehen sie sich die ganze Woche nicht. Das ist die einzige Entscheidung, die Hannah bleibt: Philip nicht zu sehen. Alles andere bestimmt er.

Oft passt es ihr nicht am Sonntag und am Montag: Sie

hat wichtige Gerichtstermine, sie hat Verabredungen mit Freundinnen, muss Termine mit Mandantinnen vorbereiten oder Berichte abgeben. Aber ist das alles wichtiger als das Wohl seiner Kinder? Natürlich nicht. Gegen das Wohl der Kinder stinkt alles ab. Also stinkt alles ab, was aus Hannahs Alltagsplanung kommt. Hannah muss sich anpassen. Oder ihr Leben durchziehen – und Philip nicht sehen.

Wie oft sie das beschlossen hat: einfach ihr Ding zu machen, sich nicht mehr um diese Familie zu drehen, ihr Leben zu planen und Philip eben nicht zu sehen. Sie hat so oft durchgesetzt, dass sie sich nicht mehr sehen, nicht mehr schreiben, nicht mehr anrufen. Anrufen kann man ihn ja ohnehin nicht. Hannah merkt sofort, wenn er zu Hause bei den Kindern ist oder seine Expartnerin dabei ist. Also hat sie den Kontakt abgebrochen, weil es ihr nicht guttat, ihm immer zur Verfügung zu stehen. Aber dann, mit der Zeit, fragt sie sich, warum sie sich so quält, er möchte doch auch mit ihr sprechen, sie sehen, das weiß sie, und dann telefonieren sie wieder, und es tut so gut, mit ihm zu sprechen, und es bewegt sich etwas, sie besprechen das Nestmodell, er will sie sehen …

Und immer denkt Hannah: Vielleicht schafft er es ja doch. Wenn es seinem Sohn besser geht, vielleicht schafft er dann die Trennung, sie machen das Nestmodell, und wenigstens die Hälfte der Zeit können wir zusammen sein. Und vielleicht lernt sie die Kinder ja doch irgendwann kennen, und sie können zusammenleben, Philip, Hannah und seine Kinder. Sie denkt, sie käme gut mit ihnen klar, sie hätte gerne Kinder in ihrem Leben, und es müssen gar nicht ihre eigenen sein, wirklich nicht. Vielleicht wäre das ja auch eine Erleichterung für ihn, wenn sie sich mit um die Kinder kümmert, er ist immer so überlastet durch seinen Job und die Familie, es könnte doch auch für ihn eine Erleichterung sein und schön für sie beide. Aber das muss er entscheiden, ob er das möchte. Vielleicht macht er sich für solch eine Entscheidung zu viele Sorgen um seinen Sohn. Das versteht sie auch.

So langsam wartet Hannah eigentlich nur darauf, dass sie sich in jemand anderen verliebt. Damit sie Philip vergessen kann. Sie wünscht ihm alles Gute. Aber sie möchte jetzt ihr Leben leben, planen, bestimmen. Sie möchte sich nicht mehr um ihn drehen, um ihn und seine Familie. Das ist es für Hannah: Stiefmutter zu sein. Dass sie sich um die Kinder und das Wohl seiner Kinder dreht, obwohl sie sie nicht einmal kennt.

Hannah stellte ihr Leben zurück für diese Kinder. Drei Jahre lang. Und sie wissen noch nicht einmal etwas davon, Lara und Noah. Vielleicht werden sie es nie erfahren.

A mothering, but not a mother role

Es ist so einfach, einer Stiefmutter die Schuld an ihrem Leiden zu geben. Warum hängt Hannah denn so an Philip, fragen Sie? Jahrelang? Es ist doch klar, dass er sich nicht für sie entscheidet, dass er zu sehr an der Aufrechterhaltung seiner Familie hängt! Wenn sie weiter auf ihn warten will – bitte sehr, selbst schuld. Wir leben im 21. Jahrhundert. Jede kann sich ihr Familienleben selbst wählen! Doch auch, wenn sich der Partner alle Mühe gibt, eine Stiefmutter in das Familienleben einzubeziehen, hört für sie die Ohnmacht damit nicht auf. Was Hannah erlebt, ist eine radikale Version dessen, was die meisten Stiefmütter erleben dürften: Eine Paarbeziehung kann noch so sehr auf Augenhöhe sein, die wichtigen Entscheidungen über die Belange der Kinder treffen immer noch die Eltern – also die

»echten« Eltern. Jene Erwachsenen, die die Kinder am längsten kennen. Eine Stiefmutter kommt meist erst später dazu, und wenn sie, wie ich, erst nach 14 beziehungsweise fünf, sechs Jahren dazukommt, ist es ja auch ganz richtig, dass sie keine lebenswichtigen Entscheidungen für diese ihr fremden Menschen treffen sollte. Gleichzeitig leben die Kinder und die Stiefmutter über ihre Nähe zum Partner meist so eng zusammen, dass eine Stiefmutter ihre eigenen Bedürfnisse häufig für das Wohl der Kinder zurückstellen muss.

Ein Beispiel? Nehmen wir einen beliebigen Morgen im gemeinsamen Familienurlaub oder einen Freitag-, Samstag-, Sonntag- und Montagmorgen, wie er seit geraumer Zeit *jeden zweiten* Freitag, Samstag, Sonntag und Montag in meinem Leben stattfindet.

Ich höre das leise Klopfen, noch bevor der gerade Achtjährige seine kleine Hand zur klopfenden Faust formt. Seine tapsigen Schritte dringen schon seit einigen Sekunden durch dicke Watte von Schlaf in mein Gehirn vor, und mein Herz beschleunigt seinen Takt, sodass meine Ohren wach genug sind, das Klopfen zu hören, ganz sachte: tack, tack, tack. Ich werde hellwach. Ich spüre, wie neben mir Bela die Decke zurückschlägt, ich mache ein Auge halb auf, das kann ich schon am Licht erkennen, dass das nicht sieben Uhr ist, auf keinen Fall ist das sieben Uhr, es ist früher. Ich höre, wie Bela flüstert und ein kleiner Mensch leise protestiert, ich höre, wie die Tür wieder zugeht, Belas Gewicht neben mir die Matratze wieder beschwert. »Wie spät?« »Schlaf weiter.« »Wie spät?!« »Sechs.« Wieso weckt der Junge uns?

Ich bin wach. Ich rechne nach: Von eins bis sechs, das sind fünf Stunden Schlaf. Denn um eins bin ich eingeschlafen, als Bela und ich Arianna und ihre Freundin gehört haben, wie sie nach Hause kamen, und er kurz aufgestanden ist, um zu schauen, ob alles okay war. Oder ob wieder ein blöder Typ sie blöd angemacht hat. 16, ist das vertretbar, eine 16-Jährige um 12 nur mit ihrer Freundin in der U-Bahn durch die Nacht fahren zu lassen? Tack, tack, tack, klopft es wieder. Die Decke wird zurückgeschlagen, die Matratze hebt sich, tapp, tapp, tapp, wieder dieses Flüstern. Wieder leiser Protest. Tapp, tapp, tapp. Ein Kuss auf meine Wange. »Ich stehe jetzt auf.« Ich liege allein im Bett, Sonntag, sechs Uhr morgens. Das finde ich falsch. Sonntagmorgen muss Paarschlafen möglich sein – wenigstens bis sieben! Oder?

Residenzmodell, das bedeutet, das Kind lebt die meiste Zeit bei einem Elternteil, aber alle zwei Wochen ein verlängertes Wochenende beim anderen. In den allermeisten Fällen lebt das Kind mehr bei der Mutter, weniger beim Vater. Also bei uns. »Non-residential stepmother«, heißt das in der Soziologie-Sprache, was ungefähr 90 Prozent aller Stiefmütter betrifft: Ich bin eine Stiefmutter, bei der der Sohn nicht die meiste Zeit wohnt, sondern nur einen kleinen Teil der Zeit. Arianna wiederum war lange ungefähr die Hälfte der Zeit bei uns, immer einige Wochen am Stück – je nachdem, wie die Klausurphasen lagen und natürlich die Partys. Später dann würde sie ganz zu uns ziehen. Bin ich jetzt eine »residential stepmother«? Oder halb-halb? Für mich heißt dieses Leben jedenfalls: ein paar Wochenenden warten auf einen spät rückkehrenden Teenager und dabei alle zwei Wochen ein paar Tage richtig Schlafentzug. Denn das ist Stiefmuttersein in Reinform: nächtelanger Schlafentzug, aber nichts dazu sagen dürfen. Die Wut, zum zweiten, dritten Mal um halb sechs geweckt zu werden, trotz anderslautender Absprachen? Darf ich nicht rauslassen. Denn ich, also ich würde ja explodieren, wenn ich dem Kind frühmorgens die Tür aufmachen würde, ich würde sagen: »Sind alle Finger noch dran? Atmest du noch? Bekommst du Luft, hast du noch zwei

Füße? Nichts abgesägt? Tja, dann sehen wir uns um sieben Uhr wieder«, und ich würde die Tür vor seiner Nase zumachen. Aber das darf ich nicht. Ich bin nicht diejenige, die dem Kind Ansagen machen darf, das sagte Bela mir mal, aber das musste er mir gar nicht sagen, das spüre ich auch so. Ich bin auch nicht diejenige, die Arianna Ansagen machen darf, wann sie nach Hause kommt: Das sagten sie und Bela mir ein paarmal schon, aber das mussten sie nicht, das spüre ich auch so. Und so liege ich da mit meinen fünf Stunden Schlaf zwischen eins und sechs Uhr morgens, immer müder, je länger meine Stiefkinder bei mir sind, und habe nicht die Berechtigung, etwas dagegen zu tun. Ich kann Bela sagen: Bitte sorg dafür, dass die Kids uns nicht mehr so früh wecken. Oder Bela aus unserem gemeinsamen Bett rauswerfen. Auf keinen Fall aber darf ich mich einmischen und einem Stiefkind das sagen, was vielleicht sehr viele Eltern ihren Kindern schon morgens vor sechs Uhr an den Kopf geworfen haben, ohne dadurch zur Hexe aus Grimms Märchen zu werden: »Verdammt noch mal, lass uns gefälligst schlafen!«

»Die Rolle einer Stiefmutter: Keep your mouth shut«[25], so beschreibt eine Stiefmutter ihre Rolle in der US-Studie von Shannon Weaver und Marilyn Coleman, die mit dem Titel »A mothering but not a mother role« überschrieben wurde. Die beiden Wissenschaftlerinnen haben dafür qualitative Interviews mit elf Stiefmüttern geführt und eine soziologisch sehr hilfreiche Zusammenfassung dieser Rolle gefunden: eine bemutternde Rolle, aber keine Mutterrolle. Diese Unterscheidung erklärt sehr viele Widersprüche, die in den Erwartungen an die Handlung einer Stiefmutter stecken: Sie soll sich durchaus um ihre Stiefkinder sorgen – in einer mütterlichen, man könnte auch sagen: emotional-fürsorglichen, sich selbst zurückstellenden Art –, aber sich keinesfalls die Rolle einer Mutter aneignen. Warum sie keine Mutter sein darf? Der offensichtlichste Grund ist dieser: Die Mutter ist ja *da*. Im Gegensatz zu früheren dominanten Stiefmutter-Konstellationen ist die Mutter der Stiefkinder nicht verstorben, sondern sie ist da, und meistens ist sie weitaus präsenter als der Vater. Wenn die Kinder bei ihrem Vater sind, sind sie oft auch bei ihrer Stiefmutter. Diese übernimmt, so die Studie, meistens mütterliche Tätigkeiten: Sie tröstet, sie nimmt in den Arm, sie kocht und putzt (mit), sie hört sich die Probleme der Kinder an, leidet mit, denkt mit, schlägt Lösungen vor; übernimmt den *mental load*, sich in das Leben der Kinder einzudenken. Die Soziologinnen beschreiben die Stiefmutter daher durchaus als bemutternd – aber ohne Mutter zu sein.

Eine bemutternde Rolle, aber keine Mutterrolle, was genau bedeutet das?

> Das bedeutet, die Umsetzung von Konsequenzen eher den leiblichen Eltern zu überlassen. Stattdessen gilt es, im Eltern-Kind-Dialog seine Ansichten zu erläutern und eine unterstützende Rolle einzunehmen. Das bedeutet auch, das Kind zu loben und bei Traurigkeit Trost zu spenden. (...) Es ist nicht erforderlich, das Kind zu lieben, auch wenn es natürlich möglich ist. Von größerer Bedeutung ist es, sozial zuverlässig, wertschätzend, respektvoll, aufmerksam und glaubwürdig zu sein. Dabei ist es wichtig, dem Kind die Initiative für mögliche Gesten der Zuneigung zu überlassen. (...) Ferner sollen sich die Partner die Frage stellen, inwieweit der Stiefelternteil Erziehungsaufgaben überhaupt übernehmen soll oder eher eine Mentorenrolle gegenüber dem Kind einnehmen sollte.[26]

Na, noch Fragen? Die Stellenbeschreibung für »soziale Eltern«, die hier von der Pädagogin Susanne Kunze in ihrer Forschungsarbeit über Patchworkfamilien zusammengefasst wird, passt ganz gut zu dem Durcheinander, das eine Stiefmutter fühlt und das auch ich fühle: Ich soll mich um meine Stiefkinder sorgen, für sie da sein, sowohl emotional als auch einkaufend und kochend, ich zahle mehr Miete dafür, dass meine Stiefkinder bei uns Platz haben, ich denke das Abschiedsgeschenk für den Freund des Kleinen mit und überlege, wie Arianna ihr Lernen für das Abitur besser strukturiert bekommt, ich schaue *Shawn, das Schaf* in Dauerschleife, und ich koche Arianna Phô-Suppe, wenn sie krank ist (und wer schon mal eine richtige Phô gekocht hat, weiß: Das dauert!). Aber eine Mutter, da sind sich alle einig, eine Mutter darf ich mich nicht nennen! Und ich darf auch nicht so agieren, als wäre ich eine Mutter. Ich darf mir zwar anhören, wie müde Arianna ist, weil sie die halbe Nacht weg war, ich darf mir ihren Nervenzusammenbruch anhören, weil sie verkatert ist und nicht mehr richtig lernen kann, ich darf sie in den Arm nehmen und ermuntern, sich Bio trotzdem wenigstens kurz anzugucken, aber ich darf auf gar keinen Fall versuchen, sie davon abzubringen, auch heute Abend wieder lange wegzubleiben – dafür darf ich mir die Diskussionen, die Bela mit seiner Tochter darüber führt, den ganzen Tag anhören: »Du warst heute schon so müde! Du bist total gestresst, weil du nicht lernen kannst! Montag ist die Klausur! Wenn du heute wieder weggehst, wird das morgen wieder nichts! Um elf bist du wieder da!« »Um eins!« »Um elf!« »Um eins!« »Um elf!« »Papa! Nein! Um eins!« »Um elf!« Das geht den ganzen Tag so, ich schwöre es. Den. Ganzen. Tag. Ich darf leise den Kopf schütteln, ich darf darüber lächeln, leise, in mich hinein, aber auf keinen Fall darf ich den Mund aufmachen und sagen: »Verdammt noch mal, haltet endlich die Klappe, was ist das für ein *bordel** hier?! Um zwölf bist du hier, Arianna, dann hast

* O-Ton meiner französischen Mutter, auf Deutsch würde man hier wohl »Saustall« fluchen. Das lernte ich auch erst als Stiefmutter: dass plötzlich die Stimme meiner Mutter und Großmütter aus mir herausflucht – auf Französisch!

du noch Spaß mit deinen Freundinnen, dann fängst du morgen erst mittags mit Bio an, und dann klappt das alles!« Oh nein. Das darf ich nicht. Es ist nicht so, dass ich es nicht versucht hätte.

Die Mutter ist also da, und die Stiefmutter kommt dazu – das gilt sowohl bei heterosexuellen als auch bei queeren Elternpaaren. Diese Konstellation führt dazu, dass werdende Stiefmütter sich intensiv damit auseinandersetzen, was eigentlich die Rolle einer Mutter ist – wie auch Weaver und Coleman in ihrer Studie 2005 herausstellen:

> Der Gedanke, dass sie zwar mütterliche Verhaltensweisen an den Tag legen, aber keine »Mutter« sind, zog sich wie ein roter Faden durch die Reden der Stiefmütter. Beim Herausarbeiten ihrer Rollen als Stiefmütter mussten sie auch über die Rolle der Mutter nachdenken. Dies war wichtig, weil sie das Gefühl hatten, dass sie nicht in die Rolle der Mutter eingreifen sollten. Infolgedessen beschrieben diese Frauen ihre Rollen auf komplexe, oft widersprüchliche Weisen.[27]

Was ist eigentlich der Unterschied zwischen mütterlichem Handeln und Mutter-Handeln? Wieso be-muttere ich diese Kinder eigentlich – wieso be-vatere ich sie nicht oder handele fürsorglich? Die Stiefmutter-Studie von Shannon Weaver und Marilyn Coleman aus den USA von 2005 hat aus Interviews mit elf Stiefmüttern insgesamt sieben Rollenbilder erarbeitet: die verantwortungsvolle, fürsorgliche Erwachsene (darunter so was wie Tante, Babysitter, erwachsene Freundin, aber auch Elternteil); die Freundin; die Anbieterin emotionaler Unterstützung (»Vertraute«; »Schulter zum Anlehnen«); die Mentorin (Erzieherin, Lehrerin, Vorbild); dann die Rollen, die sich eher über die Beziehung zum Partner und der Mutter ergeben, also die Vermittlerin, die Einladende, die Ratgebende; die »zweite Hand des Vaters«; und dann die Partnerinnen-Rolle (»Papas Frau«).

Die weibliche Ohnmacht der bemutternden Nicht-Mutter

Aus Kinderperspektive kann diese Rollenbeschreibung vielleicht schön wirken: Da ist eine Frau, die sich zusätzlich um einen kümmert, die mit dafür da ist, dass es einem gut geht, aber die einem nichts verbieten darf und (*gar!!!*) nichts zu sagen hat. Aus Perspektive der Stiefmutter hingegen bedeutet diese soziologisch so klug definierte Rolle eine große Ungewissheit darüber, was sie tun soll und darf und was nicht – und eine riesige Ohnmacht auf genau dem Feld, das die Gesellschaft so ungefähr seit Jean-Jacques Rousseau noch immer der Frau als das hauptsächliche Gestaltungsfeld zugesteht: in der Familie. So, wie die schönen Griechinnen lebten, so sei es dem Schweizer Philosophen zufolge allen Frauen befohlen, damit sie gesunde und gebildete Kinder großziehen:

> Sobald diese jungen Mädchen in den Ehestand traten, ließen sie sich öffentlich nicht mehr sehen. In ihre Wohnungen zurückgezogen, widmeten sie all ihre Sorgfalt lediglich dem Hauswesen und der Familie. Das ist eben die Lebensweise, welche Natur und Vernunft dem weiblichen Geschlecht vorschreiben. Von solchen Müttern wurden denn auch die gesündesten, kräftigsten und wohlgebildetsten Kinder geboren, und daher kam es, dass (…) unter allen Völkern der

> Erde, selbst die Römer nicht ausgenommen, die Frauen der Griechen als die weisesten und liebenswürdigsten galten, bei denen sich Sittlichkeit und Schönheit harmonisch paarten.[28]

Nun rastet Rousseau 1762 ja nicht umsonst dermaßen aus, dass er in *Émile oder über die Erziehung* ganze fünf Bücher darüber schreibt, wie Mütter zu sein haben: Frauen haben ganz offenbar zu allen Zeiten andere Dinge gemacht, als sich auf ihre Familie zu konzentrieren. Frauen haben sich um die Felder gekümmert und um die Höfe, sie waren Nonnen und Heilige, Salonbesucherinnen und Schriftstellerinnen, Kräuterkundige und Handelnde, Minenarbeiterinnen und Busfahrerinnen, Pilotinnen und Journalistinnen, und selbst zu einer Hochphase der Mystifizierung der Mutter in Heim und am Herd, in der Nachkriegszeit in USA und Westeuropa, haben die meisten Frauen außer Haus lohngearbeitet, das wissen wir. Dennoch hält sich die Vorstellung, dass Männer außerhalb der Familie für die gesellschaftliche Organisation, die Repräsentation der Familie und für den finanziellen Unterhalt zuständig sind, ihre Machtsphäre also die Sphäre der Öffentlichkeit und des Arbeitsmarktes umfasst. Frauen bekommen im Gegenzug die häuslichen vier Wände als Gestaltungsraum, sie lenken die emotionalen Geschicke der Familie. Frauen geben die emotionale Familiengeschichte weiter, sie sind für das emotionale Befinden der Kinder zuständig, sie gestalten das emotionale Leben der Kinder und wirken als Konflikt-Managerinnen in der Familie. Auch wenn volle Frauenhäuser und die hohe Zahl von Fällen patriarchaler Gewalt an Frauen innerhalb der Familie davon zeugen, dass Männer diese Machtposition immer wieder anfechten: Mütter haben in der Familie emotionale Gestaltungsmacht. Dies ist der ihnen zugeschriebene Zuständigkeitsbereich.

In einer Stiefmutter-Familie dreht sich diese Teilung der Machtfelder um: Eine Stiefmutter ist nicht die Hauptverantwortliche für die emotionale Organisierung der Kinder, das ist die Mutter, und im Haushalt des Vaters und der Stiefmutter ist es: der Vater! Je später eine Stiefmutter in das Leben der Kinder kommt, desto stärker sind sie von einer bereits bestehenden Familienkultur des Umgangs mit Emotionen geprägt, die eine Stiefmutter nicht mehr mitgestalten kann. Dennoch ist sie ja in einer Gesellschaft sozialisiert worden, die ihr von klein auf signalisiert hat: Deine Aufgabe ist die emotionale Organisierung der Familie! Viele Stiefmütter fühlen sich daher entmachtet und ausgeschlossen. Diese Erfahrung hat auch Katharina Grünewald gemacht, die das stiefmütterliche Ohnmachtsgefühl auf die gesellschaftliche Prägung der weiblichen Rolle als Mutterrolle zurückführt:

> Stiefmütter fühlen sich oftmals ausgeschlossen, wenn der Vater sagt, er macht was mit seinen Kindern alleine. Sie wollen dabei sein. Erst nach langem Ringen können sie sich vielleicht entschließen, diesen Teil ihrer Familie ziehen zu lassen – und sich um ihr eigenes Leben zu kümmern. Aber wenn sie sich dann zum Beispiel mit Freundinnen treffen, dreht sich das Treffen oft trotzdem um die Familie: Wie kann ich damit umgehen, dass mein Partner mit seinen Kindern allein sein will? Es fällt vielen Frauen schwer zu akzeptieren, Teil einer Familienstruktur zu sein, für die sie nicht emotional verantwortlich sind. Diese Unsicherheit ist natürlich gesellschaftlich geprägt. Jetzt drängen mehr Männer in die emotionale Verantwortung, und dadurch kommt vielleicht auch in andere Familienrollen Bewegung. Aber in unseren Köpfen

ist das unbewusste Leitbild noch voll da: Die Frau ist verantwortlich für die Familie!

Eine Stiefmutter ist also eine um ihren traditionellen Wirkungsraum gebrachte Frau. Eine entmachtete Frau.

Zwei bekannte Strategien von Stiefmüttern, ihre Macht wiederzuerlangen, kennen wir aus den vielen Geschichten über böse Stiefmütter: Sie versuchen, Kontrolle über die Stiefkinder auszuüben, um wieder mit ihrer Familienrolle übereinzustimmen; oder sie versuchen das Gegenteil, nämlich die Kinder aus dem Familienleben herauszudrängen, um einen Raum zu organisieren, der ihrer Gestaltungsmacht untersteht und nicht der ihres Partners und einer ihr fremden Frau.

Aus feministischer Perspektive birgt diese Entmachtung der Frau in der Familienwelt jedoch auch einiges befreiendes Potenzial: Ja, fordern wir denn nicht die Umverteilung von Sorgearbeit zwischen den Geschlechtern und die Umverteilung von Macht in der Arbeitswelt? Wenn sich in einem Stiefmutter-Haushalt die Väter um die emotionale Sorge kümmern, sind Stiefmütter dann nicht viel freier, um sich auf dem Arbeitsmarkt erfolgreich durchzusetzen? Ist Sorgearbeit nicht sogar gerechter zwischen den Geschlechtern verteilt in einem Stiefmutter-Haushalt als in einem Stiefvater-Haushalt oder gar als in einem Normfamilien-Haushalt? Leider gibt es zu der Frage der Arbeitsteilung in Stiefmutter-Familien kaum Forschung. Die Genderforscherin Alicia Schlender ist dabei, an der Berliner Humboldt-Universität eine Dissertation zu diesem Thema zu verfassen. Als wir uns zum Austausch trafen, sagte sie mir: »Ich war entsetzt, wie wenig soziologische Forschung es bislang zur Rolle der Stiefmutter gibt. Entsetzt!«

Flucht: Anerkennung außerhalb der Familie

Im Interview mit verschiedenen Stiefmüttern habe ich unterschiedliche Strategien kennengelernt, mit dem Machtverlust im familiären Bereich – und der damit einhergehenden fehlenden Anerkennung sowohl innerhalb der eigenen Familie als auch außerhalb der Familie – umzugehen. Manche Stiefmütter leben mit ihrer Patchworkfamilie in einer Wohngemeinschaft zusammen mit Freund*innen, wodurch die Frage der Gestaltung des Haushalts auf mehrere Schultern verteilt und die stiefmütterliche Ohnmacht dadurch quasi verdünnt wird: Wenn der Vater etwas mit seiner Tochter unternimmt, bleibt die Stiefmutter nicht alleine zurück, sondern in der Wohngemeinschaft. Freund*innen sind für Stiefmütter sehr wichtig: Hier finden sie Menschen, die unabhängig von ihrem Partner mit ihnen zusammenleben wollen und die eine ganz direkte Beziehung mit ihnen führen, nicht vermittelt über diesen Mann.

Ich erinnere mich an die Angst vor dem ersten Wochenende, an dem Belas Sohn bei uns wohnen sollte. Das Zusammenleben mit Arianna kannte ich ja schon, aber wenn jetzt noch der Kleine dazukommen würde, wären sie ja drei gegen eine! Drei Menschen, die sich emotional so nahe sind, und daneben ich, die nur zu einem dieser Menschen eine intensive Liebesbeziehung führte. Und mein Partner? Im Zentrum! Ich kannte ihn schon, diesen endlosen Wettbewerb darum, wer neben *ihm* sitzen darf, wessen Lieblingsessen *er* kocht, wer beim Spielen *mit ihm* in einem Team sein darf – und wer *zu mir muss*. Ich hatte keine Lust, mich schon wieder dermaßen ausgeschlossen zu fühlen.

Wie das Schicksal so spielt, ergab es sich aber, dass meine Freundin an jenem Wochenende dermaßen zerstritten mit ihrer bald ausziehenden Mitbewohnerin war, dass sie mich fragte, ob sie für ein paar Tage bei uns wohnen durfte. JA! Sie kam, und sie spielte Game Boy mit den Kids – ein alter 1990er-Game-Boy *in Durchsichtig*, den ich ihnen vermacht hatte, der aber lange Zeit, als nicht so sexy wie Nintendo, eher stiefmütterlich behandelt worden war. Die Begeisterung meiner Freundin über diesen Game Boy ging jedoch auf alle über, sodass sich die Kids und meine Freundin darum stritten, wer jetzt wieder darf – und ich dann heldinnenhaft dazukommen durfte, um allen meine SUPERSPRÜNGE in Super Mario Land I zu zeigen! Meine Freundin schaute mich mit großen, bewundernden Augen an, und so sah ich auch bald in den Augen meiner kleinen Familie Bewunderung.

Aus Perspektive der Stiefkinder ist eine Stiefmutter immer irgendwie nur halb. Sie ist mütterlich, aber keine Mutter; sie ist nicht die echte; sie ist irgendwie nicht ganz richtig. Es ist, wie eines der Kids mir einmal sagte: »Ich bin eine Pfeife, Papa ist eine Pfeife, Mama ist eine Pfeife – und du, Elsa, bist dann eine Halbpfeife!« Es tut so gut, wieder in eine Welt zu kommen, in der ich nicht halb bin, Halb-Mutter, sondern ganz: Da beim Game-Boy-Spielen betrachtete mich meine Freundin als Ganz-Elsa.

Die Anerkennung, die einem Stiefelternteil bei den Stiefkindern und in der Stieffamilie fehlt, muss es sich außerhalb der Familie holen. Was aber nicht so leichtfällt. Denn da sind wir wieder bei Katharina Grünewald, die konstatieren muss, wie schwer es Frauen fällt, die Familie als Verantwortungsbereich zu verlassen – Männern aber weitaus weniger:

> Meine Erfahrung ist: Wenn Stiefväter merken, dass die Mütter mal Zeit mit den Kindern alleine brauchen oder die Kinder mal nichts mit ihnen unternehmen wollen, dann können

die das meistens besser akzeptieren als Stiefmütter. Sie verbringen das Wochenende mit Freunden, in der Kneipe, auf dem Sofa – sie kümmern sich um ihr Leben. Sich jenseits der Familie Anerkennung zu suchen, fällt den Männern leichter als den Frauen.

Nun sind diese Unterschiede sicher graduell, und es wird auch etliche Stiefväter geben, die sich davon verletzt fühlen, wenn sie von ihrer Partnerin und deren Kindern und wichtigen Familienentscheidungen ausgeschlossen werden. Doch auch der Stiefvater und Berliner Psychologe Wolfgang Krüger räumt diesen Geschlechterunterschied zwischen Stiefvätern und Stiefmüttern ein. In dem erwähnten Buch, das Krüger zusammen mit seiner Stieftochter geschrieben hat, kommen beide Seiten zu Wort: Seine Stieftochter Katharina tat jahrelang alles, um Krüger loszuwerden, von der morgendlichen stundenlangen Badbesetzung bis zur Entführung von Fernbedienung und Okkupation des einzigen Telefons, über das der Haushalt damals verfügte. Als ich den Psychologen traf, um ihn zu den Unterschieden zwischen der Situation von Stiefmüttern und Stiefvätern zu befragen, ließ er keinen Zweifel daran, dass Erstere es noch einmal schwerer haben als die Männer:

Die Vorstellung eines Bonuselternteils passt wesentlich besser zu dem Stiefvater: Von ihm wird erst einmal kaum emotionale Involviertheit erwartet. Er kann schon punkten, indem er mit den Kindern Fußball spielen geht oder ihre Fahrräder repariert: Mehr »Bonus« wird von ihm nicht erwartet. Von einer Stiefmutter wird emotional mehr erwartet! Wenn ich damals meinen Freunden erzählt habe, dass es mir gelungen ist, meine Stieftochter für mich zu gewinnen, habe ich überall Bewunderung eingeheimst. Wenn ich erzählt habe, dass sie so schwierig sei, habe ich volle Kanne Mitleid bekommen, nach dem Motto: Was ist das für eine schwierige Göre! Immer war ich in einer positiven Rolle. Bei Stiefmüttern ist das anders. Wenn es schwierig ist, sind sie schuld.

Wie bereits erwähnt, wurde der Begriff »Bonuseltern« von dem dänischen Pädagogen Jesper Juul eingeführt, um von dem negativ belegten Stiefelternbegriff wegzukommen.

Noch vor 20 Jahren herrschte die Einschätzung vor, dass Patchwork-Situationen zulasten der Kinder gehen. Man hat davon abgeraten. Dann gab es einen Umschwung: Forschung zeigte, dass die Situation unter Umständen positiv für die Kinder sein kann, auf jeden Fall besser, als dass ein Elternpaar, das sich streitet, zusammenbleibt, erklärt Wolfgang Krüger. Juuls Verdienst sei es, dieses Positive in einem Begriff zu beschreiben: Die Stiefeltern bringen eine Chance in die Familie, eine andere Perspektive. Jedoch sieht Krüger diesen Begriff einfacher auf die Rolle des Stiefvaters angewandt und nicht so passend für die Rolle der Stiefmutter.

An Frauen wird – gesellschaftlich, aber auch von ihnen selbst – sehr viel stärker die Erwartung herangetragen, sich *mütterlich* zu verhalten – insbesondere an der Seite eines Vaters, dem gesellschaftlich wiederum abgesprochen wird, diese emotional fürsorgliche Rolle für seine Kinder übernehmen zu können. Soll die Stiefmutter also aus ihrem Dilemma befreit werden, irgendwie mütterlich zu sein, es aber gleichzeitig nicht sein zu dürfen – dann setzt das die Befreiung der Geschlechterrollen voraus: Wenn Fürsorglichkeit etwas wird, das von Vätern und Müttern und allen anderen sozialen Eltern, von Freundinnen und Geschwistern gleichermaßen erwartet wird, dann erleichtert dies auch die stiefmütterliche Fürsorglichkeit.

Die Psychologin Katharina Grünewald macht deutlich, dass es sich bei der Erwartung, eine Stiefmutter müsse sich (mit) um die Kinder kümmern, keineswegs nur um eine von außen herangetragene Erwartung handelt – sie ist von vielen Frauen auch tief verinnerlicht und verhindert, dass sie sich mit der männlich konnotierten Rolle der emotional wenig involvierten, dafür auf dem Arbeitsmarkt angesehenen und erfolgreichen Partnerin anfreunden können:

> Es ist gesellschaftlich anerkannt, dass Männer Anerkennung im Beruf bekommen oder im Sport, und so fällt es Männern relativ leicht, die Familie loszulassen und sich dort auszutoben. Frauen ist das weniger erlaubt! Ich denke an eine Frau, die Stiefmutter von zwei Kindern war und ein eigenes Kind bekam. Sie trieb ihre Karriere als Rechtsanwältin voran und gab auch ihr Kind ihrem Mann mit in Obhut, oft war sie zwei, drei Tage in der Woche unterwegs. Als Rechtsanwältin war sie sehr erfolgreich und bekam viel Anerkennung – aber bekam dann das Problem der Rabenmutter! Sich von der Hauptverantwortung für die Familie loszusagen und die Anerkennung woanders zu suchen, das fällt Frauen heute immer noch sehr schwer. Oder besser gesagt: zu akzeptieren, dass sie als Stiefmutter die Hauptverantwortung für die Familie schlicht nicht trägt.

Sie mag die emotionale Verantwortung in der Theorie nicht tragen – die wenigen soziologischen Studien zu Stiefmüttern legen aber nahe, dass die Stiefmutter in der Praxis dennoch viel Fürsorgearbeit übernimmt. So zeigt die Studie von Weaver und Coleman, dass die befragten Stiefmütter während der Besuche ihrer Stiefkinder mehr Haushaltsarbeit übernehmen, also kochen, Wäsche machen, putzen, sich aber gleichzeitig von der

Vater-Kinder-Beziehung ausgeschlossen fühlen und nur wenig Anerkennung oder emotionale Belohnung für ihre Mühe bekommen[29]:

> Von allen Frauen wird erwartet, dass sie für Kinder sorgen und Kinder ernähren wollen. Dieses Ideal »intensiver Bemutterung« beinhaltet die Erwartung, Mütter sollten alles für ihre Kinder opfern, dass sie am besten dazu in der Lage sind, die Bedürfnisse der Kinder zu erfüllen, und dass die Fähigkeit, mütterlich zu sein, Frauen angeboren ist. (…) Wir nehmen also, basierend auf unserer feministischen Perspektive, an, dass der Prozess des Rollenaufbaus stark von dem Geschlechterkontext beeinflusst wird, in dem die Stiefmütter ihre Rollen entwickeln. Vergeschlechtlichte Rollenerwartungen waren zentral für die Beobachtung, dass Stiefelternschaft schwieriger für Frauen ist als für Männer (…). Frauen kämpfen womöglich mehr mit der Stiefeltern-Rolle, weil von ihnen erwartet wird, sich in die Fürsorge und die Erziehung der Kinder einzubringen, auch von Kindern, die genetisch nicht ihre eigenen sind. Stiefmütter kümmern sich um Stiefkinder und um Aufgaben im Haushalt sowie andere Aspekte im Familienleben, weil das von ihnen als Frauen erwartet wird. Gleichzeitig wird die Stiefeltern-Rolle von der Erwartung begleitet, distanzierter zu sein und weniger stark involviert. Hier liegt der Konflikt für Stiefmütter: Es ist unmöglich, gleichzeitig als Frau enger Bestandteil von Familien zu werden, aber als Stiefmutter distanziert zu bleiben.[30]

Keep your mouth shut, aber denke die Kinder mit und kümmere dich um das Essen, aber sei nicht verletzt, wenn sich der Vater und seine Kinder alleine sehen wollen? Eine Stiefmutter trägt nicht die emotionale Hauptverantwortung für die Familie. Und gleichzeitig wird ihr gesellschaftlich nicht erlaubt – und erlaubt sie sich selber kaum –, die emotionale Verantwortung abzugeben und sich ganz auf ihren Beruf zu konzentrieren. Eine Stiefmutter darf nicht Mutter sein; aber sie darf auch nicht aufhören, Mutter sein zu wollen. Wenn sie sich aus dieser Zwickmühle nicht befreit, hält sich eine Stiefmutter in einer Situation dauerhafter Ohnmacht.

Aus Ohnmacht wird Hass

Dass Frauen von sich aus gerne ihre eigenen Bedürfnisse zurückstellen und glücklich damit sind, sich für Kinder aufzuopfern, ist eine verbreitete Vorstellung, aber leider ein Mythos – wie die meisten Stiefmütter selbst spüren. In den meisten Fällen passiert ihnen, was bei allen Menschen passiert, von denen erwartet wird, sich aufzuopfern und die Klappe zu halten: Sie werden wütend. Richtig wütend. So erzählt Katharina Grünewald:

> Die Stiefmütter, die ich kenne, sind in der Regel sehr verständnisvoll und empathisch. Sie können sehr gut die Perspektive der Kinder und ihres Partners oder ihrer Partnerin einnehmen. Also sehen sie keine Berechtigung für ihre Wut – die dann runtergedrückt wird. Das geht zwei, drei, sieben, zwanzigmal gut, und irgendwann geht es nicht mehr gut, denn dann kommt man an seinen Kern, der sagt: Ey, ich bin auch noch da, ich bin auch wichtig! Wenn diese Wutenergie keinen Raum bekommt, dann kommt die unter der Türe durch.

Unter der Türe durch, damit meint Grünewald: Dann kauft die Stiefmutter eben den Kirschjoghurt und nicht den Lieblingsjoghurt ihrer Stiefkinder. Das ist die kleine Alltagswut-Stichelei. Aber aus der unterdrückten Wut über die eigene Ohnmacht kann auch jener Hass werden, den wir aus den Märchen kennen. In einer Studie der britischen Psycholog*innen Lisa Doodson und David Morley, die 2006 im *Journal of Divorce & Remarriage* erschienen ist, wird Liz zitiert, die unter ihrem Hass sehr leidet. Sie hatte sich auf die Kinder ihres Mannes gefreut und war davon ausgegangen, dass ihre Beziehung ungefähr so aussehen würde wie die Beziehung, die sie zu ihren Nichten und Neffen hat – doch so kam es nicht:

> Oh Gott. Es ist viel schwerer, als ich es mir vorgestellt hatte. Als ich meinen Mann kennenlernte, dachte ich: Ich habe neun Neffen und Nichten, die ich liebe, also wird das toll sein. Aber plötzlich müssen wir jedes zweite Wochenende seine Kinder haben, und wir müssen Dinge tun, um seine Kinder zu unterhalten … Ich verspüre einen Hass, wie ich es noch nie in meinem Leben erfahren habe. Ich würde nie etwas tun, um sie zu verletzen, weil sie zu meinem Mann gehören und ich ihn so sehr liebe, aber sie sind mir zuwider. (…) Ich hasse sie echt. In unserem zweiten gemeinsamen Jahr sind wir mit ihnen in den Urlaub gefahren, und das war wirklich hart. Wenn Sie meinen Mann fragen, wird er sagen, dass es der beste Urlaub aller Zeiten war, aber ich habe die Zeit damit verbracht, in Tränen aufgelöst auf der Toilette zu sitzen, um von ihnen wegzukommen. Wenn ich zurückblicke, was schwierig war – ich weiß es nicht. Ich glaube, ich habe es gehasst, dass mein Mann seine ganze Zeit mit ihnen verbracht hat, und ich habe mich schwergetan, eine Mutter zu sein.[31]

Auf die Frage, was sie gerne ändern würde, antwortet diese Stiefmutter: dass sie lieber keine Stiefmutter geworden wäre.

> Wenn ich etwas ändern könnte, wäre ich lieber kein Stiefelternteil. Er könnte 5000 Exfrauen haben, aber nur keine Kinder. Es ist einfach so hart. Wenn ich Fotos von ihnen bekomme und sie mir sagen, dass sie mich lieben, ist es die schönste Entlohnung auf der Welt, aber es kommt nicht in die Nähe davon, wie hart es ist.[32]

Wie entkommt eine Stiefmutter also dieser unmöglichen Position: bemuttern zu sollen, aber den Mund halten zu müssen und keine Mutter sein zu dürfen?

Die eine Fluchtbewegung ist die *in die Mutterrolle hinein*: entweder, indem Stiefmütter ein »eigenes« Kind bekommen, über das sie dann durchaus das Sagen bekommen in der emotionalen Kultur der Familie und in der Erziehung, indem sie also voll in die Mutterrolle passen und nicht nur so halb. Oder die Stiefmutter kann versuchen, die Mutterrolle für das Stiefkind ganz zu übernehmen, was auch für Liz, die zitierte Stiefmutter aus der Doodson- und Morley-Studie einfacher erscheint:

> Ich hätte sie vermutlich lieber Vollzeit bei uns, denn es ist viel schwieriger, andere Kinder zu erziehen, wenn du keinen Einfluss auf sie hast, abgesehen von zwei Tagen an jedem zweiten Wochenende. Wissen Sie, ich denke, es wäre einfacher, wenn sie mit uns leben würden, hier eine dauerhafte Disziplin erfahren könnten, dann würden sie die Art Kinder werden, die du dir wünschst …[33]

Diese Stiefmutter hier leidet so sehr darunter, dass sie in ihrer eigenen Familie keine klare Rolle hat, dass sie im Urlaub weinend auf der Toilette sitzt. Denn während ihr Mann eine ganz klare soziale Rolle hat, nämlich die des Vaters und die des Ehemanns, mit klaren Handlungsvorgaben und Erwartungen an ihn, und auch die Kinder ihm gegenüber ganz klar die Kinder sind, mit klaren Rollenerwartungen – ist die Rolle von Liz absolut unklar. Die Autorinnen folgern deshalb auch aus ihrer Studie:

> Die Untersuchung ergab, dass die Rolle der Stiefmutter sowohl zweideutig als auch undefiniert ist.

Liz' Versuch, sich die Kinder als »ganz« in der eigenen Familie vorzustellen, ist ein Versuch, wieder in eine klar definierte Rolle zu finden: in die der Mutter. Doch die Kinder sind nicht fulltime bei ihr, sie sind die meiste Zeit bei ihrer Mutter. Und die gibt es nun einmal.

Andere Stiefmütter versuchen, aus der Rollen-Ungewissheit und damit einhergehenden Ohnmacht zu fliehen, indem sie »nur noch« Partnerin werden (*dad's wife*, wie die Weaver-Coleman-Studie diese Rolle nennt). Allerdings lässt sich diese Rollentrennung nur vollziehen, wenn die Kinder selten bei dem Vater wohnen oder wenn die Partnerinnen nicht mit dem Vater zusammenwohnen. Nur die Partnerin zu sein, ist die Entscheidung, nicht in einer Familie zu leben, sondern nur in einer Partnerschaft.

Wenn also beides in einer Patchworkfamilie nicht wirklich geht – aufhören, Mutter zu sein, oder eine »ganze« Mutter zu werden, und wenn dieser Widerspruch bei so vielen Stiefmüttern zu leisem Unmut, zu Wut bis hin zu Hass führt –, dann führt der Weg aus der stiefmütterlichen Zwickmühle heraus wohl nur über den Abbau der Zwickmühle: Wieso sollte eine Mutter nur jemand sein können, die alles über ihr Kind allein entscheidet? Wieso kann eine Mutter nicht auch jemand sein, die fürsorglich ist? Wieso kann ein Vater nicht mütterlich sein? Wieso darf es denn keine Mutter neben der »echten« Mutter geben? Woher dieser Mono-Mamaismus? Wieso kann es nur eine Familienmanagerin pro Kind geben, nur die eine Hauptverantwortliche für alles Emotionale? Was macht eine »echte« Mutter denn dermaßen riesig, dass neben ihr kein Platz sein soll für eine mit-gestaltende, mit-bemutternde, mit-entscheidende Stiefmutter? Wenn wir die Stiefmutter befreien wollen, müssen wir definitiv Bewegung in die Stiefmutter bringen: Eine Stiefmutter muss sich von der Vorstellung lösen, die »echte«, einzige Mutter ihrer Familie zu sein. Aber wir kommen auch nicht umhin, Bewegung in die Mutter zu bringen. Wenn eine Stiefmutter mehr Macht erhalten soll, muss eine Mutter Macht abgeben. Alle Beteiligten müssen sich von der Vorstellung einer Mama-Papa-Kind-Familie lösen, in der der Papa die alleinige ökonomische und die Mama die alleinige emotionale Verantwortung trägt.

Und die Mutter als emotionale Alleinherrscherin existiert gar nicht so ewig, wie wir denken: Sie ist gerade einmal 300 Jahre alt. Genauso alt wie ihr böser Zwilling. Denn mit der guten, echten Mutter wurde auch die böse Stiefmutter geboren.

4
Böse.
Über ein Weltweib, das an allem Übel schuld ist (und auf keinen Fall in die Familie gelassen werden darf!)

Darauf habe ich über ein Jahr gewartet. Ein Jahr lang ist er immer verschwunden, dienstags und donnerstags und dann alle zwei Wochen Freitag bis Montag, er hat sich auf sein Rad geschwungen und ist über diese magische Grenze gefahren, die Berlin noch immer durchzieht, irgendwo in Mitte, da liegt sie, die Mauer zwischen unserem Partnerschafts-Leben und seinem Vater-Sohn-Leben. Fährt er über diese Grenze, ist er weg, woanders, geht er nicht mehr ans Telefon, spricht er nicht mehr richtig am Telefon, nicht mehr richtig: mit mir. Es ist eine Welt, in der das Geschirr im Hintergrund klappert, aber ich weiß nicht, wie es aussieht; in der eine kleine Stimme im Hintergrund plappert, aber ich weiß nicht, wer sie spricht; in der es Sofas gibt, auf denen er liegt, wie er sagt, und Betten, in die er jetzt geht, wie er sagt, aber ich sehe sie alle nicht, die Teller und Gesichtchen, die Sofas und Betten. Es war eine versteckte Welt, für mich; eine geheime Welt. Geheim vor mir.

Und jetzt fahre ich in diese Welt. Ich bin eingeladen. In die Nestwohnung. In jene Wohnung, in der Bela und seine kleine Familie fast zehn Jahre lebten und Arianna ein Drittel der Zeit. Bela hat mich eingeladen, und Arianna soll auch dort sein, na endlich, na endlich, na endlich, trete ich in meine Pedale, na endlich, ich sitze auf dem Rad und fahre in die geheime Welt, nur werde ich irgendwie immer langsamer. Ich trete langsamer, ich fahre Umwege, ich trödele, und so hatte ich mir das nicht vorgestellt. Ich dachte, wenn unsere Welten sich vereinen, dann fliege ich nur so durch die Stadt, den Weg entlang, den Bela immer fuhr, endlich fahre ich ihm hinterher, in seine Welt, in seine zweite Welt, sein zweites Leben, endlich vereinen wir sie, ich dachte, es würde Glitzer regnen, und Regenbogen würden meinen Weg säumen, wenn sein Leben mit seinem zweiten Kind nicht mehr vor mir geheim bleibt. Und stattdessen merke ich, wie ich schlingere, eine Radfahrerin klingelt hinter mir, ich werde zu langsam für die Straße, ich wechsele von der Straße auf den Bürgersteig, ich schlingere und bleibe stehen und steige ab.

Kein Glitzer, bloß Sumpf ist hier, wie im Albtraum, sie sind hinter dir her, und du versuchst zu rennen, aber es geht nicht, bis zur Hüfte steckst du im Matsch fest und kommst nicht voran, jeder Schritt wird schwerer und schwerer, die Luft klebt, und der Boden ist Morast. Ich kämpfe mich weiter, zu Fuß, ich schiebe mein Rad, ich werde wütend, ein Jahr!, schimpfe ich, ein gottverdammtes Jahr!, und jetzt laden sie mich also ein in ihr Königreich, wer hat mich denn überhaupt gefragt, ob ich dahin will, in diesen morastigen Familiensumpf? Die Welt des Kleinen, die Nestwohnung, oh, là, là, der Prinz lädt ein, da eile ich natürlich schleunigst zu Hofe …

Ich muss auf Toilette. Die Blase drückt, es ist auch kalt, viel zu kalt für März, richtig kalt, ich muss auf Toilette, aber alle Cafés haben zu, Corona, ich muss mich beeilen, ich muss dort auf Toilette, ich muss auf die Toilette des Prinzen. Ich beschleunige meinen Gang. Die Wohnung kommt näher, das sehe ich auf meinem Smartphone, ich nähere mich dem roten Punkt auf der Karte. Mein Herz klopft. Noch einmal abbiegen, dann ist es da, sagt Google, ich biege ab: »Sie haben Ihr Ziel erreicht.«

Dingsbumsstraße 59. Das steht auf den Rechnungen, die Bela mitbringt, Dingsbumsstraße 59, da ist er gemeldet, obwohl wir längst zusammenwohnen, Dingsbumsstraße 59, Nestwohnung. Ich schließe mein Rad ab und gehe zum Eingang.

Martine/Schilling. Mein Herz klopft nicht mehr, es ist mir in den Magen gefallen. Martine/Schilling. Platsch. »Ich kann nicht klingeln«, schreibe ich meiner Freundin und schicke ihr ein Foto von Martine/Schilling. Schilling, das ist mein Partner, mein Leben, meine große Liebe. Martine, das ist seine Frau. Das hier ist ihre Wohnung. Ariannas nicht mehr, sie ist vor zwei Jahren hier ausgezogen, aber der Kleine lebt hier, der nicht einfach der Kleine heißt, sondern: der kleine Martine-Schilling. Das hier ist die Familienwohnung. Der Kleine, Martine und Schilling. Ich muss jetzt echt pissen. Ich verlagere mein Gewicht von einem Bein auf das andere. »Verstehe ich«, schreibt meine Freundin zurück. »Aber mach es einfach. Du kannst das. Einfach klingeln!« Sie hat recht. Kein Drama jetzt, oben warten Arianna und der Kleine und sogar Ariannas Hund, wir erobern jetzt diese Wohnung, sagt Ariannas Hund, also los. Ich zücke den Finger, ich gehe auf die Martine/Schilling zu. Nein.

»Nein«, schreibe ich meiner Freundin, dann schalte ich das Handy aus. Ich laufe zu meinem Fahrrad, ich schließe es auf, ich fahre los. Ich zittere. Es ist schweinekalt, richtig kalt plötzlich, ich muss pissen, und es regnet, es regnet in mein Gesicht, ich trete in die Pedale die breiten Straßen von Berlin Mitte entlang, scheiße, Martine/Schilling, macht euren Scheiß doch alleine, lebt eure verdammte gehütete Kleinfamilie in dieser verdammten sanierten Kleinfamilienwohnung im verdammten Berlin Mitte und lasst mich in Ruhe.

Normfamilie. So nennt man die Vorstellung einer Familie, wie sie Normalität sein sollte, unserer Meinung nach – also nach

Meinung dieser westlichen, weiß-bürgerlich-christlich geprägten Mehrheitsgesellschaft des 21. Jahrhunderts: Vater, Mutter, ein oder zwei Kinder. Die Familie, so heißt es im Grundgesetz, steht – wie die Ehe – *unter dem besonderen Schutze der staatlichen Ordnung*. Sie ist eine Einheit, ein Bollwerk der Privatheit, der privaten Beziehungen, ein Nest, wie es das Nestmodell schon sagt; der Ort, an dem Menschen zusammenkommen, so eng, wie sonst nirgends, an dem die Lohnarbeit endet und die Emotion beginnt, der Ort des Kuschelns und Zusammenhaltens gegen den Rest der Welt. So soll es sein, sagt es die Norm in unseren Köpfen.

Längst haben Hunderte Soziologinnen, Historikerinnen und Feministinnen bewiesen, was für ein Quatsch das ist. Erstens ist es Quatsch, dass diese Familienform die Norm in unserer Gesellschaft darstellt: Nur noch 24 Prozent aller Haushalte entsprechen dem Familienhaushalt mit Vater, Mutter und Kindern, in den meisten Haushalten wohnt nur ein Mensch alleine, der Rest sind Partner-Haushalte oder, in einer kleinen Minderheit, Wohngemeinschaften. Um die Norm trotzdem zu retten, lässt sich die Gesellschaft allerhand einfallen. Sogar das Familienministerium und Familienverbände definieren das, was sie da zu schützen versuchen, neu: *Familie ist dort, wo Kinder sind*, so hieß es 1998 in der rot-grünen Regierung, im siebten Familienbericht 2005 hieß es dann, *Familie ist für uns überall dort, wo Menschen dauerhaft füreinander Verantwortung übernehmen, Sorge tragen und Zuwendung schenken*[34], und in der Regierungsvereinbarung der Ampel-Koalition von SPD, Grünen und FDP 2021 hieß es: *Familien sind vielfältig. Sie sind überall dort, wo Menschen Verantwortung füreinander übernehmen, und brauchen Zeit und Anerkennung.*[35] Selbst dort, wo die Normfamilie noch zu finden ist, bricht die Kuschel-Glitzer-Nestvorstellung auf: Immerhin fliehen in Deutschland ca. 40 000 Frauen vor ihren gewalttätigen Männern ins Frauenhaus – ganz abgesehen von den Frauen, die nicht fliehen, und den Kindern, die nicht fliehen können.

Wir wissen, dass die Normfamilie nicht wirklich unseren Normvorstellungen entspricht und eigentlich auch kaum mehr Normalität ist. Eigentlich. Weiß ich das. Wirklich. Das weiß ich, aus meiner Herkunftsfamilie heraus weiß ich es, in der meine Eltern sich zwanzig Jahre lang bekriegten, um sich dann endlich, endlich zu trennen – und ich weiß es ja auch von meinem Partner, der eine Tochter mit einer Frau hat, mit der er kaum eine Beziehung führte, dann ein zweites Kind mit einer Frau bekam, die er heiratete, und dann, nach zehn Jahren Familienleben, auf allen vieren aus dieser Beziehung kroch*, wie so viele andere, die ich kenne. Wir wissen das doch! Dass wir nicht in lebenslang monogamen Beziehungen leben, sondern eher in serieller Monogamie, eine Partner*innenschaft also irgendwann endet und eine neue beginnt. Dass auch die Kinder folglich nicht in lebenslangen Normfamilien leben, sondern in seriellen Familienkonstellationen. Dass der erzwungene Zusammenhalt der Familie, die erzwungene Norm viele Menschen dazu zwingt, in lieblosen Beziehungen bis hin zu Leben in Gewalt zu verbleiben, länger, als für sie und die Kinder der Familie gesund ist.

Und trotzdem stehe ich da, vor dieser Martine/Schilling-Klingel, und schaffe es nicht. Ich schaffe es einfach nicht, die Klingel zu drücken. Ich schaffe es nicht, einzubrechen in diese Martine-Schilling-Kind-Welt. Ich fühle mich fremd, überflüssig, nicht dazugehörig. Das hier ist nicht meine Welt, es ist ihre. Nicht nur habe ich kein Recht, hier zu sein. Ich möchte nicht

---

* Anmerkung: Bela sagt, er würde das jetzt nicht so formulieren.

hier sein. Ich möchte nicht in einer Welt leben, in der ich eine Nebenrolle habe, jenseits der Familie. Ich möchte die Hauptrolle in meiner Familie.

Ich stehe in Berlin Mitte im Regen vor einer unsichtbaren Mauer, vor der dicken Mauer der Normfamilie. Und ich pralle ab.

Die Festung Normfamilie

Intuitiv gehen wir davon aus, dass es die Bio-Kernfamilie schon immer gab und sie erst jetzt in eine Krise gerät. Als würde uns da etwas verloren gehen, das jahrhundertelang die Kinder wohlig in ihrem Schoße schützte – früher nur etwas größer, also auch die Großeltern umfassend, und enger in Kontakt mit allen Tanten und Onkeln, Cousinen und Cousins.

Diese Erzählung stimmt nicht.

Um zu verstehen, wie es zu der Vorstellung einer natürlichen Normfamilie von Vater, Mutter und Kindern kommt, die so stark ist, dass eine Stiefmutter ihre unsichtbaren Mauern kaum durchbrechen kann – selbst wenn sie dazu eingeladen wird! –, müssen wir in der Geschichte zunächst bis in die Aufklärung zurückgehen. Es war Jean-Jacques Rousseau, der in *Émile oder über die Erziehung* eine »Mutter« detailliert nach einer modernen bürgerlich-normfamilialen Vorstellung definierte. Dabei ging es ihm in erster Linie darum, dass sich die bürgerlichen biologischen Mütter wieder mehr um ihre Kinder und Familie kümmern sollen, statt sich anderen Dingen im Leben zu widmen:

> Das innige Familienleben lockert sich; die Gewohnheit verstärkt die Bande des Blutes nicht mehr; es gibt keine Väter, keine Mütter, keine Kinder, keine Brüder, keine Schwestern

> mehr; kaum kennen sich alle untereinander, wie sollten sie sich also lieben? Jeder denkt nur an sich. Wenn das Haus nur eine traurige Einöde ist, dann muss man seinen Vergnügungen wohl außerhalb desselben nachgehen.[36]

Rousseau stellte sich dabei vor, dass die Gesellschaft durch die Umtriebigkeit der Frauen in den Großstädten aus dem Ruder gelaufen war. Er rekurrierte dabei auf eine ursprüngliche Form des Zusammenlebens wie bei den »edlen Wilden«. Doch müssen wir enttäuschen: Unter den »edlen Wilden« der Jäger*innen und Sammler*innen vor rund 20.000 Jahren gab es keine »natürliche Mütterlichkeit« in der Form, dass eine Mutter sich alleine um ihre Kinder kümmerte, während der Vater jagend in der Welt unterwegs war. Sogar das Gegenteil ist der Fall: Die breitere, kollektive Aufteilung der Sorge um die Kinder in der gesamten Gruppe war Voraussetzung dafür, dass sich Menschen aus Menschenaffen heraus entwickelten – ja, das »Cooperative Breeding« war so elementar für die Menschwerdung, dass ohne diese gemeinsame Kinderaufzucht keine größeren Gehirne, keine technologischen Entwicklungen und keine Sprache denkbar gewesen wären. Das arbeiteten Evolutionsbiolog*innen in jüngerer Forschung heraus, wie etwa die bereits erwähnten Carel van Schaik und Kai Michel in ihrem Buch *Die Wahrheit über Eva.*

Die Evolutionsbiologen gehen davon aus, dass vor rund 20.000 Jahren die Menschen, nomadische Jäger*innen und Sammler*innen, in kleinen Communitys von bis zu einigen Tausend Menschen lebten, die sich wiederum auf kleine Gruppen von 25 bis 50 Menschen aufteilten. Diese Gruppen waren Familien und Einzelne, Menschen konnten zwischen ihnen wechseln, und die meisten Kinder mussten ihre Gruppe irgendwann verlassen, vermutlich um Inzest vorzubeugen. Anders als in der Zeit der Menschenaffen wurde die Arbeit zur Ernährung der Kinder hier aufgeteilt: Ältere Frauen, Väter, Geschwister, andere Erwachsene, einfach jede, der oder die gerade in der Nähe war, beteiligte sich an der Betreuung der Kinder.

> In den letzten hundertfünfzig Jahren ist viel darüber spekuliert worden, was uns zu Menschen macht: Der aufrechte Gang! Die Jagd! Das Feuer! Die Sprache! Nein, das gemeinsame Aufziehen der Kinder war das Erfolgskonzept unserer Spezies. Das *Cooperative Breeding* sicherte weit mehr als das Überleben unserer Vorfahren: Es machte sie schlau und katapultierte die Evolution von Kultur und Sprache in neue Sphären. Die Frauen waren die treibende Kraft.[37]

Sie führen die sprunghafte Entwicklung der menschlichen Gehirne klar auf die entstehende Praxis der mehrfachen sozialen Elternschaft innerhalb der Gruppen zurück:

> Das Geheimnis für diesen Erfolg? Die Mütter hören auf, sich allein um ihre Kinder zu kümmern. Denn so war das zuvor gängige Praxis gewesen. Menschenaffenmütter kümmern sich allein um ihr Kind. Niemand anders will und niemand anders darf helfen. Dass unsere Vorfahrinnen damit aufhörten und Hilfe akzeptierten, das sicherte unseren Vorfahren das Überleben.[38]

Diese Form von Familien, eingebettet in ein Netzwerk gegenseitiger Verpflichtungen, des *Sharing and Caring*, sei einzigartig unter Primaten und, zusammen mit dem Gebrauch von Werkzeugen und der Sprache, die bedeutendste Entwicklung der menschlichen Evolution. Nur die Kooperation in der Kindererziehung habe das Wachstum der Gehirne ermöglicht: Denn je größer das Gehirn, desto mehr Energiezufuhr braucht ein Lebewesen. Solange nur die biologische Mutter für die Nahrungszufuhr zuständig war, konnten die Gehirne nicht wachsen; erst das gemeinsame Aufziehen und Teilen der Nahrung ermöglichte das Gehirnwachstum und damit die Entwicklung des sozialen Zusammenhalts und der Sprache. Und je mehr Menschen sich um die Kinder kümmerten, desto mehr komplexe soziale und psychische Fähigkeiten entwickelten sich unter ihnen.

Anders als Rousseau es sich vorstellte, ist die »natürliche« Mutter unserer Vorfahrinnen also keine Frau, die sich mit der Geburt ihres Kindes in ein Haus einsperren lässt und allein dafür zuständig ist, das Kleinkind aufzuziehen – im Gegenteil: Gerade der Aufbruch dieser isolierten Zuständigkeit für Kinder sorgte für jenen Evolutionsschub, der Menschsein überhaupt erst möglich machte. Interessant ist nun, was die Evolutionsbiologie über die »natürliche Mutterliebe« zu sagen hat, die nicht nur Rousseau sich herbeiwünschte, sondern die noch heute unsere Vorstellung von Mutter-Kind-Beziehungen prägt und die nicht zuletzt dafür verantwortlich ist, dass Stiefmüttern keine »echte« Fürsorglichkeit für ihre (Stief-)Kinder zugetraut wird: Seit die Weibchen im Übergang von Menschenaffen zu Menschen aufhörten, die Aufzucht der Kinder alleine zu bewerkstelligen, verloren sie, so die These in der feministischen Evolutionsbiologie, auch ihre »natürliche« Mutterliebe.

> Bei den anderen Menschenaffen, wo sich allein die Mutter um ihr Junges kümmert, ist etwas zu beobachten, das sich als sofortige und bedingungslose Liebe zum Neugeborenen beschreiben lässt. Bei unserer eigenen Spezies existiert das in dieser Form nicht.[39]

Menschen-Mütter kennen demnach keine automatische Mutterliebe, und zwar deshalb nicht, weil sie in der Aufzucht der Kinder auf ihre Gruppe angewiesen sind. Wenn sie das Gefühl hat, dass es hier nicht genug Unterstützung gibt, sie also mit der Kindessorge allein gelassen wird, reagiert eine Mutter häufig mit Depression – und zu Zeiten der Jäger und Sammler verstießen Mütter ihre Kinder in diesen Situationen. Natürliche Mutterliebe, so argumentieren Wissenschaftlerinnen wie die US-amerikanische Anthropologin und Primatologin Sarah Blaffer Hrdy, ist eine Erfindung – keine natürliche Veranlagung:

> Heutzutage behandelt man das ambivalente Verhalten der Mütter so, als sei es ein dunkles Geheimnis, das gerade erst gelüftet wird. Eine Flut von ansehnlichen neuen Publikationen, Romane ebenso wie psychoanalytische Literatur, enthüllt das »mütterliche« Herz der Finsternis, einen Bereich, der allen Müttern und Klinikern vertraut ist.[40]

Für Stiefmütter ist dieser evolutionsbiologische Befund eine befreiende Nachricht: Das Menschsein ist auf der Zusammenarbeit in der Sorge um Kinder aufgebaut, Co-Parenting ist die Voraussetzung dafür, dass die Menschheit sozial zurechtkommt. Natürliche Mutterliebe der biologischen Mutter gibt es nicht, im Gegenteil: Eine Mutter ist darauf angewiesen, dass andere Menschen aus ihrem Umfeld die Kinder mit aufziehen, sonst verfällt sie in Depressionen und kann dazu tendieren, das Kind abzulehnen. Es ist das Leben in einer Normfamilie, das insbesondere Mütter in eine Situation zwingt, in der sie mit der Kindererziehung absolut überfordert sind. Höchste Zeit, dass Stiefeltern auftauchen, um das Co-Parenting wieder aufzunehmen, oder?

Die Mutter wird isoliert: Martin Luther und Jean-Jacques Rousseau

Wieso also ist das nicht so? Wieso ist das Co-Parenting historisch dermaßen verloren gegangen, dass eine Stiefmutter in Berlin Mitte von der Mauer dieser Normfamilie abprallt und nach Hause fährt? Dass ein Vater, wie in Hannahs Fall, vor einer Öffnung seiner Familie für eine weitere mütterliche Person so viel Angst hat, dass er sie lieber ausschließt – und so womöglich als Partnerin verliert?

Woher diese Angst, dass »eine Familie zerbricht«, wenn die Eltern nicht mehr als Paar leben wollen und dafür weitere Menschen in die Familie hineinkommen? Um das zu verstehen, müssen wir noch weiter in die Geschichte der Erfindung der Mutter – und mit ihr: der Stiefmutter – eintauchen.

Die Erfindung der Stiefmutter begann vor 10 000 Jahren in der Jungsteinzeit, bei der Sesshaftwerdung des Menschen und den Anfängen des Ackerbaus, mit dem sowohl das Eigentum entstand – als auch die patriarchale Organisierung der Gesellschaft. Das Klima veränderte sich, es begann eine Phase der klimatischen Stabilität, und mit ihr wurde der mehr oder weniger kontrollierbare Anbau von wildem Weizen möglich. Der Kern des feministischen Evolutionsbuchs der oben bereits eingehend zitierten Historiker und Evolutionsbiologen Carel van Schaik und Kai Michel besteht nun in der These, dass Männer und Frauen bis zu diesem Zeitpunkt so ziemlich auf Augenhöhe zusammenlebten: Beide trugen in etwa gleich wichtigen Teilen zur Ernährung der Gruppen bei, und das Körperverhältnis sei gerade noch so ausgeglichen gewesen, dass eine männliche Dominanz durch weibliche Allianzbildung verhindert werden konnte.

Mit dem Weizenanbau, argumentieren die Wissenschaftler, sei jedoch das körperliche Verhältnis gekippt. Die enorme Zunahme regelmäßiger Energiezufuhr durch die aufkeimende Landwirtschaft und die Tatsache, dass die Menschen nicht mehr regelmäßig weiterzogen, führten zu einer Bevölkerungsexplosion: Zu nomadischen Zeiten bekamen Frauen etwa alle drei Jahre ein Kind, und wurden sie doch früher schwanger, ließen sie es nicht selten zurück, da es nicht genug Nahrung und tragende Arme für zwei so kleine Kinder pro Mutter in den Gruppen gab. Als sie jedoch sesshaft wurden, mussten die Kinder nicht mehr mitlaufen können, und gleichzeitig gab es durch den Ackerbau plötzlich genug Nahrung. Frauen bekamen durchschnittlich alle eineinhalb Jahre Kinder. Das schwächte ihre Körper, noch heute lässt sich diese Schwächung an den Knochen der damaligen Mütter nachweisen – und es band sie an das Haus.

Und zwar nicht an irgendein Haus, nicht etwa an das Haus ihrer Mütter und Großmütter, sondern an das Haus ihres Mannes. Mit der Sesshaftwerdung entstand Eigentum, und mit dem Eigentum, argumentieren die Historiker*innen, entstand das Patriarchat: *Die anthropologischen Analysen der Zähne sprechen dafür*, so van Schaik und Michel, *dass Männer am Ort ihrer Geburt, also bei ihrer Familie blieben, während Frauen von außerhalb kamen.* Eine These für die Patrilokalität ist, dass mit dem Eigentum die Söhne damit beauftragt wurden, das Eigentum – also die Erntevorräte und das Werkzeug – zu schützen. Jedenfalls ist belegt, dass Frauen mit der Zeit der Sesshaftwerdung ihre vertraute Familie verlassen mussten, um in das Haus der Familie des Mannes zu ziehen – und das ist eine zentrale Basis des Patriarchats: Denn es war ja gerade das oben bereits beschriebene Netzwerk unter Frauen, das sie im Verbund stärkte und das für ein Gleichgewicht zum Netzwerk der

Männer sorgte. Frauen unterstützten sich gegenseitig bei der Kindererziehung, der Organisation der Gruppe und der Nahrungsbeschaffung. Diese Netzwerke wurden auseinandergerissen, wenn die Gruppe nicht mehr zusammenblieb, sondern die Frauen aus ihrer Herkunftsgruppe in die Gruppe des Mannes wechseln mussten. Im neuen Haus fehlte ihnen die Unterstützung ihrer weiblichen Verwandten, und sie trafen auf Frauen, denen nicht ihr Wohlergehen am Herzen lag, sondern das Wohlergehen des Mannes. In dieser Entwicklung der Patrilokalität, so argumentieren van Schaik und Michel, lag nun die Geburt der Idee der »bösen Schwiegermutter«, einer Vorgängerin der bösen Stiefmutter, die für die junge Frau zur neuen, fremden Mutter im neuen Haus ihres Mannes wurde:

> Hier hat das Klischee der bösen Schwiegermutter seine Wurzeln: Das Interesse der Mutter des Mannes liegt darin, dass ihr Sohn möglichst viele Kinder bekommt – und nicht im Wohlbefinden ihrer Schwiegertochter, die mit ihr nicht blutsverwandt ist. (…) Dieser Interessenskonflikt zwischen Schwiegermutter und Schwiegertochter zeigt auch, dass mit Solidarität unter Frauen im Allgemeinen kaum zu rechnen ist. Die böse Stiefmutter ist ein Phänomen der neuen Bauernwelt, ein Produkt der Patrilokalität.[41]

Es war also nicht Jean-Jacques Rousseau persönlich, der die Frauen in der Aufklärung in ihre vermeintlich »natürliche« Rolle als Mütter drängte und auf diese Weise ihrem Ehemann unterjochte und sie »natürlich« stillend ans Haus fesselte. Die Entmachtung der Mütter, und mit ihr die Entmachtung der weiblichen Netzwerke, in denen sich mehrere Tanten und Stiefmütter selbstverständlich nebeneinander um mehrere Kinder kümmerten, begann mit der Landwirtschaft, dem Eigentum und der Entstehung des Patriarchats: Erst als Frauen gezwungen waren, sich der Familie ihrer Ehemänner zu unterwerfen, entstanden Konflikte zwischen ihnen und »fremden Müttern«. An die Stelle der Solidarität rückte die Konkurrenz: darum, wer besser für den Mann im Hause ist. Das wirft ein ganz anderes Licht auf die böse Stiefmutter. Es geht bei ihr nicht um sie oder ihre Stiefkinder. Es geht nur um einen: den Mann des Hauses. Um ihn und sein Wohlbefinden dreht sich die Konkurrenz der Frauen – und: Mütter – im Haus.

Wenn die Sesshaftwerdung der Menschen die Möglichkeit der »anderen«, bösen Mutter überhaupt erst schuf, waren es die Reformation und die Aufklärung, die die heute so unheimlich schwer wegdenkbare Unterscheidung zwischen einer »echten«, »leiblichen« Mutter und einer »sozialen« Mutter erfanden.

Natürlich gibt es zwischen dem Neolithikum und Jean-Jaques Rousseaus Erfindung der Norm-Mutter über 10 000 Jahre Entwicklungsgeschichte, die ich hier nicht auf mögliche Rollen von »Stiefmüttern« hin abklopfen kann. Es sei an dieser Stelle nur erwähnt, dass auch in der Zeit der Antike bis ins Mittelalter hinein kaum ein Mensch auf die absurde Idee kam, sich in einer winzigen Gruppe von nur drei bis acht Leuten in vier Wände einzusperren und niemanden sonst das Zusammenleben und die Kindererziehung beeinflussen zu lassen. Vielmehr lebten die Menschen vor der Aufklärung in Europa zumeist als »familia« zusammen, ein patriarchalischer Zusammenschluss rund um ein Haus und den Mann, der als »Hausherr« fungierte. Dieser Zusammenschluss umfasste weitaus mehr Menschen als die heutige Kernfamilie: Mägde und Knechte, weitere Hausangestellte, Familienangehörige bis hin zu Tanten und entfernten Cousins und Cousinen. Auch hier wurden die Mütter keineswegs mit dem Kind alleine gelassen; reiche Familien stellten eine Amme ein, die sich um das Stillen und Windeln kümmerte, andere Familien gaben die Babys und Kleinkinder zeitweise zu Ammen weg, und stark verarmte Mütter gaben ihre Babys ganz in Heime oder Klöster.

Dass es früher anders war, heißt nicht, dass es besser war. Wie es den Kindern bei Armuts-Ammen erging, das ist noch mal eine ganz andere Frage. Dass viele Kinder an Unterversorgung und Krankheit starben oder von den Müttern zurückgelassen wurden, weil eine Geburtenkontrolle wenig möglich war, gehörte wohl ebenso zur Tagesordnung wie der frühe Muttertod bei einer der zahlreichen Geburten, nach dem die Aufgaben rund um das Kind durch andere Frauen der Familie, Ammen oder eben: Stiefmütter übernommen wurden.

Dennoch lässt sich festhalten, dass die Sorge um Kinder auch in all den vergangenen Jahrhunderten nach der Sesshaftwerdung der Menschen keine individualisierte Aufgabe, sondern eine kollektive Aufgabe war, an der sich stets auch nicht-biologisch verwandte Frauen beteiligen konnten (oder: mussten). Die soziale Mutterschaft war nach der Zeit der Menschenaffen jahrtausendelang eine kollektive Mutterschaft. In der Aufklärung wurde quasi der Versuch unternommen, Mütter in die Zeit der Menschenaffen zurückzutreiben – und andere Menschen, die Verantwortung für die Kinder übernehmen könnten, aus der Fürsorge auszuschließen.

Wie jeder Epochenbruch beginnt auch die Aufklärung nicht plötzlich, sondern entwickelt sich aus verschiedenen Aufständen[42] und Diskussionen aus unterschiedlichen Teilen der europäischen Gesellschaft heraus. In ihrem Buch *Die deutsche Mutter* beschreibt Barbara Vinken die allmähliche Entwicklung der heutigen Mutterfigur Epoche für Epoche. Mit durchaus überraschenden Erkenntnissen: Es sei die Reformation gewesen, in der die »leibliche« Mutter zur alternativlosen Rolle für Frauen stilisiert worden sei, und nicht der konservative Katholizismus, wie man vermuten könnte. Denn während Frauen in der katholisch geprägten Gesellschaft noch die Möglichkeit hatten, zu einer Art »geistigen« Mutter für die Allgemeinheit zu werden, indem sie ins Kloster gingen, zu einflussreichen »Heiligen« wurden oder allein in Keuschheit lebten, habe die Reformation sie vollends ins Kinder- und Wohnzimmer des Hauses ihrer Ehemänner verbannt. Die Reformation hob das Zölibat und das Gelübde der Keuschheit auf und machte die Familie zum natürlichen und heiligen Ort; nicht mehr Keuschheit brachte die Verbindung zu Gott, sondern jeder konnte Gott gleich dienen – abgesehen von demjenigen, der berufen war, das Wort Gottes zu verkünden. Die geistliche Wahrheit war männlich, Frauen hingegen verrichteten ihren Gottesdienst nicht auf der Kanzel, sondern in der Familie. Selbst das klösterliche Leben, so Barbara Vinken, wurde im Protestantismus zum *Ort überhitzter, weil unbefriedigter Sexualität, die ständig an den Frauen zehrte*[43]. Anerkennung als führende Nonne oder als Heilige konnten Frauen im Protestantismus nicht mehr erwarten:

> Der Protestantismus wird im Allgemeinen als Schritt in Richtung Emanzipation der Frau verstanden: Frauen wurden zum Lesenlernen ermutigt und sollten sich von der Vormundschaft der Priester lösen; Jungfräulichkeit galt nicht mehr als Ideal. Bei genauerem Hinsehen ist diese Annahme kaum zu halten. Andere Lebensformen als die der Ehe wurden verdammt (...). Mit der Reformation verschwanden große Frauenfiguren aus dem gesellschaftlichen Bilderreservoir. Frauen wie Katharina von Siena, die zu einer der beherrschenden politischen Figuren ihrer Zeit wurde, Theresa von Ávila, die

> Europa intellektuell prägte, oder Äbtissinnen, die innerhalb ihres Klosters eine selbstverständliche Autorität waren, Nonnen, die im geistigen Austausch zu einflussreichen Personen wurden, wie Angélique Arnauld in Port-Royal, sucht man in der protestantischen Welt vergeblich; sie waren undenkbar. Unvorstellbar war diesem Denken, dass es für Frauen etwas geben könnte, das ein höheres Gut wäre als die Sorge um die Familie.[44]

Die Frau solle zu Hause bleiben »wie der Nagel in der Wand«, so zitiert Vinken Martin Luther – das Leben als Ehefrau und Mutter wurde zu ihrer einzig »natürlichen« Daseinsform:

> Im protestantischen Europa gab es von nun an für Frauen keine institutionelle Alternative zur Ehe und keinen eigenen geistlichen Raum mehr. Mutterschaft war zum Zeichen, ja zur Voraussetzung für die psychische und physische Gesundheit einer Frau geworden. In ihr lebt die Natur am angemessensten und gottgefälligsten. Außerhalb der Ehe gab es für sie kein Heil. Die Frömmigkeit einer Frau hatte sich in ihrer Sorge um die Familie auszudrücken; Dienst, Opfer und Hingabe hatten nicht mehr unmittelbar Gott, sondern den Ihren zu gelten. (…) Die Reformatoren machten keinen Unterschied zwischen Frauen und Ehefrauen; von nun an waren alle Frauen ausnahmslos dazu bestimmt, zu heiraten, und das heißt, untertan zu sein. Die Reformation schaffte den Status der ohne einen Mann keusch lebenden Frau, deren Begehren sich nicht in Mann und Kindern erschöpfte, ab.[45]

Die Reformation, die als Demokratisierung der Kirche und des religiösen Lebens gilt, erwies sich damit als halbe Demokratisierung: Während Männer im öffentlichen Leben mehr mitbestimmen konnten, über verschiedene soziale Schichten hinweg, wurden Frauen vermehrt aus der Öffentlichkeit verbannt, ihr Dienst an der Gesellschaft und ihr »geistiger« Dienst wurden auf das Kinderkriegen und die Kindererziehung beschränkt. Die Mutter wurde dadurch zum Leib, ihre geistigen Fähigkeiten gingen in diesem Mutterleib auf; der Mann wurde zum alleine Geistigen.

Wenn nun eine geistige Laufbahn von Frauen nicht mehr denkbar ist, weil ihr Dienst an Gott und der Gesellschaft alternativlos der Dienst einer Ehefrau und Mutter sein soll, dann ist eine soziale, also: rein geistige Mutter für Kinder, deren Leib nicht aus dem ihren erschaffen wurde, kaum mehr denkbar:

> Das Konzept der spirituellen Mütterlichkeit war in dem der körperlichen Mutterschaft naturalisiert worden. Die Geistlichkeit hatte sich in Richtung Väterlichkeit verlagert.[46]

Und jetzt kommen wir endlich zum Übeltäter: Jean-Jacques Rousseau. Der Erfinder der noch heute gedachten natürlichen Mütterlichkeit, nach der nur ein Mensch auf der ganzen Welt wirklich wissen kann, was gut für das Kind ist, nämlich diejenige, die diesen Menschen aus ihrem Leib herausgepresst hat; diejenige, die ihn mit ihrem Leib weiter ernährt; und diejenige, die weltweit Einzige, die für diesen kleinen Menschen den richtigen Instinkt, den Mutterinstinkt nämlich, entwickelt.

Rousseau kommt zu dieser Mutter-Vorstellung natürlich nicht durch ein Nachdenken über die Perspektive der Frauen, sondern aus einem Nachdenken über die Bedürfnisse der Kinder: *Man muss den Erwachsenen als Erwachsenen und das Kind als Kind betrachten*, schrieb Rousseau 1762 in *Émile oder über die Erziehung*. Wenn man bedenkt, wie hoch die Kindersterblichkeit damals war, wie austauschbar ein Kind für eine Familie war – für die meisten vor allem eine Frage des Durchfütterns und der Arbeitskraft –, war dies ein wahrhaft revolutionärer Gedanke in einem prärevolutionären Frankreich.

Die Feministin Sarah Diehl erklärt in ihrem Buch *Die Uhr, die nicht tickt*, wie zur Zeit Rousseaus die Kindheit als Idee überhaupt erst geboren wurde. Angesichts der sehr hohen Kindersterblichkeit bis ins 18. Jahrhundert hinein schien es in der damaligen Zeit zunächst *beinahe natürlich, dass Kinder als austauschbar galten und ihr Wert als Individuum gering war.* Im 17. Jahrhundert starben um die 20 Prozent aller Säuglinge, nur die Hälfte der Kinder erreichte das 15. Lebensjahr. Bis sie als Arbeitskraft eingesetzt werden konnten, wurden sie eher als Belastung empfunden, *als Wesen, die alles Kindliche schnellstmöglich abstreifen sollten*[47]. Dass sie ganz eigene Bedürfnisse haben könnten, unter einem besonderen Schutz stehen sollten oder eine besondere Fürsorge benötigen könnten, darüber machte man sich keine Gedanken. Die Versorgung von Säuglingen und Kleinkindern wurde, wenn möglich, delegiert: an Lohnammen, Bedienstete, Verwandte – oder Findelhäuser:

> Noch 1780, das belegt eine Polizeistatistik, wurden von 21 000 Neugeborenen eines Jahrgangs 17 000 zu Lohnammen gegeben, rund 3000 kamen in Heime, lediglich der Rest verblieb bei den eigenen Müttern. Die Sorge um das »Wohl des Kindes« oder eine behütete Kindheit im heutigen Sinne gab es jahrhundertelang nicht.[48]

Was jahrhundertelang Normalität war, wurde im 18. Jahrhundert von Jean-Jacques Rousseaus nun infrage gestellt: Mütter sollen Stillen und Kindererziehung nicht mehr delegieren. *Was bis dahin Usus war, wird mit einem Mal stigmatisiert und pathologisiert*, schreibt Diehl[49], und tatsächlich stellt Rousseau in seinem *Émile* die These auf, das Stillen sei Grund aller gesellschaftlicher Probleme:

> Alles entspringt dieser ersten Entartung. Wenn sich die Mütter dazu verstünden, ihre Kinder selbst zu nähren, so werden sich die Sitten von selbst bessern, werden die natürlichen Gefühle in aller Herzen wieder erwachen; der Staat wird sich wieder bevölkern; schon diese erste Folge, diese Folge allein, wird alles wieder vereinigen. Der Reiz des Familienlebens ist das beste Gegengift gegen den Verfall der Sitten.

Während Rousseau auf diese Weise die »natürliche« Mutter schafft, schafft er ganz nebenbei auch die böse, »unnatürliche« Mutter. Denn nur die biologische Mutter könnte sich gut um die Kinder und damit um die Gesellschaft kümmern, argumentiert Rousseau; eine Frau, die sich um Kinder kümmert, die nicht ihre eigenen sind, ist die »schlechte Mutter«, so schreibt er es wörtlich:

> Seitdem die Mütter, pflichtvergessen, ihre eigenen Kinder nicht mehr stillen wollen, müssen sie sie gewinnsüchtigen Frauen anvertrauen. Diese geben sich natürlich keine Mühe, da sie als Mütter fremder Kinder keinen Naturtrieb in sich fühlen. (…) Wer ein fremdes Kind statt seines eigenen nährt, kann nur eine schlechte Mutter sein (…).[50]

Hier, rund 50 Jahre vor der ersten Veröffentlichung der vielen Stiefmutter-Märchen der Gebrüder Grimm, wird die Stiefmutter so geschaffen, wie wir sie heute kennen: als eine Frau, die die Position einer Mutter einnimmt, obwohl sie auf keinen Fall dazu in der Lage sein kann, sich gut um die Kinder zu kümmern – weil ihr alles, einfach alles dazu fehlt. Sie ist nicht die natürliche Mutter. Sie hat keinen Naturtrieb zur Mütterlichkeit. Sie kann nicht wissen, was die Kinder brauchen. Sie kann keine Mutter sein. Und wenn sie es dennoch versucht, muss sie böse sein, sie kann gar nicht anders. Nur eine echte, eine natürliche, eine aus ihrem Mutterleib heraus gebende, stillende Mutter kann lieb zu ihren Kindern sein, und nur auf der Liebe solch einer Mutter kann eine Familie und mit ihr ein bürgerlicher Staat aufgebaut werden:

> Als ob nicht ein natürliches Mittel nötig wäre, um die Bande inniger Gemeinschaft zu knüpfen! Als ob die Liebe, die man zu den Seinen hegt, nicht die Quelle der dem Staat schuldigen Liebe wäre! Als ob nicht gerade erst durch das kleine Vaterland, welches gleichsam die Familie bildet, das Herz an das große gefesselt würde! Als ob nicht gerade der gute Sohn, der gute Gatte, der gute Vater auch den guten Bürger abgeben![51]

Dass Kinder bei ihrer biologischen, sie stillenden Mutter aufwachsen, stellt Rousseau also als Bedingung für eine funktionierende Staatlichkeit dar. Damit ist die heterosexuelle biologische Kleinfamilie als Keimzelle des Staates geboren. Dass Rousseau mit solchen Vorstellungen keineswegs alleine war, sondern sie sich insgesamt gesellschaftlich entwickelten, zeigt dieser Abschnitt aus dem *Ärztlichen Rat für die körperliche und seelische Gesundheit der Kinder* von 1794:

> Was ist dem kleinen hülflosen Kinde das größte Bedürfnis? Die Liebe und Sorgfalt der Mutter. Kann diese Liebe und Sorgfalt (…) durch andere Personen ersetzt werden? Nein, nichts kommt der mütterlichen Liebe gleich.[52]

Diese Entwicklung von Familie und Mutterschaft hat gravierende Folgen für die soziale Situation von Frauen. Indem Rousseau, oder sagen wir: das bürgerliche Denken der Aufklärung, die Mutter zur einzig möglichen Fürsorgerin für das Kind macht – zumindest in den ersten Jahren, danach sollen die Söhne von ihren Vätern erzogen werden –, verunmöglicht dieses Mutterbild die Frauennetzwerke und Unterstützung bei der Kindererziehung. Die Mütter werden isoliert. Soziale Elternschaft ist mit Rousseaus Definitionen schlicht nicht mehr denkbar. Und noch aus anderem Grunde muss jede Stiefmutter, die sich einer Normfamilie von außen nähert, eine böse Mutter sein: Wenn sie selbst keine Kinder hat, kommt sie nicht aus dem »heiligen« Umfeld einer Familie, sondern aus dem gefährlichen, »unnatürlichen« und »bösen« Umfeld der »Welt«, der gesellschaftlichen Öffentlichkeit. Denn da die Voraussetzung für einen gesunden Staat die Normfamilie ist, also alle Bürger*innen zu Müttern und Vätern werden müssen, um »gesund« zu sein, sind vor allem Frauen, die keine Mutter werden, schon per Definition »unsittlich«.

Tatsächlich wirft Rousseau Frauen vor, ihre Lust behalten zu wollen, wenn sie nicht im Muttersein aufgehen. Sex und Stillen schließen sich ihm zufolge aus:

> Aber noch nicht zufrieden damit, dass sie ihre Kinder nicht mehr stillen, gehen die Frauen in ihren Wünschen sogar so weit, gar keine Kinder mehr zu bekommen: Die Folge davon ist nur zu natürlich. Sind der Mutter ihre Pflichten erst lästig,

> findet man auch bald Mittel, sie gänzlich abzuschütteln. Man wünscht seine eheliche Pflicht so zu erfüllen, dass man keine Frucht zu befürchten braucht, um sich beständig dem Genuss hingeben zu können, und missbraucht den zur Vermehrung des Geschlechts eingepflanzten Trieb.[53]

Mütter sollen keiner Lust mehr nachgehen, sie sollen 24 Stunden bei ihrem Kind bleiben, müssen also aus dem Erwachsenenleben da draußen ausgeschlossen werden, um sich, eingesperrt im Haus der Familie ihres Ehemanns, ganz der Kindererziehung zu widmen. Wie Barbara Vinken herleitet, fand die auch heute noch geltende Unterscheidung der »bürgerlichen Frau«, die stets als Mutter in einer Normfamilie gedacht wird, und den »Karriereweibern«, den *femmes du monde*, wie Rousseau die Frauen in den Salons und Tanzsälen nannte, ihren Anfang:

> Rousseau stellt sich in eine Tradition, die die Sittlichkeit der bürgerlichen Familie gegen die korrupte Eitelkeit des Hofes beziehungsweise der Welt hochhielt. Dieser Gegenüberstellung gliederten sich weitere an: die von Stadt und Land, Adel und Bürgertum, Dame und Mutter, Dekadenz und Natürlichkeit, Perversion und Reinheit oder Gesundheit, schließlich von Monarchie und Republik. (...) Die Familie nennt sich einen Ort der Sammlung und der Stille, der einer anderen Lebensform, der repräsentativen Öffentlichkeit von Welt und Hof entgegengesetzt ist; gegen die Äußerlichkeit, die Falschheit der Welt und die in ihr praktizierte Verwirrung der Geschlechter steht die Authentizität, Wahrhaftigkeit, wirkliche Liebe, wahre Natürlichkeit eines Innenraums und unverwechselbare Geschlechtsidentität. Ihr Preis war die Verwandlung der Frau in die Mutter, die ihre Lust aufzugeben hatte.[54]

Eine Stiefmutter ist keine Mutter, da ihr der Naturtrieb fehlt; sie kann sich also nicht fürsorglich um ihre Stiefkinder kümmern. Aber es kommt noch schlimmer: Eine Stiefmutter kommt von außen in eine Familie, also aus der »Welt« heraus. Sie ist keine Mutter, sie ist eine Dame. Sie ist nicht natürlich, sie ist dekadent. Eine Stiefmutter ist gefährlich, weil sie ihre nicht im mütterlichen Stillen ertränkte Lust in die Familie hineinträgt.

Wie sehr sich diese Warnung vor Rousseaus lustvollen, antimütterlichen und Kindeswohl gefährdenden *femmes du monde* gehalten hat, davon zeugen die zahlreichen Stepmom-Pornovideos, die man im Netz des 21. Jahrhunderts finden kann: Sex zwischen Stiefmüttern und Stiefkindern ist offenbar eine verbreitete Fantasie. In diesen Sexfilmen wirkt es, als müsse der Vater nur aus dem Haus gehen, und schon könne niemand mehr die Stiefmutter darin aufhalten, sich über ihren Stiefsohn herzumachen (oder andersherum). Kein mütterlicher Schutzinstinkt, kein Inzestverbot steht dem ungeregelten Treiben im Stiefmutter-Zuhause im Weg, ihre ungezügelte Sexualität, die sich Rousseau daraus erklärte, dass sie ihren Körper nicht durch Schwangerschaft oder Stillen für diese Kinder hergeben musste, breitet sich ungebremst auf die Stiefkinder aus. »Stepmother« ist bei den am häufigsten gesuchten Begriffen des Porno-Anbieters Pornhub in den USA auf Platz zwölf. Die Storys wiederholen sich: Die Stiefmutter (zu erkennen an der Brille) beobachtet ihren Stiefsohn beim Masturbieren und kann gar nicht anders, als ihm dabei zu »helfen«. Die Stiefmutter (zu erkennen an der Brille) zieht sich aus, und der die Szene beobachtende Stiefsohn kann gar nicht anders, als sein Geschlechtsteil in das frei gewordene Stiefloch zu stecken. Der Stiefsohn liegt mit erigiertem Penis auf dem Bett, und die Stiefmutter (zu erkennen an der Brille) versucht noch, sich zusammenzureißen, kann dann aber gar nicht anders, als sich auf ihn zu setzen. Noch heute trägt also die Fantasie Rousseaus: Die Stiefmutter, die *femme du monde*, das Weltweib trägt die ungeregelte Sexualität der Außenwelt in die Kleinfamilie. Sie ist nicht gesund, sie ist pervers. Sie zerstört die lutheranische und rousseausche Heiligkeit der Mutter-Kind-Einheit, diesen ganze Kindheiten andauernden Gottesdienst der Mütter, sobald sie an die Tür der Familienkathedrale klopft.

Wie können wir es wagen? Wird diese Tür geöffnet, so scheint es, bringen wir der Familie Lust und Laster, Perversion und Dekadenz, und den Kindern bringen wir Missbrauch, Entartung und Verderben.

Die Stiefmutter im Schatten der Geschichte

Wenn die Kleinfamilie, und mit ihr die »gute« Mutter, und mit ihr die »schlechte« Stiefmutter, ein Produkt der Verbürgerlichung der Gesellschaft ist, so bedeutet das noch lange nicht, dass die Mehrheit der Bevölkerung sich nach diesen neu entstehenden Werten richtete oder überhaupt in der Lage war, nach ihnen zu leben. Im 18. und 19. Jahrhundert war es nur einer kleinen gesellschaftlichen Minderheit erlaubt, dass die Mutter sich so ausschließlich um Kinder und Haushalt kümmerte, und zwar in den wohlhabenden Familien mit Unterstützung der Hausangestellten, die noch immer mit zu der Familie zählten. Übergänge im Familienleben zwischen den Epochen waren zäh und fließend, und längst nicht alle gesellschaftlichen Schichten machten diese Entwicklungen gleichzeitig durch: Bauernfamilien lebten weiterhin in größeren kollektiven Zusammenhängen als bürgerliche Familien in der Stadt oder auf ihrem Landsitz, und mit der industriellen Revolution und der Entstehung der Arbeiterklasse entwickelten sich Familien, die sich womöglich zu gerne an der Norm der bürgerlichen Kleinfamilie orientiert hätten – aber dies schlicht unter zu viel Arbeitsdruck nicht konnten. Männer und Frauen arbeiteten bis zu 16 Stunden in den Minen und Fabriken, in körperlicher Schwerstarbeit. Kinder wurden zwischendurch geboren und noch als Neugeborene mit zur Arbeit geschleppt. Die Kindersterblichkeit war hoch, und überlebten die Kinder das Kleinkindalter, wurden sie bereits zum Arbeiten eingesetzt.

Die arbeiterliche[55] Familie im 19. Jahrhundert war nicht aufgeteilt in eine fürsorgliche Mutter, die ihre Zeit zu Hause mit Stillen und Wiegen verbrachte, und einen weltmännischen Vater, der die Familie außerhalb der vier Wände repräsentierte und das Geld heranschaffte. Die arbeiterliche Familie arbeitete, Mutter, Vater, die Kinder, und jeder »Mutterinstinkt« wurde zwischen den Minen, Fließbändern, Zahnrädern und Kapitalinteressen der industriellen Revolution zermalmt.

An die Frage der je nach Klasse und Milieu so verschieden ausgelebten Mutterschaften knüpft sich natürlich wieder die Frage der Stiefmutterschaft: Wie hat sich die Stiefmutter zwischen dem 18. und 21. Jahrhundert entwickelt, je nach gesellschaftlichem Milieu ihrer Familie? Leider gibt es dazu keine historische Forschung. Als ich die feministische Historikerin Gisela Notz dazu befragte, ob sie in ihren Forschungen zur Entwicklung des Familismus auf die Rolle der Stiefmutter gestoßen ist, bekam ich eine ernüchternde Antwort: *Es stimmt, die Stiefmütter werden stiefmütterlich behandelt. Leider habe ich dazu auch keine historischen Analysen.* Ich leitete die Nachricht an die Geschlechterforscherin Alicia Schlender weiter, die zur Arbeitsteilung in den Stiefmutter-Familien unserer Zeit forscht, und sie schrieb zurück: *Tja, wenn Gisela Notz dazu nichts weiß, dann wohl niemand.*

Vielleicht lohnt sich jedoch auch hier ein Blick auf die historische Entwicklung der Mutterrolle, um Rückschlüsse auf die Entwicklung der Stiefmutter zu ziehen. Ähnliches versucht auch Sarah Diehl, die von der historischen Entwicklung des Mutterbilds auf die Entwicklung des Bildes von kinderlosen Frauen schließt. Noch vor der bürgerlichen Revolution, zu Zeiten der Hausgemeinschaft im späten Mittelalter, schreibt Diehl, starben rund 20 Prozent der Säuglinge im ersten Lebensjahr, das 15. erreichte nur etwa die Hälfte:

> Für die Frauen, die noch bis weit in die Neuzeit hinein unter miserablen hygienischen, medizinischen und sozialen Bedingungen im Schnitt acht bis zwölf Kinder gebaren, waren die Risiken, im Kindbett zu sterben, sehr hoch. Die Witwer bemühten sich schnell um Ersatz, die Aufgaben in der Hausgemeinschaft mussten weitergeführt werden.[56]

Und das gilt keineswegs nur für verarmte Bauernfamilien. Diehl erzählt von dem Augsburger Kaufmann Burkard Zink, der seine Lebensgeschichte im 15. Jahrhundert als Chronist festhielt: *Zink war viermal verheiratet, drei seiner Frauen starben bei der Geburt eines Kindes. 18 seiner Nachkommen überlebten, aber elf weitere starben.* Diehl zieht diese Kindersterblichkeit heran, um darauf zu verweisen, wie wenig ein Kinderleben damals in einer Hausgemeinschaft wert war – verglichen mit der heutigen Kinderzentriertheit der Familien. Diese Kinder- und Müttersterblichkeit sagt auch etwas über die Rolle von Stiefmüttern aus: Während heute die allermeisten Kinder eher bei ihrer leiblichen Mutter und eventuell einem Stiefvater aufwachsen, während sie zu ihrem Vater meistens den kleineren Teil der Zeit wechseln und Stiefmütter gesamtgesellschaftlich eine weniger große Rolle spielen, war es jahrhundertelang umgekehrt. Viele Mütter starben bei einer der vielen Geburten, und die Väter mussten schnell »Ersatz« organisieren, damit sich eine Frau um ihre Kinder kümmert. Stiefmütter müssen ein sehr verbreitetes soziales Phänomen gewesen sein.

Was ist mit der Zeit nach der bürgerlichen Revolution – in jenen Familien, die kein bürgerliches Leben führten, sondern ein arbeiterliches? *Das Leben der Arbeiterfamilien*, schreibt Gisela Notz in ihrer *Kritik des Familismus*, *entsprach keineswegs dem bürgerlichen Ideal der Frau im Haus des eigenen Mannes. Um nicht zu hungern, mussten Männer und Frauen zu Beginn der Industrialisierung bis zu 16 Stunden täglich arbeiten. Kinder mussten zum Teil schon mit fünf bis sechs Jahren in der Textilindustrie, im Bergbau oder in Heimarbeit ihr Brot verdienen.*[57] Dennoch sei seit Ende des 19. Jahrhunderts das traditionelle Familienbild auch für die Arbeiterklasse zum erstrebenswerten Ziel geworden: Die bürgerliche Kleinfamilie wurde für die ganze Gesellschaft zum Inbegriff des Privaten und zum Hort des Gefühls. Das Bedürfnis nach einem so abgekapselten, vor den Grausamkeiten der Arbeit im frühindustriellen Kapitalismus geschützten Raum, der niemanden außerhalb etwas angeht, nahm zu. Und je geschlossener der Raum, in dem Mütter und Kinder sich aufhalten *sollen*, desto stärker tritt die Fremdheit einer Stiefmutter hervor: Wo es keinen geschützten Raum für eine Normfamilie gibt, müssen sich mehrere soziale Eltern die Kindersorge teilen. Und wo es einen individualisierten geschützten Raum gibt, wird auch die Mutter isoliert, und gleichzeitig wird ihre Art, die Kinder zu erziehen, zur *einzig richtigen Art*, da sie niemanden auf der Welt außerhalb des Familienraums etwas angeht. Stirbt die Mutter und kommt eine neue Frau in den geschützten Raum, muss die Logik der alten Privatfamilie ja schon automatisch mit den Gewohnheiten der Stiefmutter kollidieren. Meine These wäre daher: Je isolierter eine patriarchal organisierte Kleinfamilie historisch war, desto größer die Konflikte mit der Stiefmutter.

Damit einher geht die These: Je biologischer die Mutterschaft gesellschaftlich gesehen wird, desto größer die Probleme einer sozialen Mutter, anerkannt zu werden. Ein Extrem stellt hierbei das Mutterbild im Nationalsozialismus dar. Frauen sollten Mütter werden, und Mutter sein, das bedeutete: dem Staat einen Soldaten zu schenken, der für sein Mutterland zu sterben bereit ist, oder dem Staat eine weitere Mutter zu schenken, die ihm später einen Soldaten schenken kann, der für sein Mutterland zu sterben bereit ist, und so weiter. Muttersein bedeutete im Nationalsozialismus: Mutterleib sein, aus dem Soldaten geformt werden, die, sterbend für ihr Vaterland, wieder zur Muttererde zurückkehren. Mehr Leib geht nicht.

Durch sie war das Volk unsterblich, schreibt Barbara Vinken über die deutsche Mutter im Nationalsozialismus:

> Im ewigen Weiterströmen des reinen Blutes garantierte sie das Fortbestehen der Rasse oder des Volkskörpers, das heißt seine Unsterblichkeit. Das gesunde, erbreine Kind war die Erscheinungsform von etwas Metaphysischem, Fleischwerdung des »Erbstroms« oder des »Bluts«. »Erbstrom« und »Blut« traten an die Stelle des Göttlichen; sie waren ewig und unsterblich.[58]

Unterschieden wurde nun nicht mehr zwischen »Mutter« und »Weltweib«, sondern nach dem »Blut« der Mütter: Es gab »richtige« und »falsche« biologische Mütter. Während »reinrassigen« »arischen« Müttern, die mehr als vier Kinder bekamen, das Mutterkreuz verliehen wurde, weil sie den Staat an der »Geburtenfront« unterstützten, wurden »fremdblütige« und »untaugliche« Mütter sterilisiert oder umgebracht – oft mitsamt ihrer Kinder, sei es im KZ oder sei es in den Kliniken bei »medizinischen« Versuchen an Kindern und bei der Ermordung von Kindern mit körperlichen oder geistigen Behinderungen.

»Erbstrom« und »Blut«: In so einer Welt ist soziale Mutterschaft nicht denkbar. Die soziale Mutterschaft übernahm vielmehr der Führerstaat, Oberhaupt seines Volkskörpers. *Die Familie wurde im Volkskörper aufgelöst*, schreibt Barbara Vinken – und damit allerdings auch der private, geschützte Innenraum der Normfamilie. Der bürgerliche Staat sollte im Dritten Reich überwunden werden und mit ihm die bürgerliche Familie. Sie wurde verkollektiviert. Kinder gehörten nach der Geburt nicht ihrer Mutter oder ihrem Vater, sondern dem Volk. Sie wurden nicht für ihre Eltern oder für Gott, sondern für den Führer geboren: *Die Jugend des deutschen Volkes ist nicht eine Summe von Knaben und Mädchen, über die die Eltern nach Belieben verfügen können*, zitiert Vinken Alfred Bäumler von 1942, sie seien vielmehr »nationales Gut«.

Die Stiefmutter wurde im Nationalsozialismus nicht abgelehnt – sie war schlicht nicht vorstellbar. Mütterleiber waren Teil des »Volkskörpers«, ebenso wie ihre Kinder. Und wer nicht Teil dieses »Volkskörpers« war und den »Erbstrom« womöglich hätte durchbrechen können, wurde ermordet.

Dass das Bedürfnis nach der Familie als (vor dem Staat, vor der Gesellschaft) geschützter privater Raum nach dem Zweiten Weltkrieg so groß war, ist vor diesem Hintergrund wohl nachvollziehbar. Die bürgerliche Kernfamilie blühte Ende der 1940er-Jahre als Norm auf. In Westdeutschland wurde die Familie 1949 in Artikel 6 des Grundgesetzes zusammen mit der Ehe »unter den besonderen Schutz der staatlichen Ordnung« gestellt. In den 1950er-Jahren dann wurde die bürgerliche Kleinfamilie unter dem CDU-Bundeskanzler Konrad Adenauer zur einzig akzeptablen Form des Zusammenlebens. Dieses

Normbild entsprach jedoch für einen Großteil der Bevölkerung nicht der Realität: Nach dem Zweiten Weltkrieg waren Mütter in vier von zehn Familien alleinerziehend[59]. Diese familiäre Isolation nach diesem beispiellosen Ausbruch an Brutalität führte zu Depression, Alkoholismus und Erstickung in einer pathologisch erzwungenen Kleinfamilien-Enge.

Erst die 1968er*innen versuchten, die Enge der vermeintlichen Kleinfamilien-Idylle und die damit einhergehende völlige Überforderung von Müttern (und Vätern!) aufzubrechen: mit Patenschaften für Kinder, mit Wohngemeinschaften und Kommunen, mit verschiedenen Formen von Liebesbeziehungen und sozialer Elternschaft. Heute, 50 Jahre später, gilt es als revolutionär, die Möglichkeit mehrerer für ein Kind verantwortlicher Elternteile in das Gesetz aufzunehmen.

Auch in der DDR bemühte man sich, die Familie zu fördern: Erich Honecker, Generalsekretär des ZK der SED, verkündete 1971 die Einheit von Wirtschafts- und Sozialpolitik. Im Gegensatz zu Westdeutschland wurden hier vor allem die arbeitenden Mütter unterstützt: Arbeitszeitverkürzung, Verlängerung des bezahlten Mutterschaftsurlaubs und Ausbau von Kita-Plätzen, Kinderbetreuung, bezahltes Babyjahr, bezahlte Freistellung bei Krankheit des Kindes und Kündigungsverbot für alleinstehende Mütter brachten den Müttern eine wesentlich größere ökonomische Autonomie als im Westen. Diese Autonomie blieb auch für die Frage der Stiefelternschaft nicht ohne Folgen: Die Scheidungsrate in der DDR lag deutlich über der in Westdeutschland, 1980 lag sie bei 32 Prozent (21,5 Prozent im Westen), und dass die getrennten Elternteile sich jeweils neue Partner*innen suchten, war nicht selten.

Dass eine Frau nicht nur Mutter ist, sondern auch Gabelstaplerfahrerin, Autorin, Ingenieurin oder Mathematikerin, und dass die Kinder nicht nur zu Hause erzogen werden, unter dem einzig wahren Mutterinstinkt, sondern in Kitas, Schulen und staatlich organisierten Freizeitgruppen, all das weichte die mystifizierte Aura der Mutter auf – und erleichterte es Frauen, als Stiefmütter in Familien anzukommen. So kommt es, dass die Zahl der Patchworkfamilien und damit die Zahl der Stiefmütter noch Jahre nach der Wende in Ostdeutschland größer war als im Westen: Der *Familiensurvey* des Deutschen Jugendinstituts kam 1999 auf nur sechs Prozent Stieffamilienhaushalte in Westdeutschland, aber 11,5 Prozent in Ostdeutschland. 2009 konstatierte der Survey *Aufwachsen in Deutschland: Alltagswelten* des Deutschen Jugendinstituts nur noch einen Unterschied von zehn Prozent im Westen zu zwölf Prozent im Osten. Auch wenn die Datengrundlagen teils sehr auseinandergehen, kommt das Bundesfamilienministerium noch 2013 zu dem Schluss:

> Alle Berechnungen bestätigen, dass der Anteil an Stieffamilien in den neuen Bundesländern höher ist als in den alten. Dies lässt sich damit erklären, dass in neuen Bundesländern häufiger Ehen geschieden werden und somit häufiger neue (Stief-)Familienkonstellationen entstehen. Zudem gibt es in den neuen Bundesländern mehr nichteheliche Lebensgemeinschaften mit Kindern. Unter den nichtehelichen Lebensgemeinschaften ist der Anteil an Stieffamilien in ganz Deutschland besonders hoch.[60]

Und jetzt, in der Bundesrepublik des 21. Jahrhunderts? Gilt die Kleinfamilie, wie Sarah Diehl festhält, nach wie vor als *unantastbarer Gral, ein Ideal, an dem wir uns zu orientieren haben. Dabei ist die Realität längst eine andere.*[61] Das ist sie in der Tat. Wurden in den 1950er-Jahren noch beinahe alle Kinder in eine Familie mit Vater und Mutter geboren, lebte 2014 fast jedes dritte Kind hauptsächlich bei nur einem Elternteil – meist der

Mutter – oder in einer Patchworkfamilie. Dennoch gilt der private Raum der Familie weiterhin als erstrebenswerteste Lebensnorm: Dass man eine Familie »zum Glück braucht«, gaben nach einer Umfrage des Familienministeriums unter Kristina Schröder aus dem Jahr 2012 80 Prozent der Befragten an, und 97 Prozent von ihnen verbinden eine solche Familie mit einem Ehepaar und (deren) Kindern.

Wehe der, die es wagt, diese heilige, offenbar schon immer bedrohte Familie aufzubrechen.

Ein Weltweib bricht in eine Familie ein

Da stehen wir also wieder im Berlin Mitte des 21. Jahrhunderts, an einem kalten Frühlingstag im zweiten Pandemiejahr 2021, vor dem Klingelschild: Martine/Schilling.

Die Mutter, schreibt Barbara Vinken, *war bei Rousseau zunächst durch einen Ort bestimmt. Sie war an das Haus gebunden, und zwar an ein Haus, das kein offenes Haus, sondern ein abgeschlossener, intimer Raum der Familie war.* Dieser Raum hier hinter diesem Klingelschild steht 260 Jahre nach Erscheinen von Rousseaus *Émile* unter dem »besonderen Schutz« der staatlichen Ordnung, und ich stehe davor und bin drauf und dran, diesen Schutz aufzubrechen und einfach so einzudringen, als perverse Frau dieses un-familialen, öffentlichen gesellschaftlichen Lebens da draußen, ohne Mutterinstinkt, ohne stillende Brüste, von meiner Lust auf diesen Mann geleitet: als rousseausches *Weltweib*. Ja, ich bin in diese Wohnung eingebrochen, am Ende. Sonst würde ich dieses Buch ja nicht schreiben.

Doch ich muss zugeben, dass mir der Einbruch sehr erleichtert wurde, so im Vergleich etwa zu Hannah und vielleicht vielen anderen Stiefmüttern: Denn meine Familie hatte schon *gesündigt.* Schlimmer noch, die heilige bürgerliche Familie hatte nie existiert. Diese Tatsache verdanke ich der Mutter von Arianna: Sie hat sich vor nunmehr 16 Jahren geweigert, sich mit dem Vater ihrer Tochter in ein Haus sperren zu lassen und eine gottesdienstliche Einheit zu bilden. Bela und Helen waren eigentlich schon nicht mehr zusammen, als Helen ihre Schwangerschaft bemerkte. Doch Arianna war von Anfang an ein Wunschkind, und so war klar, dass sie auf die Welt kommen würde – und dass ihre Geburt nicht heißen musste, dass ihre Eltern sich zusammen einsperren. Arianna wuchs bei beiden Elternteilen auf, aber nie in einer Normfamilie.

Als sie eine Stiefmutter bekam und einen Bruder, lernte Arianna das Leben einer Normfamilie kennen: als das Leben ihres Bruders. Doch anders als ihr Bruder verließ sie diesen Teil ihrer Familie regelmäßig wieder, um mit ihrer Mutter zu leben, und schon bald bekam sie auch hier eine Schwester, sodass sie zwischen zwei Familien pendelte. Die »Nestwohnung« war also nie ganz Ariannas Wohnung gewesen, und als sie mit 13 in die Pubertät kam, weigerte sie sich, weiterhin in den Haushalt ihrer Stiefmutter zu pendeln: Sie fühlte sich womöglich als »Fremde«, die in das Familienleben im Haushalt ihres Vaters eintauchte, um dann wieder zu ihrer Mutter zurückzukehren. Arianna wurde mit zunehmendem Alter von einem Mädchen zu der »Frau von außen«, zu der Frau aus dem anderen Mutter-Netzwerk als dem ihrer Stiefmutter.

Auf der Klingel stand der Name der Eheleute: Martine/Schilling. Es stand also auch nur ein Teil von Ariannas Nachnamen auf dieser Klingel, der Brown-Schilling lautet.* Ein Teil von ihr, der mütterliche Teil Brown, fehlte. Ich hatte also eine Verbündete.

---

* In Ariannas Geburtsland sind aus den Elternnamen zusammengesetzte Doppelnamen für Kinder rechtlich möglich, anders als in Deutschland.

Nachdem ich nach Hause fuhr, an jenem kalten Frühlingstag, mit einer fast platzenden Blase und eingefrorenen Schenkeln, im Nieselregen, legte ich mich in die heiße Badewanne. Nein, zuerst rannte ich natürlich leidend die vier Stockwerke hinauf, schloss, von einem Bein auf das andere hüpfend, die Tür auf, riss mir die Hose runter und ließ mich auf die Toilette fallen. Dann erst ließ ich mir die Badewanne ein. Ich verstand nicht ganz, warum ich mich fühlte, wie ich mich fühlte: voller Scham und irgendwie schmutzig. Heute, nach zig Seiten Lektüre über Martin Luther und Jean-Jacques Rousseau, weiß ich es: Ich fühlte mich als »Weltweib«, als pervers und als Kinder-Räuberin, die dabei war, eine heilige Familie zu zerstören, und selbst keinen Platz auf der ganzen weiten Welt hatte, weil ich es nicht zustande gebracht hatte, selbst ein Kind zu bekommen, wie Gott und Rousseau es von mir verlangt hatten, sondern es mir stattdessen entgegen aller Naturtriebe anmaßen wollte, mich in die Familie anderer Leute zu setzen.

Ich stellte mein Smartphone wieder an. Elf Anrufe in Abwesenheit: Arianna. Oh je, ich hatte Arianna im Stich gelassen. Es klingelte erneut: Arianna. »Hey Arianna …« – »Elsa! Wo bist du? Wie geht es dir?« – »Nicht so gut. Ich konnte irgendwie nicht … rein.« – »Wie, nicht rein? Hast du geklingelt?« – »Nein. Ich konnte irgendwie nicht … klingeln.« – »Du standst vor der Tür und konntest nicht klingeln?« – »Ja.« – »I totally get it.«

She totally got it. Was die damals 15-jährige Tochter meines Geliebten verstand, war einfach alles: Dass die Wohnung nicht einfach eine Wohnung war, in der ihr Halbbruder, dessen Mutter und ihr Vater wohnten und in die ich, ihre zweite Stiefmutter, einfach dazukommen konnte, um dort auch zu wohnen, sondern dass dies *die eine* Wohnung *der einen* Familie war, und diese Familie nicht irgendeine aus irgendwelchen

Menschen zusammengesetzte Familie war, sondern *die Familie*, das heißt: Sie war das Reich der Mutter. Das Reich von der Mutter des Kleinen. Jedes Möbelstück darin eingerichtet nach ihrem Mutterinstinkt, jede Verhaltensregel darin gerichtet nach dem Kindeswohl ihres Kindes. Was Arianna da verstand, war: Ich war an der Macht der Normfamilie abgeprallt, wie auch sie so oft daran abgeprallt war und schließlich aufgegeben hatte, indem sie auszog. *I totally get it.* Da ruft Belas Tochter mich einfach so an, zum ersten Mal in unserem angefangenen Familienleben überhaupt, und einfach so bastelt sie unser kleines solidarisches Frauennetzwerk, unsere kleine Gegenmacht zur Normfamilie, die Frau und die erst noch werdende Frau aus der Zeit vor dem neolithischen Zeitalter, noch ein halbes Kind, bastelt Arianna einfach so jene Frauensolidarität, die jahrtausendelang für eine Gleichheit der Geschlechter sorgte, bis das Patriarchat sie zu durchschneiden drohte, und mit dieser Solidarität zieht sie mich hinein, durch die unsichtbaren Mauern der patriarchalen Normfamilie hindurch einfach rein in diese verdammte Nestwohnung in Berlin Mitte.

»Komm einfach wieder her.« – »Ich bin aber schon zu Hause.« – »Egal, komm einfach wieder her.« Mit diesen verheulten Augen? Quer durch die Stadt? »Wir machen zusammen Sushi«, versuchte es Arianna. *She gets me.* »Ok. Holst du mich von der U-Bahn ab?« – »Ja! Auf jeden Fall hole ich dich ab.« – »Mit deinem Hund?«

Ariannas Hündin ist groß, guckt die meiste Zeit lieb, aber leicht depressiv in der Gegend herum, haart alles voll und läuft den Dreck aus Berlins Straßen in die, wie ich später sehen würde, wirklich schön geschliffenen Dielen. Wie ich war die Hundedame an jenem Tag zum ersten Mal in *der Wohnung*. Ich gebe zu, mich nervt diese Hundedame auch manchmal, wenn sie bei uns ist. Immer dieser leicht vorwurfsvolle Weltschmerz-Blick. Warum freut sie sich eigentlich nie? Und warum bleibt sie immer, wirklich immer in den Türen stehen, wenn alle gerade rauswollen? Und wieso muss sie sich auf das Sofa setzen und, sobald man eine Decke auf das Sofa legt, die Decke in aller Ruhe vom Sofa ziehen, um sich dann direkt auf die Polster zu kugeln? Ich verstehe diese Hündin nicht. Und vielleicht ist das ja auch so ein Normfamilien-Ding. Ich gehöre nicht wirklich zum Rudel von Ariannas Hündin, die Rudel-Chefin ist eigentlich Ariannas Mutter, und die Vizechefin ist Arianna, und die Stiefmütter zählen nicht so wirklich für diese Hündin. Stiefmutter-Projektionen auf unschuldige Stiefhündinnen.

Egal, jetzt in diesem Moment da, an jenem kalten Frühlingstag in Berlin waren wir Verbündete: Arianna, ihre Hündin und ich. Wir Normfamilien-Fremde trafen uns an der U-Bahn, um diese verdammte Normfamilien-Wohnung zu erobern, jawohl. Sollte Rousseau in dem Moment auf uns herabgeblickt haben, waren wir für ihn wohl dekadente Familien-Zerstörerinnen, wir waren Weltweiber, und wir gingen da jetzt rein, wir rissen diese Mauern nieder, die seit 10000 Jahren erbaut wurden, dort in Berlin Mitte. Arianna nahm einfach ihren Finger und klingelte für mich, und Bela öffnete uns die Tür in sein patriarchales Normfamilien-Zuhause. Der Boden wankte etwas, als die Mauern einbrachen. Wir Einbrecherinnen setzten uns auf das Normfamilien-Sofa, wir kochten im Normfamilien-Reiskocher Reis, wir nahmen die Normfamilien-Teller und die Normfamilien-Stäbchen und die Normfamilien-Gläser, wir setzen uns an den Normfamilien-Küchentisch. Es gab Sushi. Und es schmeckte wunderbar.

Aber was genau machten wir hier eigentlich? Zerstörten wir eine Familie? Brachen wir eine Familie auf? Erweiterten wir eine Familie? Oder gründeten wir eine neue? Haben wir es geschafft? Darf ich nun Stiefmutter sein, also (Jean-Jacques, hör weg!): eine Art nicht-stillende Mutter? Sind wir nun drei Mütter?

4 ¾
Verirrt.
Wo bitte geht's von hier zur befreiten (Stief-)Mutter? Ich frage Mareice Kaiser

Eigentlich dachte ich, es wäre so einfach: Haben wir einmal verstanden, wie die Mutter in der Aufklärung dermaßen überhöht wurde, fällt es uns leichter, Platz zu schaffen für andere Mütter. Denn es gibt sie ja schließlich: die Mitmütter bei lesbischen Eltern; die Co-Mütter bei Eltern, die sich zu mehreren für ein Kind zusammentun. Wir leben im 21. Jahrhundert, unsere Regierung arbeitet an Gesetzen, die Mehrfach-Mütter möglich machen, ganz offiziell. Muss das alles nicht die Rolle der Stiefmutter erleichtern? Ist da nicht genug Platz in unserer Familie für zwei leibliche Mütter und eine Stiefmutter? Irgendetwas stimmt nicht. Irgendetwas unterscheidet eine Stiefmutter eben doch von einer lesbischen Zweitmutter und von einer Co-Mutter. Ich verstehe noch nicht ganz, was es ist: Ist eine Stiefmutter vielleicht doch weniger Mutter als all diese anderen Mütter? Ich rufe Mareice Kaiser an. Die Autorin hat sich in ihrem Buch *Das Unwohlsein der modernen Mutter* schließlich intensiv mit, nun ja: moderner Mutterschaft auseinandergesetzt. Mareice ist gerade in Zürich. Auf meine Anfrage per Mail antwortet sie schnell: Klar kann sie mit mir über Stiefmutterschaft nachdenken! Nur, fragt sie sogleich hinterher: Wieso nenne ich Stiefmütter bloß noch so?!

Mareice Kaiser: *Wieso willst du eigentlich unbedingt die Stiefmutter befreien? Muss sie denn überhaupt so heißen? Dieser Begriff macht emotional nichts mit mir. Bonusmutter ist sexy, aber Stiefmutter?! So nennt sich eigentlich niemand, die ich kenne. Ich kenne aber einige Regenbogenfamilien, bei denen es mehrere Eltern gibt. Eine gute Freundin von mir hat mit ihrer Partnerin und einem schwulen Freund ein Kind bekommen. Die andere Mutter bezeichnet sich einfach als zweite Mutter.*

Elsa Koester: Sie ist ja auch eine zweite Mutter! Aber eine Stiefmutter ist keine zweite Mutter, nicht automatisch jedenfalls. Sie kommt ja nicht als Co-Parent dazu; weder der Vater noch die erste Mutter oder die Kinder haben sich dazu entschieden, ein Elternteil dazuzuholen. Ich komme als Partnerin des Vaters in die Familie, nicht als Mutter. Aber – schwups! – habe ich irgendwie auch eine mütterliche Rolle, wenn wir zusammenleben.

Dann bist du vielleicht keine Zweitmutter, aber vielleicht so was wie eine Bonusmutter?

Diesen Begriff mag ich irgendwie nicht.

Warum nicht?

Ich finde, er klingt so nach Leckerli. Als wäre ich ein Bonbon für die Kinder, aber das bin ich ja nicht: Manchmal streiten wir auch, oft störe ich sie, und trotzdem bin ich ja immer Teil der Familie. Auch wenn ich gerade nicht als Bonus wahrgenommen werde. Ich will dazugehören und nicht der Bonus sein.

Verstehe: Bonusmutter ist good to have, aber kein Must-have.

Genau. Und ich möchte ja nicht einfach zusätzlich da sein. Das gibt mir ein Gefühl, eigentlich überflüssig zu sein. Wer möchte schon mit Menschen zusammenleben, für die man überflüssig ist?

Du möchtest gebraucht werden.

Ich möchte zumindest fester Bestandteil einer Familienstruktur sein, wie die anderen auch.

Und fühlst du das auch? Fühlst du dich gebraucht?

Hmm. Was heißt schon »gebraucht«? Ich merke, dass ich den Kindern manchmal, in manchen Situationen, guttue. Dass sie von mir Dinge bekommen, die sie von ihren Eltern vielleicht nicht so bekommen können.

Das ist interessant, denn ich glaube nicht, dass in der Jobbeschreibung einer leiblichen Mutter steht, dass sie den Kindern unbedingt guttun muss. Das ist vielleicht ähnlich wie bei Adoptiveltern: Die müssen auch manchmal Sachen vorweisen, nach denen keiner fragt, wenn die Kinder durch Sex-Zeugung zur Welt gekommen sind. Du musst die perfekte Mutter zu sein, um überhaupt Mutter sein zu dürfen.

Genau, denn wenn ich nicht perfekt bin, bin ich böse, und die böse Stiefmutter ist kein Bonus, sondern ein Malus, und wozu sollte man Kindern unnötigerweise einer Malusperson aussetzen? Schlechte Laune haben, auch mal unfair sein? Darf ich nicht. Wieso sollte ich dann im Leben der Kinder sein, wenn ich nicht gut für sie bin?

Seit wann bist du in der Familie?

Interessant, dass du das so fragst: seit wann ich in der Familie bin. Du fragst nicht: Seit wann sind die Kinder, die Mütter, der Vater in deinem Leben? Oder: Seit wann seid ihr eine Familie?

Ok: Seit wann sind all diese Menschen in deinem Leben?

Die Frage ist schwer zu beantworten: Mit Bela bin ich jetzt seit zweieinhalb Jahren zusammen. Und meinen Stiefsohn kenne ich seit eineinhalb Jahren, und er wohnt nun seit ein paar Wochen jedes zweite verlängerte Wochenende für vier Tage bei uns. Meine Stieftochter hingegen wohnt schon seit ungefähr zwei Jahren mit uns zusammen – für die Hälfte der Zeit. Aber eigentlich will Arianna gar nicht, dass ich sie so nenne, Stieftochter.

Was genau stört sie? Das »Stief« oder das »tochter«?

Das »tochter«! Sie hatte schon eine Stiefmutter, von der sie sich zu sehr als Tochter vereinnahmt fühlte, sie hat das als Übergriffigkeit empfunden. Arianna fühlte sich als Mädchen oft zerrissen zwischen ihrer Mutter und ihrer ersten Stiefmutter, die untereinander sehr zerstritten waren. Als wir uns kennenlernten, machte sie klar, dass sie nicht noch mal eine Stiefmutter möchte – da war sie ja auch schon 14. Sie sieht sich einfach als Tochter ihrer Mutter, basta. Da ist kein Platz für noch eine. Und jetzt ist sie 17 – sie lässt sich eh nix mehr sagen, das ist ja auch richtig so.

Kannst du nicht einfach ihre Freundin sein?

Ha! Das sagt sie auch. Und klar möchte ich ihre Freundin sein! Es ist total schön, dass sie mir ihre Freundschaft anbietet. Aber es ist so: Diese Rolle kommt einfach nicht ganz hin. Wenn ich sie anderen vorstelle als: »Das hier ist meine Freundin Arianna«, dann versteht doch keiner, welche Beziehung wir zueinander haben. Und ehrlich gesagt: Für Freundinnen koche ich nicht so oft, ohne dass sie so oft für mich kochen, und Freundinnen nehmen auch nicht einfach Dinge von mir, den Tesafilm oder meine Wattepads, für Freundinnen gehe ich selten einkaufen … ich bemuttere Freundinnen normalerweise nicht so. Und wenn Freundinnen bei mir wohnen, muss ich mich auch in meiner Partnerschaft nicht so zurückstellen, weil Bela auch für sie da sein muss.

Ja, so genau hatte ich darüber noch nicht nachgedacht. Mein Hintergrund ist ein anderer: Meine Eltern fanden es immer doof, wenn Väter gesagt haben: Mein Sohn ist mein bester Freund. Ich habe zu Hause immer gelernt:

Eltern müssen Eltern sein. Jetzt sagte meine Tochter letztens zu mir: »Irgendwie fühlt es sich an, als wärst du meine beste Freundin.« Und das fand ich so schön! Ich möchte die Freundin meiner Tochter sein.

Auch, oder? Du möchtest auch die Freundin deiner Tochter sein. Aber nur? Möchtest du keine Anerkennung für deine Rolle als Mutter?

Es ist schade, dass Freundinnen so von Vorstellungen von familiärer Sorgearbeit ausgenommen sind in unserer Vorstellung. Aber es gibt ja auch familiäre Sorge-Beziehungen, die nicht Eltern-Kind-Beziehungen sind. Vielleicht passt die Beziehung zwischen Tante und Nichte besser auf euch beide? Da gibt es auch viel Fürsorge. Ich zumindest hatte eine tolle Tante, die für mich sehr mütterlich war! Und schauen wir uns queere Lebensentwürfe an, die Trans-Szene der Ballrooms etwa: Da suchen sich junge Menschen auch Mütter, die sich um sie kümmern. Sie wohnen oft zusammen in einem Haus, als Familie.

Aber es gibt einen sehr großen Unterschied zwischen diesen Ballroom-Müttern und Stiefmüttern: trans Personen suchen sich ihre Hausmütter ganz bewusst aus, sie begeben sich einvernehmlich in diese Mutter-Tochter-Beziehung. Kinder suchen sich ihre Stiefmütter absolut nicht aus, sondern das macht ihr Vater.

Und der hat dich auch nicht als Mutter für seine Kinder ausgesucht, sondern als seine Partnerin.

Genau!

Hattest du auch die Möglichkeit, die Mutterrolle gegenüber seinen Kindern nicht anzunehmen?

Ich weiß nicht. Ich wusste von Anfang an, dass ich keine lockere Beziehung wollte, getrennt wohnend – sondern ich wollte ein enges, familiäres Zusammenleben mit meinem Partner. Sollten wir dann zwei Wohnungen haben, eine für ihn und seine Kinder und eine für ihn und mich? Wer soll das bezahlen? Das wollten wir auch gar nicht, wir haben beide mehr Nähe gesucht. Und ich habe gerne Kinder in meinem Leben, ich wollte unser Zusammenleben so, wie es ist. Ich übernehme auch gerne mütterliche Aufgaben! Eigentlich bin ich gerne Stiefmutter. Was mir nicht gefällt, ist diese Ohnmacht, in wichtigen familiären Entscheidungen, die mich auch betreffen, nichts zu sagen zu haben – zum Beispiel: wann und wie oft wir als Familie zusammenleben. Und was mir nicht gefällt, ist, keine Anerkennung für meine mütterliche Sorge und Zurückstellung meiner Bedürfnisse zu bekommen, vor allem gesellschaftlich.

Das würde mich interessieren: warum du diese Anerkennung so brauchst.

Wer möchte denn das Aschenputtel sein, das gibt und gibt, putzt und putzt, und das wird als selbstverständlich hingenommen, ohne dass jemand mal sagt: Oh toll! Dass du für alle geputzt hast? Ist das nicht ein urfeministischer Kampf, dass unsichtbare Arbeit sichtbar wird? Ich war so müde, als ich Stiefmutter wurde. Monatelang todmüde. Weil so viel emotionale Arbeit dazukam plötzlich, weil es keinen Feierabend mehr gab, sondern es abends nach der Arbeit erst richtig anstrengend wurde, zu Hause. Und die Kollegen, die Freund*innen fragten mich: Was ist denn mit dir? Wieso bist du ständig überarbeitet? Es gab kein Verständnis für meine Situation: Ah ja klar, du hast jetzt Kinder in dein Leben bekommen, da ist man müde. Ich will sichtbar sein in meiner Müdigkeit. Ich meine, ich kann die Frage ja genauso zurückgeben: Wieso nennst du dich denn »Mutter?« Wieso heißt dein Buch nicht »Das Unwohlsein der modernen Freundin«?

Haha, gute Frage. Natürlich vor allem wegen der Zuschreibungen von außen. Mit der Schwangerschaft wurde ich Mutter, ob ich wollte oder nicht. Tatsächlich mag ich es gern, wenn mein Kind mich Mareice nennt. Wenn man diese Kita- und Grundschulzeit durchhat, fragt man sich ja zwischendurch manchmal, ob man eigentlich noch Mareice ist oder nur Mutter von. Na ja, wir haben uns auf einen Wechsel aus Mama und Mareice geeinigt und sind beide happy damit.

Vielleicht müssen wir erst die Mutter entmystifizieren, um uns alle zu befreien: die Mareices, die Elsas, die Stiefmütter, die Mütter …

… und die Väter! An der Mystifizierung der Mütter leiden auch viele Väter – vor allem in heterosexuellen Beziehungen: dass Fürsorglichkeit so sehr mütterlich konnotiert ist. Der Vater meiner Tochter ist definitiv die

*bessere Mutter. Ich erlebe in diesen fürsorglichen Tätigkeiten nie die Erfüllung, die er dadurch erlebt – zum Beispiel 24 Stunden Kuscheln. Mir wird nach 15 Minuten langweilig. Oft können Männer das gar nicht richtig ausleben, oder wenn, dann wird es nicht angesehen. Be-vatern gibt es nicht. Es gibt so viele Menschen, die tolle Mütter sind oder sein könnten, unabhängig vom Geschlecht. Wenn die Mutter entmystifiziert wird, erlaubt das für viele Rollen mehr Bewegung. Auch für Menschen, die nicht Mutter werden wollen oder können. Und es macht es auch Kindern einfacher, die ja auch Druck spüren: dass es laufen soll mit den Eltern, mit der Stiefmutter. Die Kinder spüren sicher auch einen großen Druck, dass es mit dir funktionieren soll. Es gibt so viele aufgeladene Ideale. In der Paarbeziehung soll die Partner*in für alles da sein, was ein Mensch braucht: den besten Sex liefern, die beste Comedian sein … Und eine Mutter soll sich 24 Stunden am Tag für die Kinder aufopfern. Das ist ein echt langer Weg. Mütter sind nicht entmystifiziert, gar nicht.*

Glaubst du, Mütter sind bereit dazu? Sich zu entmystifizieren? Sie verlieren dabei ja auch viel. Macht über das Kind etwa, Gestaltungsmacht in der Beziehung zu den Kindern.

Was Mütter vor allem verlieren würden, ist ein klarer Kompass! Es ist ja relativ klar definiert, wie eine gute Mutter zu sein hat. Wir wissen natürlich, dass es in unserer Gesellschaft nicht für alle gleich einfach oder schwierig ist, eine gute Mutter zu sein. Aber trotzdem gibt es einen Plan, wie man sich zu verhalten hat. Es gibt durchaus viele Mütter, die sich darin wohlfühlen. Es ist nicht leicht, das anzusprechen, ohne verurteilend zu klingen, ich meine das eher soziologisch: Es ist für viele privilegierte Frauen ein einfacher Weg, sich als Mutter zu verhalten – weil man weiß, was zu tun ist. Man sucht sich eine Familienwohnung, richtet die Kinderzimmer ein, holt die Kids von der Schule ab und macht Ausflüge, und die Fotos postet man auf Instagram und bekommt Anerkennung. Man packt die Gurke in Sternform in die Brotbox. Ich kenne diesen Wunsch selber, diesen Wunsch nach Eskapismus in die Brotbox. Gerade in diesen Krisenzeiten: Ich konzentriere mich auf die Kinder, mache uns ein schönes Zuhause, das kann ich immerhin bewirken.

Genau. Und stell dir vor: Dann läuft die Beziehung nicht, du musst dich trennen – und die Kinder plötzlich abgeben in einen fremden Haushalt mit einer fremden Frau, die du nicht kennst, die sich Stiefmutter für deine Kinder nennt und die ihnen morgens Nutella gibt.

Das ist genau dann schwer, wenn Muttersein das ist, worüber du dich definierst – und das tun ja viele Mütter beziehungsweise wird ihnen diese Identität gesellschaftlich zugeschrieben. Wenn die Kinder schlecht angezogen sind oder sich schlecht verhalten, ist sie schuld – und nicht der Vater. Und wenn da eine fremde »Mutter« kommt und Dinge anders macht, und sie ist auch noch mit deinem Expartner oder der Expartnerin zusammen, puh …

Das erinnert mich daran, was eine Kollegin mir einmal sagte, als ich ihr von meiner Familiensituation erzählte. Sie selbst hat drei Kinder und lebt mit ihnen und dem Vater ihrer Kinder zusammen. Und sie sagte mir: »Boah, da hätte ich ja überhaupt keinen Bock drauf, dass meine Kinder da zu einer anderen Frau kommen, die ich gar nicht kenne!« Ich glaube, du hast recht: Das ist kaum auszuhalten, wenn man sich sehr mit der Norm-Mutterschaft identifiziert. Da ist viel emotionale Arbeit von den Müttern gefragt. Und dafür ist es vermutlich wichtig, dass sie auch außerhalb der Mutterschaft sozial gut aufgestellt sind, ein gutes Netz haben: Freundinnen, Familie, Kolleginnen oder Nachbarschaft …

Moment, da muss ich einhaken: Das Paradoxe an dieser Norm-Mutterschaft ist ja, dass sie nicht nur für Stiefmütter nicht funktioniert – sondern auch für Mütter nicht! Diese Rolle hält sich ja nur aufrecht durch Burnouts, die Mütter sich früher gerne durch Alkohol weggetrunken haben. Diese Rolle funktioniert nur unter ganz bestimmten privilegierten Bedingungen, und deshalb muss sie ja ohnehin crashen.

Deshalb wäre es doch eigentlich super, wenn Stiefmütter gute Co-Mütter würden, um die Mutterrolle besser aufzuteilen: Dann ist man schon mal zu dritt! Nur leider versuchen in den Patchworkfamilien die meisten Beteiligten weiter, diese Normfamilie aufrechtzuerhalten: Mama, Papa und die Kinder. Entweder hat die Stiefmutter nichts zu melden, oder die Stiefmutter versucht, bei sich zu Hause die Mutterrolle zu übernehmen und die Mutter rauszuwerfen. Der Kampf zwischen den Eltern und zwischen den Müttern ist ja eher der Kampf darum, irgendwie eine Normfamilie zu bauen, damit die Rollen wieder passen. Wie können wir aufhören, Normfamilie sein zu wollen?

Es hilft, wenn man merkt, dass man mit dem Scheitern an einer Normfamilie nicht alleine ist. Meine Tochter war lange in ihrer Klasse fast die Einzige, deren Eltern nicht zusammen waren.

Ja, das ist bei meiner Stieftochter auch so, die meisten Eltern ihrer Freundinnen wohnen noch zusammen. Ähm also, ich meine: meiner …

Deiner Stief… Stiefnichte. Freundin.

Ja, ich meine: Arianna. Sie hatte nie eine Normfamilie, ihre Eltern waren kaum ein Paar, anders als bei allen Eltern ihrer Freundinnen. Aber sie sagt mir, dass sie es auch genießt, diese interessante Familiengeschichte zu haben. Etwas Besonderes zu sein.

Als meine Tochter in eine andere Klasse kam, waren da viele Kinder von getrennten Eltern, das hat echt was gemacht. Es ging ihr besser damit. Und es gibt ja auch viele Eltern, die sich als Co-Eltern zusammentun, aber keine Paare sind. Es gibt Paare, die Kinder bekommen, aber nicht zusammenziehen.

Vielleicht ist das so unsexy an einer Stiefmutter? Dass sie eine Familie bekommt, ganz ohne sich dafür entschieden zu haben? Eine Stiefmutter ist ja das genaue Gegenteil einer Co-Mutter: Da tun sich Menschen nicht aus Liebe zueinander, sondern für die Kinder zusammen! Eine Stiefmutter kommt mit Kindern zusammen, weil sie den Vater liebt. Das ist gar nicht modern, das ist … 18. Jahrhundert!

Deshalb meine Frage, ob du die Möglichkeit hattest, keine mütterliche Rolle zu übernehmen.

Ja, das wäre sexy, oder? Total emanzipiert: einfach die Beziehung genießen und die Sorge um die Kinder dem Vater überlassen. Ich kenne einige Frauen, die mit Vätern – oder Müttern – zusammen sind und diese Rollen sehr klar trennen. Aber die leben nicht so eng mit ihnen zusammen, wie ich das möchte. Sie sind sehr autonom und genießen ihre Unabhängigkeit und ihr Alleinsein oder das Leben in Wohngemeinschaften … Ich bin da vielleicht einfach oldschool. Ich will in einer Familie leben mit meinem Partner. Und seinen Kindern.

Willst du Mutter sein?

Keine Ahnung. Willst du?

5
Verliebt.
Einfach Partnerin sein

Es gibt diese Netflix-Serie, in der eine 37-jährige Frau versucht, noch Mutter zu werden, weil ihr supergenauer Ultraschall-Scan ihr sagt, dass sie nur noch wenige Eier produzieren kann. Sie arbeitet natürlich in einer Kinderwunsch-Praxis, und zufällig ist der Samen ihres Ex-Freundes in der Datenbank genau unter dieser Praxis gelandet, und eines betrunkenen Abends befruchtet sich die mittelalte Frau mit genau diesem Samen, und natürlich wird sie sofort schwanger. Die Chaos-Befruchtete ist befreundet mit einer Frau, die bereits Mutter eines kleinen Schuljungen ist, aber auch sie lebt kein idyllisches Normfamilien-Leben, sondern ist von dem Vater des Kleinen getrennt. Das erfährt die Zuschauerin gleich am Anfang der ersten Folge, und es genügt ein Satz, um die Familienverhältnisse klarzumachen. Der Junge sitzt nämlich morgens neben seiner Mutter im Büro der Kinderwunsch-Praxis, also nicht in der Schule, und seine Mutter sagt:

> Der Kleine ist krank, und sein Vater ist kitesurfen mit seiner neuen Freundin.

Können Sie sie sehen, *seine neue Freundin*? Schließen Sie einmal die Augen und stellen sie sich vor: die neue Freundin des getrennten Vaters eines kleinen Jungen, auf einem Kitesurf-

Board. Ich sehe sie. Sie ist jung und sexy, ihr Bauch und ihre Brüste sind nicht durch eine Schwangerschaft ausgeleiert, sondern anti-mütterlich straff. Und weil sie kein krankes Kind hat, um das sie sich kümmern muss, gibt sie sich ganz ihrem Wassersport hin, mit dem Rabenvater dieses armen Jungen. Sehen Sie sie jetzt? Diese ... na, wie nennen Sie diese Frau, die einen Vater von seinem kranken Kind weglockt, sodass die Mutter mit den Pflegepflichten sitzen gelassen wird?

»Seine neue Freundin«, das ist wohl kaum sagbar ohne dieses Augenrollen, das in der Serie auch sogleich beide Frauen leisten: »kitesurfen mit seiner neuen Freundin«. Unser Augenrollen erzählt sehr viel über die Rollenerwartungen, die wir an neue Freundinnen von Männern haben, die Vater sind. Erstens: Wenn sein Kind krank geworden ist, darf sie nicht mit ihm irgendwelchen Späßen nachgehen. Zweitens: Vielmehr sollte sie ihn darin unterstützen, seine Vaterrolle zu erfüllen, schließlich macht er das offensichtlich nicht von selbst, und als Frau müsste es ihr doch wichtig sein, dass Kinder nicht krank alleine gelassen werden. Wieso bringt sie den Vater nicht dazu, sich um das kranke Kind zu kümmern? Drittens: Sie sollte solidarischer sein mit der Mutter der Kinder ihres Partners und dafür sorgen, dass er seiner Partnerin nicht seinen Teil der Verantwortung überträgt.

Sehen Sie, wie egoistisch diese sexy Kitesurferin ist? Während sie mit diesem Mann surft, muss die Mutter des Kindes ihren gemeinsamen Sohn mit auf die Arbeit nehmen! Das gefährdet ihre Karriere und setzt sie massiv unter Stress, und für den Kleinen ist eine Kinderwunsch-Klinik wohl auch nicht der beste Ort, um wieder gesund zu werden. Diese Kitesurferin ist eine Kinder hassende, unsolidarische, Väter entführende, Familien zerstörende, mütterliche Karrieren missachtende Schlampe oder, nach Rousseau: eine *femme du monde*. Ein Weltweib[62].

In vielen Köpfen nach Rousseaus Kopf gab es genau zwei Frauen: die Mama – oder die Hure. Also die echte, natürliche Mutter, die, mit einem Mann verheiratet, in seine Familie hinein ein Kind bekommt, dieses Kind stillt und nährt und ihm all seine Mutterliebe gibt, wofür sie (bis zur nächsten Kinderzeugung) auf Sex verzichtet – oder die Frau, die ihre Mutterliebe nicht in den Mittelpunkt stellt, sondern stattdessen ihre Lust, weil sie, verheiratet oder nicht, mit Männern schläft und als Weltweib die Feste des Lebens genießt. Und da eine Stiefmutter heutzutage nicht als Mutter in eine Familie kommt, sondern als Partnerin, ist sie schon per Definition Letztere, zumindest in Rousseaus Augen. Aber wir leben ja nicht im 18. Jahrhundert, und auch wenn die Aufklärung unser Denken bis heute prägt, hat sich doch einiges getan. Ich komme noch einmal auf Eva Illouz zurück, die in *Warum Liebe endet* detailliert analysiert, wie eben nicht mehr die lebenslange Familiengründung im Mittelpunkt von Sexualität steht, sondern die (an konsumorientierten Identitätsvorstellungen orientierte) Partner*innenwahl: Das Subjekt der Moderne soll sich einen Sexpartner oder ein*e Sexpartner*in suchen, der oder die perfekt zu den eigenen Bedürfnissen passt. Und wenn die Person nicht mehr passt, dann soll sie sich eben eine andere suchen: Die Wahlfreiheit bürdet uns auch die Verantwortung dafür auf, glücklich mit unserer Wahl zu sein, und wenn nicht, müssen wir eben anders wählen.

Gemäß dieser Logik hat eine Frau die freie Wahl, mit wem sie da ins Bett steigt, und wenn das zufällig ein Vater ist, muss das nichts heißen: Sie hat die Wahl, mit diesem Menschen eine Beziehung einzugehen oder nicht, und sie hat ebenso die Wahl, mit seinen Kindern eine Beziehung einzugehen oder nicht. Wie geht diese zeitgenössische Vorstellung von Beziehung mit einer gleichzeitig noch ebenso wirksamen Vorstellung von Familie zusammen, in der noch 300 Jahre alte Ideale und Dynamiken fortwirken? Statt auf individueller Autonomie beruht die Idee der Normfamilie auf kollektiver Abhängigkeit, statt auf Entscheidungsfreiheit und Konsens beruht sie auf elterlicher Fürsorge und Vormundschaft, statt auf Unverbindlichkeit und Aufkündbarkeit beruht sie auf unaufkündbarer, weil genetisch festgeschriebener lebenslanger Bindung.

Offenbar kollidieren in der Figur der Stiefmutter zwei zeitgenössische Normvorstellungen: Die Normvorstellung von Weiblichkeit innerhalb einer Familie kollidiert mit der Normvorstellung von sexueller Autonomie. Verantwortung kollidiert mit Unverbindlichkeit. Und es gibt einen Grund, warum sie genau in der Figur der Stiefmutter kollidieren: Sie bildet das Scharnier zweier Subsysteme, die sich in unserer Gesellschaft seit einigen Jahren auseinanderbewegen, sich aber noch nicht gänzlich voneinander gelöst haben. Die Rede ist vom Paarsystem und vom Familiensystem.

Eine Stiefmutter kommt heute nicht mehr als Mutter in eine Familie, sondern als Partnerin.

Diese Tatsache, die die Psychologin Katharina Grünewald feststellt, hat größere Auswirkungen, als es zunächst den Anschein macht. Wenn dem so ist, wenn eine Stiefmutter heute als Partnerin in eine Familie kommt und nicht mehr als Mutter gebraucht wird – kann sie dann nicht, um dem Widerspruch zwischen mütterlicher Rolle und Mutterverbot zu entrinnen, einfach nur eine Partnerin bleiben, wie Mareice Kaiser mich dies auch fragte?

Küchenhochzeit

Wir sind zu zweit, Bela und ich: Arianna ist bei ihrer Mutter, und der Kleine ist mit seiner Mutter im Urlaub. Endlich zu zweit. Wir sind bei uns zu Hause, in unserer gemeinsamen Wohnung, denn das Nestmodell ist Geschichte, und Bela und ich wohnen jetzt jeden Tag zusammen: Montag, Dienstag, Mittwoch, Donnerstag, Freitag, Samstag, Sonntag. Keine getrennten Leben mehr, nur noch ein Bett. Und: Wir renovieren die Küche! Wenn man mich gefragt hätte, also ich hätte die Küche ja so gelassen, mit ollem Boden und zusammengepuzzelten Möbeln und uraltem Gasherd, ich fand sie ganz okay, unsere alte WG-Küche. Bela nicht. Der wollte jetzt keine alte Küche aus meinem alten Leben mehr, aus meinen 16 Jahren WG-Leben und Leben mit meinem Expartner in dieser Küche, der wollte eine neue Küche, ganz romantisch, so eine Küche, in die man viel Planung und Arbeit und Zeit investiert, weil man ja jetzt davon ausgeht, dass man für immer zusammenbleibt. Bela wollte eine Hochzeits-Küche, und das fand ich dann ja schon romantisch. So ließ ich mich überreden.

Ich sah wochenlang dagegen an, wie man bei uns in Friesland sagt, eine bessere Redewendung gibt es kaum, um dieses Gefühl zu beschreiben: eine Sache, die auf einen zurollt, und vor der man, sagen wir, einen gehörigen Respekt hat. Denn wir renovieren nicht nur, wir schleifen die Dielen. Wer schon mal Dielenboden in der Küche geschliffen hat, weiß, wovon ich hier spreche: Erst alles komplett leer räumen, also Klempner bestellen, um den Herd abzuklemmen, Herd raus, Regale leer räumen, abbauen, von der Wand abmontieren, die Spüle abmontieren, die Waschmaschine irgendwie rausschleppen, die alten Fliesen abschlagen und die Wand darunter spachteln. Dann die Geräte mieten: einen super schweren Walzenschleifer, einen Tellerschleifer, eine Flex für die Ränder, einen Industrie-Staubsauger, Ohrenschutz, Atemschutz, Schutzbrillen, Schleifbänder, alles eben. Wenn diese tausend Kilo einmal in den vierten Stock geschleppt sind, hat man ein Wochenende Zeit, alles geschliffen, geölt und poliert zu bekommen. Schleifen, das bedeutet: erst mal alle Nägel mit einem Durchschlagdorn tiefer in die Dielen hauen. Manche weigern sich natürlich, die bleiben richtig weit oben, und man ahnt schon, was für einen Spaß die Schleifer*innen in der Vergangenheit mit diesen Trotznägeln hier hatten, so platt ist der Kopf der Trotznägel, der wurde schon ordentlich geschliffen. Also Trotznägel ganz rausziehen.

Dann schleifen, also: erst mal diagonal mit 24er-Körnung für das Grobe, und um die Dielen auf eine Ebene zu bekommen, einmal so rum diagonal und dann so rum diagonal und dann noch mal der Länge nach mit 24er, dann mit der 40er-Körnung, dann mit der 80er-Körnung, dann mit der 120er-Körnung, immer hin, zurück, bisschen weiter links, hin, zurück und dann in die andere Richtung, bei jeder Körnung beide Richtungen, die Maschine macht so was wie njeuuuoooooorrrrrrmmmm, die Nachbarinnen, oh je, die Nachbarn, njeuuuoooorrrrrmmmm zehn Stunden lang für zwölf Quadratmeter, zwischendrin mit der Flex die Ränder, saugen, nächste Runde. Saugen. Dann ölen. Dann polieren. Dann noch mal ölen. Dann noch mal polieren.

Dann ist Montag früh. Dann alles wieder zurückbringen. Dann ein paar Tage trocknen lassen und mit der Teeküche im Wohnzimmer leben, Tiefkühlpizza beim Nachbarn in den Ofen schieben, danke, Nachbar. Dann die Wände in der Küche streichen, dann neue Möbel aufbauen, reinschleppen, anmontieren, neuer Herd rein, Gas vom Klempner anschließen lassen, Elektriker anrufen, Steckdosen verlegen lassen, Waschmaschine reinschleppen, alles wieder in die Regale einsortieren, fertig.

Wer da nicht gegen an sieht, der hat doch die Ruhe wech. Wie wir in Friesland sagen würden. Aber: Dieses Problem haben alle Paare! Wir haben ein Normproblem! Endlich ein Normproblem, endlich ein bisschen gewohnte Tradition. Endlich Küchenhochzeit!

Wir renovieren also die Küche, Bela und ich, und erst habe ich dagegen angesehen, aber jetzt finde ich es ganz romantisch. Wir sind endlich mal allein. Ariannas Zimmer und das Kinderzimmer stehen voll mit Waschmaschine, Möbeln und Geschirr, auch der Flur steht komplett voll, dazwischen alle Arbeitsgeräte, es ist ein einziges Chaos, und es ist völlig unklar, wann wir wieder einen Herd benutzen oder unsere Wäsche waschen können. Bela kniet da auf unserem nackigen Holzboden und schleift die Ränder, und mein Rücken, meine Handgelenke und meine Handflächen tun weh, aber es ist irgendwie schön, dass jetzt hier unser gemeinsames Zuhause entsteht, nach über zwei Jahren Beziehung, also mache ich ein Foto, und ich poste es in einen der vielen Familienchats. Ich will es Arianna zeigen, und Belas Eltern, also poste ich es in den Arianna-Familienchat, denn schließlich wird es auch Ariannas neue Küche und ein Start in unser gemeinsames Zuhause mit Arianna.

Ich poste das Foto in Ariannas Familienchat, und Ariannas Mutter antwortet: *Aha, das tut also Ariannas Pfleger gerade, während seine Tochter krank ist. Ist der Boden wichtiger als seine Tochter?*

Hä?

Das ist so ein Beispiel für eine Kommunikation, in die ich ganz offensichtlich erst an einem Punkt einsteige, an dem vorher schon einiges an Kommunikation ohne mich gelaufen ist. Das passiert Stiefmüttern andauernd. Sie erfahren erst nach allen anderen von den Dingen: Arianna und Bela haben geredet, Helen und Arianna haben geredet, Helen und Bela haben geredet, dann wieder Bela und Arianna, nur mir hat noch keiner Bescheid gesagt. Aber alle gehen irgendwie davon aus, dass ich natürlich schon längst Bescheid weiß, obwohl ich noch gar nichts wissen kann, weil ja kein Schwein mir Bescheid sagt.

Ich frage also Bela, was los ist, und es ist in etwa Folgendes los: Arianna ist krank geworden, kurz vor dem Schleif-Wochenende, so mies krank mit Halsschmerzen, Fieber und Husten, aber kein Corona. Sie ist die letzten drei Wochen bei ihrer Mutter gewesen, weil sie ja nun selbst entscheidet, wo sie ist; davor war sie ein paar Wochen bei uns, und kommende Woche will sie mit ihren Freundinnen wegfahren, dazwischen noch mal umzuziehen, das macht Arianna nicht mehr, das hat sie uns mehr als deutlich gemacht. Sie ist also bei ihrer Mutter und wird krank, aber Helens zweite Tochter, Ariannas Halbschwester also, ist an dem Wochenende bei ihrem Vater, und Helen muss nach Frankfurt, um dort etwas Dringendes zu erledigen – was es ist, weiß Bela nicht, aber ganz ehrlich, das geht uns ja auch nichts an. Fest steht nur: Ariannas Mutter muss weg, und Arianna ist krank allein zu Hause, und da es ganz ursprünglich mal Belas Wochenende mit Arianna gewesen wäre, also bevor Arianna entschieden hat, dass diese Absprachen nicht mehr zählen, findet Ariannas Mutter jetzt, dass Bela sich um Arianna kümmern muss, weil sie ja wegfährt. Nur kann Bela nicht, weil wir ja schleifen. Und nun sitzt eine kranke Arianna alleine bei ihrer Mutter zu Hause, und ihre Mutter ist sauer auf Bela, weil er das Schleifen nicht abgesagt hat, um sich um ihre Tochter zu kümmern. Und so schreibt sie: »Ah, da ist also Ariannas Pfleger, statt sich um seine kranke Tochter zu kümmern.« In den Familienchat, vor Belas Mutter und mir schreibt sie das.

So schnell ist man eben nicht mehr Paar, sondern Familie. Was tut nun eine Stiefmutter? Bleibt sie Partnerin, oder wird sie mütterlich? Kann es mir egal sein, ob Arianna krank alleine zu Hause ist? Kann es mir egal sein, dass Ariannas Mutter mich für eine Raben-Stiefmutter hält und Bela für einen Rabenvater, weil wir die Renovierung nicht abbrechen? Hier kommt, was normalerweise in so einer Situation passiert: Jeder findet eine andere, die an der Situation schuld ist, und schiebt die ganze Wut auf diese Person. Also: Ariannas Mutter ist wütend auf Bela, weil er sein Schleifen hätte verschieben müssen. Ich bin wütend auf Ariannas Mutter, weil sie unmöglich von uns verlangen kann, das Schleifen zu verschieben, an dem zig Handwerkertermine hängen und nicht zuletzt die Frage, ob wir noch eine oder noch zwei Wochen im totalen Chaos leben, und überhaupt: Ich kann das nächste Wochenende gar nicht schleifen, und überhaupt: Wieso sollte ich mein komplettes Leben auf den Kopf stellen, nur damit Ariannas Mutter nach Frankfurt fahren kann? Was will sie da überhaupt?! Und schon will ich wissen, was Ariannas Mutter da in Frankfurt will, um beurteilen zu können, ob das nun leichter oder schwerer verschiebbar gewesen wäre als unsere Renovierung, obwohl mich ihre Entscheidung eigentlich gar nichts angeht. Bela ist natürlich auch auf Ariannas Mutter wütend, weil das einfach immer der einfachste Weg ist, ein schlechtes Gewissen wegzubekommen, und Arianna, keine Ahnung, entweder ist sie gerade auf beide Eltern wütend, weil die es wieder nicht gebacken kriegen, sich um sie zu kümmern, oder auf mich, weil Bela lieber mit *seiner neuen Freundin* die Wohnung renoviert, statt sich um sie zu kümmern. Jedenfalls: Immer ist einer schuld, so viel steht fest.

Wie entscheidet Bela sich jetzt? Lässt er mich alleine auf unserer Küchenhochzeit, im Chaos, mit diesem halb fertigen Boden? Oder lässt er seine Tochter alleine, krank, hungrig?

> Die Rolle des Vaters ist ja auch eine schwierige, zerrissen zwischen den Kindern und der Partnerin. Aber wenn es zum Konflikt kommt, schaut er sie sich beide an: hier seine erwachsene Partnerin, dort sein bedürftiges Kind. Wie löst der den Konflikt? Er sagt sich natürlich: Sie ist erwachsen, sie kann damit umgehen, ihre Bedürfnisse zurückzustecken! Also kümmert sich der Vater eher um sein Kind.

Es ist ja wohl klar, dass wir diese Beschreibung der Psychologin Katharina Grünewald grundsätzlich richtig finden. Wir alle finden das richtig: Kinder gehen vor. Das Problem ist nur: Von seiner Partnerin kann nicht erwartet werden, sich grundsätzlich für sein Kind zurückzustellen. Das wird von Müttern erwartet, aber etliche Mütter haben, wie Mareice Kaiser, schon deutlich gemacht: Auch Mütter können das nicht leisten! Sich immer für die Bedürfnisse der Kinder zurückzustellen. Das endet im Burn-out. Und zwar auch bei Stiefmüttern. Ein Mal stellt sie sich selbstverständlich zurück. Auch ein zweites, drittes Mal. Aber dann?

> Das geht zwei, drei, sieben, zwanzigmal gut, und irgendwann geht es nicht mehr gut, denn dann kommt man an seinen Kern, der sagt: Ey, ich bin auch noch da, ich bin auch wichtig! Da kommt dann die Wut. Und dann fängt die Stiefmutter an, die Gründe für die Wut auszulagern: Dann ist das Kind vielleicht doch unverschämt, also ist das Kind schuld. Oder der unempathische Partner. Und dann sagen sich viele Stiefmütter, dass man vielleicht doch nicht zusammenpasst. Viele der Patchwork-Beziehungen gehen wieder zu Bruch, Jesper Juul spricht von 50 Prozent. Das passiert dann, wenn man die Perspektivenwechsel nicht hinbekommt – und wenn es nur die Stiefmutter ist, die die Perspektiven der anderen

einnimmt. Das müssen auch die Kinder, auch der Partner tun: die Perspektive der Stiefmutter berücksichtigen. Sonst funktioniert es nicht. Und die Stiefmutter muss sehr selbstbewusst sein: die Perspektiven der Kinder und des Partners einnehmen können – und dabei aber ihre eigenen nicht verlieren. Das Problem ist selten, dass Stiefmütter die Perspektiven der anderen nicht einnehmen können. Meistens verlieren sie ihre eigenen und verleihen ihnen nicht genug Berechtigung in der Familie.

Was mich zurück zu der Kitesurferin führt: *zu seiner Freundin.* Wie geht es wohl dieser Kitesurferin, als sie mit ihrem Partner surft? Weiß sie, dass sein Kind krank ist? Geht sie das überhaupt etwas an? Müsste er entscheiden, sich um den Kleinen zu kümmern, und sie müsste es dann eben akzeptieren? Müsste sie, oder braucht sie dieses Wochenende gerade dringend? Wir wissen nicht, wie oft ihr Partner unsere Kitesurferin schon wegen des Sohnes vor geplanten gemeinsamen Ausflügen sitzen lassen hat. Wir wissen nicht, wie wichtig ihr dieses Kitesurfing gerade ist, ob sie im Burn-out war oder ob die beiden eigentlich gerade zum ersten Mal ihre Eltern besuchen, ihr Partner das aber seiner Ex nicht sagen wollte und daher auf das Kitesurfen als Ausrede auswich; wissen wir alles nicht. Wir meinen aber zu wissen, dass die Bedürfnisse einer Erwachsenen immer gegenüber den Bedürfnissen der Kinder zurückgestellt werden müssen. Ein Mensch, der seine Bedürfnisse immer, in jedem Konflikt zurückstellen soll – tja, der nennt sich vielleicht *mütterlich.* Auf Dauer, sagt die Psychologin Grünewald, funktioniert das so aber nicht: Es müsse reihum gehen mit dem Verständnis für Bedürfnisse und Perspektiven. Auch die der Stiefmutter müssen zählen. Wie sie dann aber berücksichtigt werden, darüber muss sie entscheiden, auf erwachsene Art.

Da stehe ich also in der Küche und soll sowohl meine Perspektive als Partnerin und überforderte Küchenrenoviererin verteidigen als auch die Perspektive der kranken Arianna einnehmen. Nur widersprechen sich diese Perspektiven ja leider: Ich brauche Bela, und Arianna braucht Bela, und es gibt nur einen Bela.

Was passiert? Wir renovieren schneller, wir schleifen schneller, wir laugen den Boden schneller (man laugt, wenn man einen hellen Holzton haben will wie in den skandinavischen Ländern), dann springt Bela unter die Dusche, zieht sich an und rennt los zu Arianna. Und ich? Stehe abends allein in unserer Küchenbaustelle und versuche, diesen verdammten Tellerschleifer in den Griff zu bekommen, um die Restlauge abzunehmen. Restlauge, das ist so einen kreidiges weißes Pulver auf den Dielen. Nur leider hasst mich dieser Tellerschleifer. Ich stelle ihn an, ZANG!, knallt er gegen die linke Wand, ich lasse los. Dann mach ich wieder an, und ZANG!, knallt er gegen die rechte Wand. Meine Hände tun weh, meine Arme sind zittrig, weil sie keine Kraft mehr haben, und dieser scheiß Tellerschleifer knallt gegen die Wände, ohne dass ich auch nur ahne, wie ich ihn in den Griff bekomme. Und Bela ist bei Arianna, ich stelle mir vor, wie sie zusammen Suppe schlürfen, ich bekomme Hunger, was soll ich eigentlich essen? Da stehe ich, es wird dunkel, und der Tellerschleifer will nicht, und ich wurde zum hundertsten Mal in den vergangenen zwei Jahren von meinem Partner fallen gelassen, weil er zu einem seiner Kinder musste, mir tut alles weh, und dieser Tellerschleifer hasst mich, ZANG!, wieder die linke Wand. Das ist also unsere Küchenhochzeit, wie passend, denke ich: Denn das wird ja auch unsere Zukunft. Dass ich hier alleine in der Küche stehe, sobald etwas mit einem der Kinder ist oder mit einer ihrer Mütter.

Was hier bei dieser Küchenhochzeit passiert, ist das Aufeinanderprallen zweier sozialer Systeme, die sich absolut nicht ergänzen, sondern leider sehr oft fundamental widersprechen: die Logik des modernen Paarsystems und die Logik des traditionellen (Norm-)Familiensystems. Während das Wertgerüst des Paarsystems vorgibt, dass ein Partner seine Partnerin inmitten einer Küchenhochzeit auf keinen Fall mit dieser verdammten scheiß Tellerschleifmaschine alleine lässt, gibt das Wertgerüst des Familiensystems vor, dass ein Elternteil auf jeden Fall unmissverständlich sofort für sein Kind da sein muss, wenn dieses Hilfe braucht. In einer Paareltern-Kind-Familie widersprechen sich diese Logiken weitaus weniger: Wird hier ein gemeinsames Kind krank während einer Renovierung, ist es meistens vor Ort, wodurch sich beide Eltern um es kümmern können, und das Kind empfindet die Renovierung nicht als Konkurrenz zu seiner Krankheit, sondern sitzt ja mit im Boot und hat ein Interesse daran, bald wieder gekochtes Essen und gewaschene Wäsche und überhaupt weniger Chaos zu haben.

Vor allem aber wäre ich, wenn ich die Mutter der kranken Arianna wäre, für sie verantwortlich und froh, wenn Bela für uns die Sorgearbeit übernehmen würde, damit ich in Ruhe weiter den Boden polieren könnte. Die Sorge für Arianna wäre eine gemeinsame Aufgabe, die er für uns beide übernimmt; eine Erleichterung für mich. So aber ist Ariannas Pflege nicht meine Aufgabe, ihre Pflege ist Helens oder Belas Aufgabe, die Bela plötzlich übernehmen muss, sodass unsere gemeinsame Küchenaufgabe auf nur noch meinen Schultern liegen bleibt. Die Kinderpflege durch den Vater wird also für eine Stiefmutter nicht zur *Erleichterung in ihrer Elternschaft*, sondern zur *Belastung in ihrer Liebesbeziehung*. Dadurch ist die Paarbeziehung nicht mehr auf Augenhöhe. Denn ich habe keine Kinder, ich lasse Bela deshalb so gut wie nie plötzlich mitten in unserer Paarzeit sitzen, dafür müsste schon eine meiner Freundinnen plötzlich sehr viel Hilfe brauchen, und das passiert nicht so oft, zumal dann meist erst mal deren Partner gefragt wird. Mein Partner hingegen lässt mich mitten in unserer Paarzeit sitzen.

Die Partnerin verlassen, der Vater zerrissen

Eva Illouz beschreibt in ihrem Buch *Warum Liebe endet*, was passiert, wenn ein stark integriertes, sehr gut planbares soziales System voller Gewissheiten gestört wird durch ein neues soziales System mit unplanbaren Regeln und großer Ungewissheit. Eigentlich geht es in ihrem Buch darum, dass die sehr verregelte Tradition des Hofmachens, der Brautwerbung also, und der Hochzeit als Partnerschafts- und Familiengründung nun abgelöst wurde durch ein neues System, dessen Regeln sich an kapitalistischen Dynamiken der Partnerschaftsfindung orientieren und das durch eine eher konsumistische Vorstellung von Sexualität geprägt ist:

> Die »freie« oder »emanzipierte« Sexualität löste sich also vom Verwandtschaftssystem und damit von den meisten Endogamieregeln, außerdem von der kosmologischen Vision einer Einheit von Männern, Frauen, Sexualität und Kosmos sowie von der Vorstellung, dass verheiratete Körper ein einziges Fleisch bilden. (…) Im Bereich von Liebe und Sexualität hat eine gewaltige Umstellung stattgefunden. Wir sind von einem Modus des kulturellen Handelns, in dem die Kultur die Welt dicht in Symbolen und moralischen Erzählungen beschrieb und das Verhalten durch »heiße« Bedeutungen oder hinreichend entfaltete Handlungspläne (wie etwa das Liebeswerben) vorgab und anleitete, zu einem kulturellen Modus übergegangen, in dem Autonomie und Freiheit

relativ schwach vorgeschriebene, verschwommene Interaktionsregeln mit unvorhersehbaren Ergebnissen (...) hervorbringen.[63]

Dabei entsteht Ungewissheit: Waren die »Brautwerbung« sowie sämtliche Schritte zum Hochzeitsantrag und zur Hochzeit und dann die Ehe und die Familiengründung im 18. und 19. Jahrhundert durchreguliert, spalten sich nun die Ehe, die Ebene der Gefühle und die Ebene der Sexualität voneinander ab und folgen nur sehr losen Regeln, die kaum vorhersehbar sind, sondern individuell ausgehandelt werden müssen. Illouz bezieht sich dabei auf den soziologischen Systemtheoretiker Niklas Luhmann, der die Liebe als Kommunikationsmedium analysierte, »das dabei hilft, Erwartungen zu erzeugen, eine Entscheidung unter vielen möglichen anderen auszuwählen, Motivationen und Handlungen zu verbinden sowie Gewissheit und Vorhersehbarkeit in Beziehungen zu schaffen«.[64]

Ein solches Medium, erklärt Illouz, bringe Rollen hervor, die wiederum erwartete Ergebnisse produzieren: Es entstehen Rituale und vorhersehbare Handlungen, die von Normen, Regeln und Rollen bestimmt sind. Also im 18. Jahrhundert so was wie: Wenn ein Mann mich ansieht und ich erröte, dann will ich ihn offenbar heiraten, sieht mein Vater das, weiß er Bescheid, der Mann und mein Vater checken dann die Hochzeit aus, es gibt eine öffentliche Verlobungsfeier und einen Ring, und schon sprechen mich auf magische Weise keine anderen Männer mehr an, dann heiraten wir und haben das erste Mal Sex, dann werde ich schwanger und bekomme Kinder, um die ich mich ein Leben lang kümmere, Normfamilie und so weiter. Ein Blick, ein Erröten und das Drehbuch für das Leben ist geschrieben, die Rollen stehen fest und sind besetzt. Aus Heiratswerbung, Heirat und Ehe entsteht ein festes Handlungsregime, wie der französische Soziologe Luc Boltanski dies formulierte[65].

Eva Illouz beschreibt nun, wie sich dieses Kommunikationsmedium Liebe im 20. Jahrhundert grundlegend gewandelt hat: Das ehemals vereinte Handlungsregime Heiratswerbung, Heirat und Ehe, das emotionale und sexuelle Handlung vereinte, spaltet sich nun in verschiedene Regimes auf, in das der Ehe, das der Gefühle und das der Sexualität. Sie alle werden weniger durch Logiken des Standes, des Milieus oder der starren Geschlechterrollen, sondern mehr und mehr durch Konsumlogik geprägt: Passt der zu mir, wische ich nach links, passt er nicht zu mir, wische ich nach rechts, und dieses Nach-rechts-Wischen behalte ich mir für jeden Zeitpunkt unserer Beziehung vor, also nach dem ersten Treffen, nach der ersten Woche, nach einem Monat oder auch nach zwei, drei oder zehn Jahren.

> Durch all diese Merkmale und Veränderungen ging der rituelle Charakter der sexuellen Interaktionen verloren. Die sexuellen Beziehungen sind durch sie heute voller Ungewissheit und negativer Sozialität, das heißt einer Sozialität, in der sich Frauen und Männer häufig und schnell aus Beziehungen zurückziehen.[66]

Meine These ist nun, dass durch diese Auftrennung von Ehe, Gefühlen und Sexualität die heutige Patchworkfamilie als solche und damit die heutige Figur der Stiefmutter überhaupt erst entsteht: Partner trennen sich und bilden nicht mehr »ein Fleisch« untereinander, das tun sie aber durchaus (noch?) mit ihren Kindern. In der Eltern-Kind-Beziehung besteht also ein Teil des traditionellen Handlungsregimes der Normfamilie fort: Es wird davon ausgegangen, dass die Eltern eines Kindes sich ein Leben lang für das Kind verantwortlich fühlen (vor allem die Mutter, aber mit den feministisch errungenen Fortschritten erwarten wir das langsam auch vom Vater).

Als Partner hingegen lösen sich die Eltern von dem alten Handlungsregime und sind, ganz nach Illouz' Analyse, (wieder) völlig autonome Individuen auf dem Heiratsmarkt. Binden sie sich mit einer neuen Partnerin, bedeutet das zunächst überhaupt nichts für das weitere Drehbuch im Leben. Wie lange diese Bindung bleibt, ist unklar, und auch die Ansprüche, die ich an meinen Partner und er an mich stellen kann, sind völlig ungewiss: Wohnen wir zusammen? Heiraten wir? Wohnen wir in verschiedenen Städten? Leben wir monogam, oder haben wir mehrere Liebesbeziehungen? Jeder Beziehungsvertrag muss einzeln ausgehandelt werden.

Was für die Partnerschaft gilt, gilt erst recht für die Beziehung der Stiefmutter zu ihren Stiefkindern: Es gibt kein vorgefertigtes Handlungsregime, jede Interaktion muss zwischen den Beteiligten immer neu ausgehandelt werden. Lernt die Partnerin des Vaters oder der Mutter die Kinder überhaupt kennen? Wohnen sie zusammen? Die ganze Zeit über, die Hälfte der Zeit, nur jedes zweite Wochenende? Übernimmt sie Erziehungsaufgaben, oder kocht sie ihr eigenes Süppchen jenseits der Kernfamilie? Was werden Stiefmutter und Kinder: Freund*innen? Mentorin und Mentees? Eine Art Mutter, eine Art Kinder? Unter dieser Ungewissheit leiden Stiefmütter sehr, wie soziologische Studien nicht müde werden herauszuarbeiten – offenbar vor allem dann, wenn sie stark einer biologistischen Vorstellung von Mutterschaft und Familie nachhängen, also eigentlich ein Drehbuch mit traditionellen Rollengewissheiten anstrebten:

> Die Rolle der Stiefmutter ist mehrdeutig und schlecht definiert. Außerdem wurde festgestellt, dass Frauen, die eine

> »biologische« Definition von Familie annehmen, die Anpassung an das Leben in einer Stieffamilie viel schwieriger finden als diejenigen, die bereit sind, alle Mitglieder ihrer neuen Familie einzubeziehen.[67]

Mehrdeutig und schlecht definiert. Die stiefmütterliche Beziehung zu den Kindern in der Familie ist damit genau das, was Eva Illouz als »negative Beziehung« bezeichnet – nicht im wertenden Sinne, sondern gemeint als Abwesenheit von geregelten und genormten Bindungsstrukturen:

> In negativen Beziehungen ringen die Akteure mit der Undefinierbarkeit und der Bedeutung ihrer eigenen Handlungen. Wenn unsere Kultur zunehmend die Form einer Ratgeber- oder Selbsthilfekultur annimmt, so gerade deshalb, weil in den Bereichen der Liebe, Elternschaft und Sexualität nur wenige kulturelle Schemata das Handeln auf bindende Weise anleiten und Männer wie Frauen dazu nötigen, sich an akzeptierte Regeln und Normen zu halten.[68]

Um Gewissheit und Definition über ihre Rolle zu erlangen, versuchen Stiefmütter, sie an bereits bekannte soziale Rollen anzulehnen, wie die bereits zitierte Studie von Weaver und Coleman herausarbeitete, also etwa: Papas Frau, Freundin, Mentorin, Lehrerin, verantwortliche Erwachsene; Mutter[69]. Die Identifikation mit diesen bekannten Rollen soll überschaubarere und bekanntere Rollenerwartungen mit sich bringen. Nichts anderes versuchen die Autorin Mareice Kaiser und ich, wenn wir diskutieren, ob sich Ariannas und meine Beziehung vielleicht als Beziehung zwischen Tante und Nichte verstehen lässt: Wir versuchen, die Ungewissheit der Mutterrolle zu verkleinern, indem wir eine passendere Rolle finden, die wir besser einschätzen können. Dass dieses Experimentieren mit verschiedenen Rollen eine klassische Stiefmutter-Strategie ist, schreiben auch Weaver und Coleman:

> Sie nehmen das Feedback ihres Umfelds (z. B. Stiefkinder, Ehepartner, Schwiegereltern) auf und nutzen es, wenn sie Entscheidungen über ihre zukünftige Rolle treffen. Wenn es funktioniert, probieren sie die Rolle wiederholt aus. Wenn sich die Rolle aber als problematisch oder ineffektiv erweist, versuchen sie einen anderen Ansatz, und der Prozess der Rollenkonstruktion beginnt von Neuem.[70]

Zu der Rollenverwirrung kommt hinzu, dass die Aushandlungen zwischen dem Eltern-Paar und den Kindern sowie zwischen den Partnerinnen und den Stiefkindern sich widersprechen können: Verspricht sich ein Paar lebenslange Liebe und lebenslanges Zusammenleben auf einer Küchenhochzeit, muss dies keineswegs bedeuten, dass die Stiefmutter damit auch lebenslanges Zusammenleben mit den Stiefkindern verspricht – oder dies versprochen bekommt. Während für ihren Partner das lebenslange Zusammenhängen mit seinen Kindern noch über den alten Fleisch-Vertrag der Normfamilie feststeht.

Hier entsteht ein völliges Regel-Chaos aus voneinander autonom funktionierenden, aber in den Beteiligten zusammenkommenden Handlungsregimes. Denn in der modernen Flex-Vertrags-Partnerschaft bleiben natürlich auch Teile der alten Heirats-Traditionen erhalten, wie unsere Küchenhochzeit zeigt: Sowohl Bela und ich als auch unsere Familien und Freund*innen haben gewisse Erwartungen an unser Handeln, die teils noch aus dem 18. Jahrhundert stammen. Wir erwarten zum Beispiel *eigentlich*, dass Bela mich mitten in einer Küchenrenovierung nicht sitzen lässt, sondern das Wochenende romantisch mit mir in dieser Wohnung verbringt, inklusive After-Work-Pizza mit Bier und Sex auf dem Wohnzimmerboden im Chaos – statt dass er in die Wohnung seiner Ex fährt, um sich dort um deren gemeinsame Tochter zu kümmern, und mich alleine lässt.

Einmal war ich zufällig gerade in so einer Für-das-Kind-zurückgelassen-werden-Situation bei meinem Vater zu Besuch, es ging darum, dass ich den Kleinen doch noch nicht kennen lernen sollte, weil er gerade zu viel mit seiner Schulsituation zu verarbeiten habe. Ich schmiss das Handy, durch das ich gerade von Bela ausgeschlossen worden war, auf den Boden und heulte, mein Vater nahm mich in seine Arme und fluchte deutlich: »Arschloch!« Das wird nun mal erwartet von einem Papa! »Arschloch!« zu fluchen, wenn sich sein Schwiegersohn gegenüber seiner einzigen Tochter als Arschloch aufführt. Mein Vater sieht seine weinende Tochter und nicht die Familie des Partners, für die er ja nicht verantwortlich ist. Mein Vater ist kein Großvater, weil ich keine Mutter bin. Wäre der Kleine mein Sohn und damit der Enkel meines Vaters, hätte mein Vater Bela wohl kaum als Arschloch beschimpft, sondern für seine Fürsorglichkeit gegenüber dem Enkel gelobt – und mich als Rabenmutter beschimpft, weil ich mich wichtiger mache als die Bedürfnisse seines armen, kranken Enkels. So aber kannte mein Vater den Kleinen ja gar nicht, blendete ihn für einen Moment aus und sah nur die bedürftige Tochter: *seine* bedürftige Tochter, um die sich der Schwiegersohn nicht genug kümmerte. Verwirrend? Ja! Willkommen in der ungewissen Welt zweier aufeinanderprallender und auch in sich selbst chaotisch gewordener sozialer Systeme.

Um sowohl seiner Partnerin laut halb ausgehandeltem Partnerschafts-Vertrag als auch seiner Tochter laut implizit vorausgesetztem Vater-Kind-Beziehungsvertrag gerecht zu werden, hätte Bela sich in dieser Küche in zwei teilen müssen: Der Vater-Teil hätte zu seiner Tochter fahren müssen, und der Partner-Teil hätte mit mir diese Küche fertig renovieren müssen. Aber ich bin ja die Erwachsene – oder? Es stimmt ja: Ich weiß, wie furchtbar Arianna sich fühlt, mit Fieber allein im Bett in der leeren Wohnung ihrer Mutter, während ihre Eltern damit beschäftigt sind, sich die Schuld an ihrer Situation gegenseitig in die Schuhe zu schieben. Ich sehe ihr trauriges Gesicht vor mir. Ich weiß, Bela muss da jetzt hin. Ich wechsle von dem Partnerinnen-Modus in den Stiefmutter-Modus.

Ich lasse Bela also zu Arianna fahren und gebe ihm Blumen für sie mit. Es wird dunkel. Und ich stehe auf meiner Küchenhochzeit allein in dieser Küche, mit dieser verflixten scheiß Poliermaschine, die – ZANG! – auch beim dritten und vierten Versuch direkt gegen die Wände knallt. Ich fluche: über die scheiß-verdammte Poliermaschine, über die scheiß-verdammte Patchworkfamilie, über die scheiß-verdammten sich widersprechenden Beziehungsverträge und darüber, was zum Teufel Ariannas Mutter eigentlich in Frankfurt tun muss. Und dann google ich »Tellerschleifer wie zum Teufel lenkt man«, und ich lese:

> Griff leicht nach unten drücken → links, Griff leicht nach oben drücken → rechts, zur Stabilisierung an der Hüfte halten

Ich versuche das. Und das Biest beginnt tatsächlich zu tanzen: Erst mal zieht das Biest eher mich durch die Küche, und dann führe ich es, ich tanze langsam mit dem Biest durch die Küche. Na also: Biest-Stiefmutter-Küchenhochzeit.

6
Eifersüchtig.
Über große und kleine Menschen, die sich um einen Mann prügeln

Die Eifersucht begann als leises Ziehen in meinem Bauch, als ich Belas Tochter zum ersten Mal traf. Natürlich war ich nicht nur eifersüchtig. Als ich Arianna zum ersten Mal sah, war ich vor allem eines: höllisch aufgeregt. Beim ersten Versuch war mir so schlecht gewesen, dass ich das Treffen abgesagt hatte, meine Panik war einfach zu groß gewesen. Was, wenn sie mich nicht mochte? Dann hätte auch meine Beziehung zu Bela keine Zukunft, da war ich mir sicher. Beim zweiten Mal schaffte ich es, nicht abzusagen, ich starb tausend Tode, aber als die beiden endlich vor mir standen, ebenfalls aufgeregt wie verrückt, freute ich mich. Arianna sah so klug und offen aus, sie war neugierig, und in ihrer Aufregung versuchte sie es mir immer wieder zu zeigen: Sie wollte, dass es gut wird zwischen uns. Das wollte ich auch, ich zeigte es ihr zurück mit meinen Augen und Gesten.

Es gab viele Blicke, heimlich von der Seite beim Gehen: Aha, so ist die also, die jetzt in meinem Leben ist. Wir gingen essen, vietnamesisch, wir setzten uns draußen in die Sonne an so einen Biertisch mit zwei Bänken: Ich setzte mich auf die eine Bank – und mein Partner und seine Tochter auf die andere. Ich allein, Vater und Tochter mir gegenüber nebeneinander, obwohl, nein, sie saßen dort nicht einfach nebeneinander, sondern sie rückte an ihn heran, ganz nah, und er legte ihr den Arm um die Schulter. Ich allein und auf der anderen Seite des Tisches: väterlicher Stolz, töchterliche Geborgenheit. Beide lächelten stolz, guck mal, das sind wir: Mein Papa! Meine Tochter! Mein Kopf sagte: Oh wie schön! So eine enge Beziehung zwischen Vater und Tochter, und das, obwohl sie mit damals 14 doch eigentlich tief in der Pubertät steckte! Was für ein toller Vater mein Partner sein musste, dass seine Tochter so seine Nähe genießen konnte. Mein Bauch sagte: Urgs.

Anders kann ich das Gefühl nicht beschreiben. Urgs, das war ein ganz starkes Gefühl, das ich absolut nicht verstehen konnte. Wieso legte dieser Mann da, der mich in den letzten Wochen ununterbrochen fühlen, küssen, spüren, umarmen wollte, der sonst so nah an mich heranrückte, an mich, auf mich, unter mich, plötzlich den Arm um dieses Mädchen da? Und nicht um mich? Woher diese Innigkeit, die ganz offensichtlich so viel größer war als die zwischen ihm und mir, so viel gewohnter, selbstverständlicher? Wie konnte es sein, dass der Mann, in den ich so verliebt war, mit diesem Mädchen dort eine so viel engere Beziehung führte, die so viel länger schon gewachsen war? In der ich nie eine Rolle gespielt hatte, und in der ich jetzt auch keine spielte? Wieso saß ich hier plötzlich allein auf der Bank, obwohl es doch darum ging, eine Familie zusammenzubringen, also eigentlich: mehr Menschen in mein Leben zu lassen? Statt meiner zukünftigen Familie saß mir plötzlich *seine Familie* gegenüber. Die. Und ich. Urgs.

»Sehe ich Papa ähnlich?«, strahlte mich Arianna an, und ich verglich die Gesichter vor mir: Oh ja. Seine Stirn, seine Augen, seine Wangen, alles doppelt, strahlend, auf der anderen Seite des Tisches. Zweimal sein Lachen. Nicht meines. Ich muss wohl nicht sagen, wie sehr ich mich für all mein Urgs schämte (da ist sie wieder, die Stiefmutter-Scham), doch das war ja erst der Anfang meiner Eifersucht – es sollte noch viel schlimmer werden. Ich könnte etliche kleine Momente erzählen, in denen ich gelb und grün vor Eifersucht wurde (zu diesen Farben später mehr): wie mein Partner seinen Sohn umarmte und beruhigte, wie er ihn auf seinen Schoß zog, um beide Arme um ihn zu schlingen; eine so zärtliche, so nahe, so intime Geste, dass mir die Luft wegblieb. Wie ich im Flur die Wäsche aufhängte und hörte, wie mein Partner seinem Sohn ein Buch vorlas, mit verstellten Stimmen, ohne mich. Wie Arianna ihren Kopf selbstverständlich auf die Brust meines Partners legte beim *Tatort*-Schauen, wie er seinen Arm um ihre Schultern legte und ich daneben saß, auf dem Sessel, allein. Wie sie lachten und herumalberten in der Küche, Bela und Arianna, sie sprachen in übertriebenem Französisch miteinander (ausgerechnet Französisch!!! Meine Mutter ist Französin, meine halbe Familie spricht Französisch, und die beiden machten sich hier über jeden französischen Ton lustig, *mais oui Mösjöööööö! Trääää biääääng!*), und dann quietschten sie vor Lachen, sie giggelten so in meiner Küche herum, auf Französisch, amüsierten sich auf dem Rücken meiner Mutter, Großmutter, Urgroßmutter, hahaha, Französisch ist soooo witzig! Ich saß in meinem Zimmer und wollte arbeiten, aber sie giggelten durch den Flur, rauften sich, stießen gegen den Tisch, kreischten lauter. Ich wollte meine Ruhe, und sie konnten nicht einmal die Küchentür schließen.

Ich stand von meinem Schreibtisch auf. Ich stampfte durch den Flur. Ich riss die Küchentür auf. Zwei noch lachende Gesichter drehten sich zu mir um, mit leicht geweiteten Augen. Und ich: »Habt ihr noch alle Tassen im Schrank? Könnt ihr mal leiser sein?! Das ganze Haus wackelt von eurem Herumgekreische!«

Oder wenn ich mit meinem Partner endlich mal alleine war,

ein ganzer Tag Fahrradausflug nur wir beide, wochenlang hatte ich darauf gewartet, bitte, mal einen Tag nur wir zwei, und kaum waren wir los, zog er sein Telefon raus, auf dem Rad: »Warte, ich ruf mal kurz Arianna an.«

Oder als ich krank war, elendig im Bett, kalkweiß, und Bela ging mit Arianna essen, schön koreanisch essen, dann ins Kino, und ich: allein, Tiefkühlpizza. Hält man auch aus, als Erwachsene, oder? Ein Abend krank zu Hause? Es fehlte nicht viel, und ich hätte mich mitgeschleppt. Kalkweiß und elend hätte ich mich mit in dieses Restaurant geschleppt und ins Kino.

Spieglein, Spieglein

Wieso ist das so? Von außen sieht es doch so einfach aus! Einfach die Normfamilie hinter sich lassen, einfach aufhören, in Bio-Familie zu denken, oder: in Eigentum zu denken, die Zeit meines Partners und die Gefühle meines Partners und sein schlechter (und frankophober) Herumalber-Geschmack gehören doch ihm, niemandem sonst, und er kann das alles doch ausleben, mit wem er will und wann er will, ich bin erwachsen! Ich kann sie lachen lassen und Ohropax nehmen, oder, wenn mir das zu blöd ist, ins Café gehen oder zu einer Freundin, und ich kann einen Abend sehr gut alleine verbringen, auch wenn ich krank bin! Ich bin nicht alleine, ich habe doch Menschen, mit denen ich sein kann, nicht nur diese Familie, die ich bis vor Kurzem nicht einmal kannte. Neidisch auf ihre Nähe, auf ihre Familientraditionen? Wie 19. Jahrhundert ist das bitte. Im 21. Jahrhundert ist man nicht mehr eifersüchtig, man ist poly und patchwork, man ist für alles offen und so autonom, dass man jederzeit alleine klarkommt und auf niemanden angewiesen ist.

Und doch ist da dieses Urgs bei mir. Dieses unsympathische, völlig danebene Urgs. Das ich – so viel ist ja wohl jeder Stiefmutter klar – auf keinen Fall an meinen Stiefkindern ausleben darf. Zu meiner Ehrenrettung muss ich darauf hinweisen, dass Eifersucht offenbar ein Problem vieler Stiefmütter ist und nicht nur meine ganz persönliche Charakterschwäche. Es ist vielleicht kein Zufall, dass die Historikerin Ute Frevert ihr Kapitel zum Gefühl des Neids sogar mit einem Verweis auf die Figur der Stiefmutter beginnt (auf den Unterschied zwischen Neid und Eifersucht komme ich später noch zu sprechen):

> Wer mit Grimms Märchen aufgewachsen ist, kennt Neid in- und auswendig. In den Geschichten, die die Brüder Wilhelm und Jacob Grimm zu Beginn des 19. Jahrhunderts gesammelt und aufgeschrieben haben, begegnet er auf Schritt und Tritt: In der Gestalt der Königin, die »gelb und grün vor Neid wird«, als sie von Schneewittchens Schönheit erfährt; in der bösen Stiefmutter, die ihre hässliche Tochter an den Mann bringen will und aus »Neid und Missgunst« die schöne, glücklich verheiratete Stieftochter umbringt; in der Pechmarie, der Neid auf ihre erfolgreiche Stiefschwester »im Herzen« wächst. Die Botschaft ist klar: Neid ist böse, und Neid ist weiblich. Seine Inkarnation fand er in der Hexe, bei den Grimms identisch mit der garstigen Stiefmutter.[71]

Die Stiefmütter aus Grimms Märchen haben allesamt eines gemeinsam: Sie finden in keine Mutterrolle gegenüber ihren Stiefkindern, sie sind ihnen gegenüber nicht alles auf der Welt gönnend, nicht selbstlos-bemutternd – sondern im Gegenteil sind sie missgünstig, neidisch, eifersüchtig, selbstsüchtig. Sie fühlen sich den Kindern gegenüber in einem Konkurrenzverhältnis, und das ist etwas, das diese Gesellschaft einer Mutter keinesfalls zugestehen kann: Eine Mutter hat ihre Bedürfnisse gegenüber (ihren, aber eigentlich allen) Kindern selbstverständlich und ganz von sich aus zurückzustellen, auf gar keinen Fall darf sie in Konkurrenz mit den Bedürfnissen, Interessen, Positionen von Kindern kommen.

Der Psychoanalytiker Bruno Bettelheim schrieb 1976 ein Buch darüber, was uns Grimms Märchen über die menschliche Psyche verraten. Bettelheim vertritt in *Kinder brauchen Märchen* die These, dass die Stiefmütter in den Märchen jene mütterlichen Verhaltensweisen zugeschrieben bekommen, die Kinder bei ihren eigentlichen Müttern nicht akzeptieren wollen oder können. Die Beziehung zwischen eifersüchtiger Stiefmutter und Stieftochter führt er auf die Konflikte zurück, die bei Kindern in der Dreiecksbeziehung zwischen ihnen selbst, ihrem Vater und ihrer Mutter entstehen.

Wenn sich die Mutter dem Vater zuwendet, statt sich (unverzüglich) um die Bedürfnisse des Kindes zu kümmern; wenn sich die Zärtlichkeit des Vaters um die Mutter dreht statt um das Kind; wenn sich beide Eltern gegen die eigenen Wünsche zusammentun; jedes Kind komme in solchen Situationen früh in die Lage, die ausgeschlossene dritte Person zu sein, deren eigene Wünsche nicht erfüllt werden, *weil* die eines anderen von der Bezugsperson gerade als wichtiger betrachtet werden. Ausgelöst werde dann das Gefühl, zu kurz zu kommen, an zweiter Stelle zu stehen, benachteiligt zu werden, abgewiesen zu werden, sogar: nicht geliebt zu sein. Oder: nicht so geliebt zu sein wie der andere Mensch da. Am Rand zu stehen.

In der psychoanalytischen Theorie liegt dieser Dreiecksbeziehung der Mythos des jungen Ödipus' zugrunde, der seine leibliche Mutter Iokaste zur Frau nahm und seinen Vater tötete –

unwissend, dass es sich bei den beiden um seine Eltern handelte. Und unwissend, dass er auf diese Weise seinen Konflikt in der Dreiecksbeziehung »löste«.

An dieser Theorietradition und deren Gründer Sigmund Freud wurde die Begrenzung auf die (Hetero-)Normfamilie kritisiert: Sie werde damit biologisiert und als einzig mögliche und einzig denkbare Eltern- und Familienform gesetzt. »Es war Sigmund Freud, der die Kleinfamilie theoretisch begründete und als universell gültig erklärte«, schreibt etwa die US-amerikanische Geschlechterforscherin Mariam Irene Tazi-Preve in ihrem Buch über *Das Versagen der Kleinfamilie*: Die freudsche Dreieckstheorie besage, dass das natürliche Aufwachsen des Kindes innerhalb des Dreiecks Vater-Mutter-Kind stattzufinden habe. Die Ebene der Liebesbeziehung der Eltern werde damit mit jener zum Kind in Beziehung gesetzt und als Basis für die Entwicklung des Kindes erachtet. Die freudsche Theorie setze daher darauf, die Symbiose zwischen Mutter und Kind zu beenden. Tazi-Preve kritisiert daran den Fokus auf die Einheit aus Eltern und Kind – in der Familienforschung etwa werde viel Wert auf die Großeltern gelegt, auf Verwandte wie Tante und Onkel aber nicht[72]. Was ändert sich an der psychoanalytischen Theorie, wenn das (Hetero-)Elternpaar für das Aufwachsen eines Kindes nicht zentral ist? Was, wenn nicht ein Mann und eine Frau ein Kind großziehen, sondern eine alleinerziehende Mutter? Was, wenn es drei Eltern gibt, drei enge Bezugspersonen: zwei Frauen und einen Mann? Entwickelt sich Eifersucht dann in ähnlichen Strukturen? Die »Verqueerung« der psychoanalytischen Theorie des Begehrens steht erst in ihren Anfängen: In *Queering Psychoanalysis* sammeln die Psychologinnen Esther Hutfless und Barbara Zach erste Aufsätze zu diesem Thema[73].

Doch wie auch immer die Herkunftsfamilie einer Stieffamilie

und eines Stiefkindes konkret aussieht: Es wird in jeder Kindheit den Moment gegeben haben, an dem das Kind früh spürte, wie eine andere enge Person ihm in einem wichtigen Moment der Bedürftigkeit vorgezogen wurde von einer seiner zentralen Bezugspersonen, welchen Geschlechts auch immer. In der Psychoanalyse wird hier von einer »Ur-Kränkung« des Kindes gesprochen, seinem »frühen Leid«, das eine Wunde hinterlässt, die nie ganz heilt – und die immer wieder aufreißt, wenn man sich im späteren Leben wieder in der Position der ausgeschlossenen Dritten wiederfindet. Je weniger bewältigt die Konflikte aus den ersten Kränkungen, desto stärker, desto unbewältigbarer auch die Eifersucht im Erwachsenenleben. So die Theorie. Dass die Eifersucht in Grimms Märchen des 19. Jahrhunderts so zentral wurde, in einer Zeit also, in der sich die Norm der Normfamilie um zwei heterosexuelle Eltern herum konsolidierte, mag zu dieser Theorie passen.

In Schneewittchen wird die Eifersucht der Königin/Mutter/Stiefmutter mit einem Spiegel dargestellt: Wer ist die Schönste? Wer ist die Wichtigste? Die königliche Sucht nach dem Spiegel ist natürlich Narzissmus pur, die Stiefmutter fragt nach ihrem *Wert*. Und sobald dort jemand auftaucht, der *mehr Wert* als sie hat (für wen?), wichtiger ist (wem?), gilt sie als Rivalin (um wen oder was?) für die Schönheit der Königin. Es ist interessant, dass bei der Darstellung der Eifersucht und des Narzissmus der Stiefmütter im Märchen so sehr auf die Stiefmütter fokussiert wird – dabei spielt doch ihr Mann eine zentrale Rolle für die Dreieckskonstellation, in der Eifersucht überhaupt erst zum Tragen kommt. Gäbe es nur eine schöne Königin, ein schönes Schneewittchen und die sieben Zwerge in dieser Welt, warum sollte sich eine von beiden an der Schönheit der anderen stören? Es ist der Mann, um den sie konkurrieren: um seine Gunst, um Platz eins *in seiner Welt*.

Platz eins. Die Psychologin Katharina Grünewald widmet dieser Platzierung ein eigenes Kapitel in ihrem Stiefmutter-Buch und schreibt:

> Als Stiefmutter ist man nicht die Nr. 1 in allen Belangen und mit Absolutheitsanspruch und es hilft sehr, sich mit diesem Gedanken anzufreunden: Allein chronologisch gesehen ist man nicht die Nr. 1, es gibt immer schon mindestens eine Frau, die Ex, die eine wichtige Rolle im Leben des Partners eingenommen hat. Auch die Kinder waren vorher da und der Vater hat eine Fürsorge- und Versorgungspflicht gegenüber seinem Kind oder seinen Kindern und oftmals auch gegenüber der Exfrau. Hier ist man als neu dazugekommene Partnerin also längst nicht Nr. 1. Als Stiefmutter kann man diese Gegebenheiten weder ignorieren noch ändern.[74]

Und der dänische Pädagoge Jesper Juul argumentiert in seinem Buch *Aus Stiefeltern werden Bonuseltern* ganz ähnlich, im Kapitel »Rangfolge des Partners«:

> Ob Sie nun Mann oder Frau sind, Sie müssen sich darauf einstellen, dass die Kinder Ihres Partners/Ihrer Partnerin die Hauptrolle in seinem/ihrem Leben spielen. Das, was Ihr Partner als notwendige Rücksichtnahme auf seine Kinder ansieht, wird stets erste Priorität haben. Es ist sinnlos, mit ihnen um den ersten Platz zu konkurrieren.[75]

In den Märchen aber wird tatsächlich konkurriert, was das Zeug hält. In einer ursprünglichen Version von Schneewittchen geht die Geschichte so:

> Ein Graf und eine Gräfin fuhren an drei Haufen weißem Schnee vorbei, da sagte der Graf: »Ich wünsche mir ein Mädchen, so weiß als dieser Schnee.« Bald darauf kamen sie an drei Gruben rothen Bluts, da sprach er wieder: »Ich wünsche mir ein Mädchen, so roth an den Wangen, wie dies Blut.« Endlich flogen drei schwarze Raben vorbei, da wünschte er sich ein Mädchen: »das Haare hat, so schwarz, wie diese Raben.« Als sie noch eine Weile gefahren, begegnete ihnen ein Mädchen, so weiß wie Schnee, so roth wie Blut und so schwarzhaarig wie die Raben, und das war Sneewittchen. Der Graf ließ es gleich in der Kutsche sitzen und hatte es lieb, die Gräfin aber sah es nicht gern und dachte nur, wie sie es wieder loswerden könnte. Endlich ließ sie ihren Handschuh hinausfallen und befahl dem Sneewittchen, ihn wieder zu suchen, in der Zeit aber mußte der Kutscher geschwind fortfahren …[76]

Bettelheim zufolge sind der Graf und die Gräfin in dieser Version nur »leicht verkleidete Eltern«, das Schneewittchen die Tochter: *Das ödipale Begehren von Vater und Tochter und die dadurch hervorgerufene Eifersucht der Mutter, die in ihr den Wunsch weckt, sich ihrer Tochter zu entledigen, sind hier weit klarer herausgestellt als in den verbreiteteren Fassungen.* In späteren Versionen werde aus der Gräfin dann die Stiefmutter. Hier wird viel deutlicher als im grimmschen Märchen, weshalb die ältere und die jüngere Frauenfigur in Konkurrenz zueinander geraten: wegen des Grafen! Die Frau duldet nicht, dass er eine andere liebt als sie selbst – und wenn es seine Tochter ist.

Da ist also etwas, das fehlt, in all diesen Beschreibungen von Eifersucht und Konkurrenz zwischen den Kindern und Stiefmüttern: Es fehlt der Mensch, um dessen Gunst konkurriert wird! Wer ist das Spieglein, das einem sagen soll, dass man die Tollste, die Einzige ist?

Spieglein, warum hast du so viel Macht über mich?

Um den Mann in der Familie kreisen seine Partnerin, die Stiefmutter; um ihn kreisen seine Kinder; und um ihn kreisen vielleicht auch die Expartnerin(nen). Das müsste nicht so sein – wenn die Machtstrukturen der Normfamilie nicht dermaßen weiterwirken würden in einer Patchworkfamilie. Wieso ist eine Stiefmutter denn besorgt, welchen Platz sie einnimmt? Weil ihre Machtposition akut angegriffen wird. Wie ich schon im Kapitel über stiefmütterliche Ohnmacht schrieb, hat eine Stiefmutter damit zu kämpfen, ausgerechnet auf jenem Feld machtlos zu sein, das ihr die Gesellschaft jahrhundertelang und bis heute als zentrales Wirkungsfeld zuschrieb: das der Familie in den eigenen vier Wänden. Und mehr noch, sie ist nicht einfach machtlos, sondern sie konkurriert mit anderen Frauen um diese Gestaltungsmacht: mit der leiblichen Mutter der Kinder; mit dem Vater, der (statt ihr als eigentlich zuständiger Geschlechterrolle) die emotionalen Entscheidungen trifft; und mit den Stiefkindern, die mit ihr um den Platz an der Seite ihres Vaters kämpfen. Das Problem: Sie alle, die Mutter der Kinder und die Kinder, kämpfen nicht direkt mit der Stiefmutter um Gestaltungsraum, sondern vermittelt über den Vater. Er ist das Scharnier. Er trifft die Entscheidungen, wann und wie seine Kinder mit ihm Zeit verbringen.

Eifersucht ist nicht zu verstehen ohne die Machtstrukturen, in die sie eingebettet ist. Die britisch-australische Kulturwissenschaftlerin Sara Ahmed hat in ihrem Buch *The cultural politics of emotion*[77] herausgearbeitet, wie Emotionen die Beziehung zwischen der Psyche und dem Sozialen, dem Individuum und dem Kollektiven vermitteln: Ein Gefühl ist nie individuell und auf psychische Erfahrungen begrenzt, es spielen dabei immer auch gesellschaftliche und kulturelle Normen eine Rolle. Die kanadische Soziologin Jillian Deri überträgt diese Analyse auf die Eifersucht und folgert, man müsse die Intersektionalität der kulturellen, psychologischen und biologischen Prozesse herausarbeiten, die in der Erfahrung und im Ausdruck von Eifersucht eine Rolle spielen.[78]

Für die stiefmütterliche Eifersucht bedeutet dies, dass jene Machtstrukturen der Normfamilie eine Rolle spielen, die ich im 4. Kapitel beleuchtet habe: Um zu verstehen, warum eine Stiefmutter eifersüchtig auf ihre Stieftochter oder die leibliche Mutter wird, muss man verstehen, woher ihre Ängste und ihr Machtverlust rühren. Stiefmütterliche Eifersucht ist nicht zu verstehen ohne die Überhöhung der Mutterrolle in der Gesellschaft und der mütterlichen Macht in emotionalen Fragen; ohne den Ausschluss der Stiefmutter vor den Mauern der Normfamilie; und ohne die Ungewissheit, die mit ihrer absolut undefinierten Position in der Patchworkfamilie einhergeht. Sie ist aber auch nicht zu verstehen, ohne die zentrale Position zu erkennen, in die ein Vater in einer Stiefmutter-Familie rutscht. Eine Stiefmutter ist in einer Situation der Ohnmacht, weil sie das Zusammenleben mit ihrer Familie nur wenig gestalten kann; und sie ist in einer Situation der Ungewissheit, weil die Rollenanforderungen, die von Kindern, Partner und Gesellschaft an sie gestellt werden, nicht nur unklar, sondern auch widersprüchlich sind. Sie ist also in einer *schwachen* Situation – nicht in einer *mächtigen* Situation. Anders als ihr Partner.

Denn warum wohl drehen sich all die Märchen nicht um die Eifersucht der Könige – der Väter und Partner? Stets sind es

Kinder und Stiefmütter, die um ihren Platz ringen. Natürlich sind die Könige in den Märchen nicht eifersüchtig – auf wen sollten sie auch eifersüchtig sein? Ihre Position ist absolut klar: im Zentrum! Sie alle schwirren ja um den König herum, die Kinder, die Partnerin und die Expartnerin, sie alle wollen etwas von ihm, sei es Zeit, Aufmerksamkeit, Informationen oder Fürsorge, sie alle haben gar nicht die Möglichkeit, sich von ihm abzuwenden, sondern drehen sich um ihn, als wäre er ihre Sonne und sie seine Planeten. Seine Kinder haben etwas zu verlieren an die Stiefmutter: Was, wenn er sich seiner neuen Familie zuwendet und sich für sie nicht mehr interessiert? Das ist schließlich kein seltenes Phänomen: Ein Vater findet eine neue Freundin und gründet eine neue Familie, er kappt die emotionale (und vielleicht auch die finanzielle) Unterstützung der »ersten« Familie und lässt die Kinder bei ihrer Mutter zurück. Andersherum muss sich die Stiefmutter womöglich sorgen, dass sie bei dem ersten größeren Konflikt wieder aus der (Norm-)Familienstruktur herausfliegt – die Geschichte von Hannah sei hier ein Beispiel, und sie ist nicht allein. Denn, zur Erinnerung: Jesper Juul zufolge trennen sich doppelt so viele Patchworkpaare wie solche ohne Stiefkinder.

Der Mann steht hier also im Zentrum der Macht, die Kinder und die Partnerin konkurrieren um seine Aufmerksamkeit. Er ist das Scharnier zwischen ihr und den Kindern, zwischen alter und neuer Familienkonstellation; er trifft die Entscheidungen zusammen mit der Mutter der Kinder, er entscheidet mit ihr über die Zeiteinteilung bei der Betreuung, er entscheidet, wann die Kinder kommen können und wann nicht, ihm sagt die Mutter Bescheid, wenn sich etwas ändert, ihm sagen die Kinder Bescheid, wenn sich etwas ändert, und ihm sagt die Stiefmutter Bescheid, wenn ein Wochenende bei ihr doch nicht geht, damit er das mit der Mutter und den Kindern besprechen kann. Bei *ihm* laufen die Informationen zusammen. Er ist, einmal wieder, das (patriarchale) Oberhaupt der Familie. Um seine Gunst, Zeit, Aufmerksamkeit konkurrieren Frauen und Kinder. Es ist ein Verteilungskampf.

Und damit kommen wir von der Eifersucht zum Neid. Denn anders als Liebe sind Zeit, Aufmerksamkeit und Energie durchaus endliche Güter. Die Historikerin Ute Frevert hat in ihrem Buch *Mächtige Gefühle* das Gefühl des Neids historisch analysiert und sieht einen direkten Zusammenhang mit den schwachen Positionen in der Gesellschaft. Das Christentum, so Frevert, habe Neid als Hauptsünde angesehen und diese Eigenschaft Jüdinnen und Juden zugeschrieben, um sie mit dieser antisemitischen Legende abzuwerten, auszugrenzen und zu verfolgen. Die Redewendung, »gelb vor Neid« zu sein, geht auf die antike Säftelehre zurück, wonach ein Überfluss an gelber Galle Gefühle wie Neid und Missgunst produziere. Seit jeher, so die Legende, bringe der »neidische Jude« dem »schöpferisch überlegenen Nichtjuden« nur Hass und Missgunst entgegen.

> Schon im Mittelalter wurden Juden mit der Farbe Gelb assoziiert, die für Irrglauben, Heuchelei und Neid stand. Seit dem 13. Jahrhundert sollten sie einen gelben Fleck auf ihrer Kleidung tragen, um sich von Christen zu unterscheiden. Die Redewendung »gelb vor Neid sein« hat sich bis heute erhalten. Sie geht auf die antike Säftelehre zurück, wonach ein Überfluss an gelber Galle Gefühle wie Neid und Missgunst produziere. Juden, voller gelber Galle, gönnten Christen angeblich weder Vorrechte noch Ehre und setzten alles daran, sie zu schädigen. Vor allem neideten sie ihnen ihr Blut, weil das im jüdischen Körper vermeintlich Wunderwerke vollbringe (...).[79]

Im Nationalsozialismus wurde Neid ausschließlich Jüd*innen zugeschrieben; im *Meyers Lexikon* von 1940 taucht der Begriff gar nicht erst auf. »Echte Deutsche« waren ganz selbstverständlich nicht neidisch. Eine Auffassung, die sowohl in West- als auch in Ostdeutschland fortbestand, wie Frevert ausführt: Im Osten, einer klassenlosen Gesellschaft, war Neid selbstverständlich überflüssig, während im Westen sozialdemokratische Forderungen nach Verteilungsgerechtigkeit – etwa: über eine Vermögenssteuer – als Sozialneid verunglimpft wurden[80]. Auch der auf kapitalistische Errungenschaften und westliche Erfolgsbiografien neidische Jammer-Ossi ist eine Figur der Abwertung über die Ausgrenzung des Neidgefühls aus der »Gemeinschaft der Starken«, die selbstverständlich keine Neidgefühle kennen.

> Wer neidisch war, eignete sich nicht als Sympathieträger, im Gegenteil. Die dem Neid beigelegten Eigenschaftswörter sprechen Bände: Er sei giftig, beißend, verzehrend, zerfressend, sowohl für den, der ihn empfinde, als auch für dessen Umgebung. Kaum jemand mochte sich deshalb zu seinem Neid bekennen. Neidisch, fasst der Psychologe Rolf Haubl 2001 zusammen, »sind immer nur die anderen«.[81]

Man ist also nicht eifersüchtig, nicht neidisch. Ist man einfach nicht. Das sind nur die anderen. Die Schwachen. Der Psychologe Wolfgang Krüger, der sich als Stiefvater selbst viel mit Patchworkfamilien beschäftigt, beschreibt die Eifersucht gerade aufgrund der damit einhergehenden Schwäche als eines der am stärksten quälenden, tabuisierten und mit Scham besetzten Gefühle:

> Ich fühle mich bedürftig, klein, abhängig, ich habe das Gefühl, es geht mir Liebe verloren, die ich brauche. Gleichzeitig habe ich das Gefühl, ich gönne dem anderen die Liebe, die er bekommt, nicht. Mit anderen Worten: Ich fühle mich wie ein dreijähriges Kind! Mit Eifersucht gehen große Schamgefühle einher. Eifersucht ist etwas so Klägliches, Hilfloses, Jämmerliches, dass wir darüber lieber nicht reden. Und wenn wir über Eifersucht reden, dann nur über die der anderen – und wie sehr diese Eifersucht des anderen nervt. Eifersucht ist ein Gefühl, das man nicht haben sollte.

Spieglein, halt die Klappe

Eifersucht ist nicht nur mit einem Gefühl der Schwäche und Ohnmacht verbunden – es vergrößert auch dieses Gefühl, weil es quälend ist und so schambehaftet: Man möchte es abstellen, aber man kann nicht, und das ist einfach nur mies. Oder wie sie der französische Philosoph Roland Barthes erleidet:

> Als Eifersüchtiger leide ich vierfach: weil ich eifersüchtig bin, weil ich mir meine Eifersucht zum Vorwurf mache, weil ich fürchte, daß meine Eifersucht den Anderen verletzt, weil ich mich von einer Banalität knechten lasse: ich leide darunter, ausgeschlossen zu sein, aggressiv zu sein, verrückt zu sein und gewöhnlich zu sein.[82]

Es gibt also wirklich genug Gründe zu versuchen, die Eifersucht zu beenden. Wie tut man das? Nun, die übliche Strategie der Märchen-Stiefmütter ist ganz einfach: Sie versuchen, sich wieder zu er-mächtigen, indem sie ihre Rivalinnen loswerden.

Die Königin lässt den Jäger auf Schneewittchen los mit dem Auftrag, sie zu erschießen und ihr die Leber bitte zum Verzehr zukommen zu lassen; Hänsel und Gretel werden in den Wald geschickt; Aschenputtel wird aus dem Familienleben entfernt und auf den dreckigen Boden verbannt. Keine Rivalin; kein Kampf; keine Eifersucht.

Dass sich diese Strategie keinesfalls auf Märchen beschränkt, davon erzählt uns das Buch der Journalistin und Stiefmutter Susanne Petermann auf vielfältige Weise: *»Du hast mir gar nichts zu sagen!«* ist in großen Teilen eine Sammlung von Geschichten, in denen leibliche Mutter oder Stiefkinder und Stiefmutter versuchen, sich gegenseitig aus dem eigenen Leben, dem Familienleben und dem Leben des Partners *herauszuschneiden.* Über die leibliche Mutter erzählt etwa eine Stiefmutter: »Bei der Übergabe der Söhne war sie oft kurz davor, handgreiflich zu werden. Beim letzten Mal hat sie mich mit dem Fahrrad über den Haufen gefahren«[83]. Eine andere berichtet: »Wenn es Konflikte gibt, dann wegen der Kinder. Zum einen sind da die vielen Zusatzaufgaben, die mir bitter aufstoßen. Aber ebenso erziehungstechnische Dinge. Doch die Auseinandersetzungen sind weniger geworden, seitdem die Ex die Söhne gegen deren Vater aufhetzte und sie nicht mehr zu uns kommen. Unser Leben ist dadurch viel entspannter geworden.«[84] Oder über eine Mutter und Ex-Frau, die versuchte, die Stiefmutter aus der Familie rauszuhalten: »Rita genießt es heute immer noch, Merle auszuschließen. (...) Die Ächtung nahm in diesem Fall fast biblische Ausmaße an.«[85] Oder nach dem Tod des Partners und Vaters über die Stiefmutter: »Anne wurde zwei Tage nach seinem Tod der Wohnung verwiesen. ›Ich hatte keinen Mietvertrag‹ der Sohn war der rechtmäßige Alleinerbe, und er gab mir genau eine Stunde, um unter seiner Aufsicht meine Koffer zu packen.«[86] Es gibt sicher tausendundeine solcher Geschichten, in denen es einer der beteiligten Personen gelingt, Konflikte um Rollen und Eifersucht zu »lösen«, indem jemand rausgeschmissen wird: wahlweise die Ex-Frau und Mutter oder die Kinder oder die Stiefmutter. Geschichten, in denen man sie in den Wald schickt. Einfach weg mit denen!

Ich gehe mal davon aus, dass es keine emanzipatorische Lösung ist, bei Eifersucht die Leber eines Stiefkindes zu verspeisen. Wenn also alle Beteiligten unsicher geworden sind, was in einer Familienkonstellation, die nicht der Normfamilie entspricht, ihr Platz ist – was für andere Möglichkeiten gibt es, mit der durch die Unsicherheit verbundenen Eifersucht umzugehen? Nun ja, es gibt eine Theorie, die sich damit seit einigen Jahrzehnten beschäftigt: die polyamore Theorie.

Hier wird schon lange überlegt, wie Liebesbeziehungen zwischen mehreren Menschen und mit ungleichen Machtdynamiken möglich sind, ohne dass Partner*innen zu stark an Eifersucht leiden. Die Soziologin Jillian Deri forscht zu Eifersucht in queeren polyamoren Beziehungen und kommt zu dem Schluss, dass gerade die fehlende Möglichkeit, die dritte Partei aus der Beziehung auszuschließen, prägend für polyamore Beziehungen ist:

> Meine Studie untersucht, wie Menschen mit Eifersucht in Beziehungen umgehen, in denen die Einbeziehung einer »dritten Partei« offen ausgehandelt wird und deren Ausschluss daher nicht die bevorzugte Strategie ist, Eifersucht abzumildern.[87]

Obwohl in einer Patchworkfamilie die Inklusion der Stiefkinder oder der Stiefmutter als »dritte Partei« wohl kaum mit allen Beteiligten offen diskutiert wird, haben polyamore Beziehungen mit ihr dieses gemeinsam: Die Exklusion der dritten

Partei kommt bei Eifersucht nicht infrage. Heißt: Man muss sich miteinander und mit der Eifersucht der Beteiligten arrangieren. Und wie man sich mit Eifersucht arrangiert, das wird in der polyamoren Szene intensiv diskutiert; es lohnt sich also ein Blick in die gewonnenen Erfahrungen.

Die Theorie der Polyamorie verweist gerne auf die Theorie des Sozialpsychologen Erich Fromm, der 1976 den Unterschied zwischen *Haben* und *Sein* aufmachte. Sein oder Haben sind für Fromm dabei zwei verschiedene Existenzweisen, letztere sieht er in der westlich-kapitalistischen Konsumgesellschaft stark verbreitet: »Ich bin, was ich habe und was ich konsumiere.« Das Sein hingegen sei aktiv, es sei immer eine Tätigkeit, ein Mit-den-Dingen- und Mit-der-Welt-Sein. Erfreut man sich an einer schönen Blume – oder will man sie pflücken und mit sich nehmen? Will man *mit ihr sein* oder *sie haben*? Diese Kritik überträgt Fromm auch auf die Liebe:

> Kann man Liebe haben? (...) In Wirklichkeit gibt es nur den Akt des Liebens. Lieben ist ein produktives Tätigsein, es impliziert, für jemanden (oder etwas) zu sorgen, ihn zu kennen, auf ihn einzugehen, ihn zu bestätigen, sich an ihm zu erfreuen – sei es ein Mensch, ein Baum, ein Bild, eine Idee. Es bedeutet, ihn (sie, es) zum Leben zu erwecken, seine (ihre) Lebendigkeit zu steigern. Es ist ein Prozeß, der einen erneuert und wachsen läßt.
>
> Wird Liebe aber in der Weise des Habens erlebt, so bedeutet dies, das Objekt, das man »liebt«, einzuschränken, gefangenzunehmen oder zu kontrollieren. Eine solche Liebe ist erwürgend, lähmend, erstickend, tötend statt belebend.[88]

Fromm kritisiert aus dieser Perspektive sowohl eine Ehe, die so gelebt wird, dass der Ehevertrag beiden *das exklusive Besitzrecht auf den Körper, die Gefühle, die Zuwendung des anderen* gebe: Die Liebe werde zu etwas, das man *habe*. Fromm kritisiert aber auch jene, die auf eine dermaßen verloren gehende, erlöschende Liebe *die Zahl der Partner erhöhen, statt einen wirklich zu lieben.*[89]

Fromms Überlegungen sind natürlich längst durch die Mühlen gesellschaftlicher Diskurse gegangen; die Mahnung, man dürfe einen Menschen in einer Beziehung nicht *besitzen* wollen, kennt heute wohl jede*r. Wie die Soziologin Eva Illouz sagt: Die Autonomie der Einzelnen in sexuellen Beziehungen ist heute Common Sense, danach richten wir unser Beziehungshandeln aus. Auf die Beziehungen innerhalb einer Patchwork-Familiendynamik hin angewandt, lässt sich bei Fromm jedoch noch immer einiges lernen. Die Normfamilie steckt als Schablone für ein Familienzusammenleben und die dazugehörigen Rollen noch immer so tief in unseren Köpfen, dass sie die Emanzipationsbewegungen der 1968er- und 1970er-Jahre nicht mitgemacht zu haben scheint.

Wenn die Journalistin Susanne Petermann fragt: *Sind Sie Zweitfrau oder seine große Liebe?*[90]; wenn die Psychologin Katharina Grünewald darüber schreibt, dass Stiefmütter sich damit arrangieren müssen, nicht die Nummer eins zu sein; wenn ich darüber berichte, wie schwer es mir fällt, einer so engen Beziehung zwischen Bela und Arianna gegenüberzusitzen, weil es mir das Gefühl gibt, aus dieser Familie ausgeschlossen zu sein; dann scheint mir das durchaus etwas mit dem Anspruch zu tun zu haben, (die) eine große Liebe *zu haben*, einen Partner *zu haben*, eine (Norm-)Familie zu *haben*, (Stief-)Kinder zu *haben*. Über Eifersucht schreibt Fromm:

> Am Haben orientierte Menschen möchten den Menschen, den sie lieben oder bewundern, haben. Dies kann man im Verhältnis zwischen Eltern und Kindern, Lehrern und Schülern und unter Freunden beobachten. Beide Partner wollen den anderen zur alleinigen Verfügung haben und begnügen sich nicht damit, die Nähe des anderen zu genießen; deshalb sind sie auf andere eifersüchtig, die den gleichen Menschen »haben« wollen. Jeder klammert sich an den anderen wie ein Schiffbrüchiger an eine Planke. (…) Das Verhältnis zwischen den Menschen ist in der Existenzweise des Habens durch Rivalität, Antagonismus und Furcht gekennzeichnet.[91]

Viele Stiefmutter-Geschichten sind von Rivalität und Antagonismus zwischen ihr und ihren Stiefkindern oder deren Mutter geprägt. Der Reflex, die Rivalin loswerden zu wollen, verweist ja auf diesen Antagonismus: Es gibt einen *Kampf*, den man *gewinnen* will. Mit Fromm argumentiert, entspringt diese Logik der Beseitigung von Menschen, die um die Gunst des Partners rivalisieren, der Logik des *Habens*: Wem *gehört* eigentlich diese Familie?

In der Polyamorie nimmt man Fromms Kritik an diesem Haben-Denken nun zur Grundlage für den Umgang mit Eifersucht in Beziehungen mit mehr als zwei eng Beteiligten. Eine Überlegung, die daraus entsprang, ist die Überlagerung von Gefühlen der Eifersucht durch die Stärkung eines anderen Gefühls: die *Compersion*. Das ist eine Wortneuschöpfung aus der Kerista-Gemeinschaft, mit der die gegenteilige Emotion von Eifersucht bezeichnet werden soll. Die Kerista-Gemeinschaft wurde 1956 von einem Guru namens John Presmont in New York gegründet und fand in den 60er-Jahren in Kalifornien einige Anhänger, eine zweite Welle gab es seit den 1970er-Jahren in San

Francisco. Grundsätze dieser Gruppen waren Leitsätze wie: »Niemand *gehört* jemand anderem«, hier wurde viel mit polyamoren Beziehungen experimentiert und Begriffe entwickelt, die bis heute in der Polyamorie diskutiert werden – wie *Polyfidelity*, also die Treue innerhalb partnerschaftlicher Beziehungen von mehr als zwei Menschen, und eben *Compersion.* Compersion, so die Kerista-Gemeinschaft, beschreibt *das Gefühl, Freude zu empfinden in der Freude, die andere, die du liebst, miteinander teilen*[92]; sie bedeutet, *Lust und Freude zu fühlen, wenn der/die Geliebte jemanden anderen oder von jemand anderem geliebt wird*[93], wie die polyamore Theoretikerin Deborah Anapol erklärt. Ganz ähnlich schreibt auch Fromm: Der seiende Mensch solle fähig sein zur Freude, aus dem Geben und Teilen, nicht aus dem Horten und der Ausbeutung anderer zu schöpfen. Es geht bei *Compersion* darum, Eifersucht durch etwas anderes zu ersetzen: *Theorie über menschliches Lernen hat gezeigt, dass es immer einfacher ist, eine Gewohnheit mit einer anderen zu ersetzen, als sie einfach zu eliminieren*, so Anapol[94]. Wenn man spürt, dass Eifersucht aufkommt, soll man versuchen, nicht auf die eigenen Ängste zu fokussieren, sondern an das Glück zu denken, das der eigene, geliebte Partner aufgrund der Liebe der anderen Person empfindet.

Mir scheint, dass dieser Vorschlag, über den monogam lebende Menschen müde lächeln mögen, eigentlich genau der gesellschaftlich erwarteten Aufgabe einer Stiefmutter entspricht: sich über die Beziehung zwischen ihrem Partner und seinen Kindern zu freuen, statt sich so wichtig zu nehmen, angesichts ihrer unsicheren Position in der Familie Angst und Eifersucht zu spüren. Was lächerlich wirkt, wenn es von einer Liebespartnerin verlangt wird, erscheint offenbar selbstverständlich, wenn es von der Liebespartnerin eines Menschen verlangt wird, der Kinder hat.

Bela und Arianna fühlten sich doch so toll in unserer Küche, sie alberten, bekamen Lachkrämpfe beim Französischlernen. Wer war ich denn, dass ich mich darüber nicht freute? Meinem Partner und seiner Tochter einen Raum geschaffen zu haben, in dem sie wieder zueinanderfanden, sich sicher genug fanden, um herumzublödeln? *Compersion!* Freu dich! Au ja, Freude statt des vierfachen Leidens an Eifersucht! Wer will das nicht? Das versuchte ich fortan. Arianna setzte sich neben meinen Partner auf das Sofa, mit dem Kopf auf seiner Brust, und ich saß am Rand? Ich freute mich! Genug Vater, genug Partner für alle da! Ich besitze ihn ja nicht: Ich freue mich, mit ihm sein zu dürfen, dort auf dem Sofa, am Rand!

Spieglein, nicht mit mir!

Ich beschloss also, *nicht mehr eifersüchtig zu sein.*

Am meisten im Gedächtnis geblieben ist mir bei diesen Versuchen das kurdische Neujahrsfest. Newroz wird traditionell am 21. März gefeiert, zum Beginn des Frühlings: Es wird gesungen über die in allen Grüntönen explodierende Natur, es wird in allen diesen Grüntönen gekocht, es gibt frische Kräuter, Dill, Petersilie, Minze, und vor allem wird Feuer angezündet, als Zeichen des Widerstands überall in den kurdischen Bergen und auch dort, wohin die Kurd*innen vor ihrer Unterdrückung in der Türkei geflohen sind. Meine Freundin ist nach Deutschland geflohen, als sie 14 war. Diese Freundin möchte nun gerne jedes Jahr mit uns, ihren engsten Freundinnen, Newroz feiern. Zu dem Brauch gehört, ein Feuer anzuzünden und darüberzuspringen. Ganz ähnlich wie beim heidnischen Osterfeuer geht es darum, sich zu reinigen, den Ballast abzuwerfen oder die alten Geister des vergehenden Jahres zu vertreiben. Meine Freundin lehrte mich, dass ich mir bei jedem Sprung etwas wünschen darf für das kommende Jahr.

Es war Newroz. Ich sprang über das Feuer. Ich nahm Anlauf, schloss die Augen, ballte die Fäuste und wünschte mir innig: »Mögen meine Eifersucht und mein Neid enden! Möge ich meinen Stiefkindern alle Liebe und Nähe zu meinem Partner gönnen! Möge ich lernen, meine Missgunst abzulegen! Möge ich lernen zu gönnen! Möge ich lernen, mich auf meine Liebe zu konzentrieren!« Ich weiß schon, dass das eher nach katholischer Beichte klingt, aber so bin ich nun mal sozialisiert. Ich gab mir Mühe. Ich sprang noch mal und noch mal und wünschte mir immer das: Möge ich lernen, nicht mehr eifersüchtig zu sein. Arianna ist seine Tochter, der Kleine ist sein Sohn, sie hat ihre Bedürfnisse, er hat seine Bedürfnisse, ich habe meine Bedürfnisse, ich bin seine Partnerin, jede von uns hat ihren Platz, kein Neid, alles gut, alles gut, alles gut. Ich wünschte mir so sehr, eine nicht-eifersüchtige, gönnende (Stief-) Mutter zu werden.

Aber: Ich litt weiter. Bela war über das Wochenende bei seinem Sohn, und wenn ich anrief, hörte ich, was für einen Spaß sie hatten? Ich litt. Arianna und Bela gingen ins Kino, und ich wartete allein zu Hause? Ich litt. Arianna, Bela und Ariannas Mutter gingen zusammen essen und schickten ein Foto, Mama, Papa, Tochter? Ich litt. Ich schaffte es nicht, mich für sie zu freuen.

Spieglein, du nervst: Ich brauche ein anderes Spieglein

Ich hätte vielleicht Fromm genauer lesen sollen. Denn der schreibt, die Bewusstmachung des Verdrängten könne nicht an sich schon heilende Wirkung haben, wenn die angestrebte

Charakteränderung nicht von einer entsprechenden Änderung ihrer Lebenspraxis begleitet werde:

> Von der Praxis losgelöste Einsicht ist wirkungslos.[95]

Oder ich hätte die polyamore Theorie genauer lesen sollen. Denn Jillian Deri warnt schon davor, sich den Umgang mit Eifersucht als zu einfache Lösung vorzustellen, wenn man versucht, das Gefühl zu kontrollieren: *Der klassische Cartesianische Dualismus stellt Vernunft gegen Emotion und das Männliche gegen das Weibliche*, schreibt Deri, Emotion werde so zu etwas, *das kontrolliert werden müsse*[96]:

> Für Polyamorist*innen gibt es eine Spannung im Hinblick auf das Gefühl der Eifersucht; Polyamorist*innen erklären Eifersucht zu einem natürlichen Bestandteil des romantischen Lebens, und gleichzeitig verstehen sie Eifersucht als Hindernis für Intimität. Trotz ihres Glaubens, dass Eifersucht nicht mit Scham behaftet sein sollte, können bestimmte Umgangsweisen mit Eifersucht verurteilt werden. Obwohl sie als normaler Teil polyamorer Erfahrung anerkannt sein mag, ist Eifersucht auch eine Emotion, die einmal adäquat durchgearbeitet, sich entweder auflösen oder in ein positives Gefühl transformiert sein sollte.[97]

Compersion tut also so, als sollte sie Eifersucht nicht einfach verdrängen; doch wer weiterhin Eifersucht spürt, hat trotzdem irgendwie versagt. Der Psychologe Wolfgang Krüger hält daher nicht so viel davon, Eifersucht »einfach« mit dem Gefühl der Gunst, der *Compersion*, zu ersetzen. *Compersion*, so Krüger, funktioniere nur, wenn die Rollen weit genug auseinanderlägen, die man gegenüber dem Partner beziehungsweise dem Vater einnimmt. Sind sie ungeklärt oder nah beieinander oder widersprechen sich Bedürfnisse ganz konkret in einem Moment – wie als ich krank zu Hause lag und Arianna einen Abend mit ihrem Vater brauchte –, dann sei Eifersucht nicht so einfach transformierbar.

Der Psychologe Krüger selbst hat als Stiefvater das Gefühl der Eifersucht durchaus erfahren, wie er mir erzählt: Seine Partnerin und seine Stieftochter hatten jeden Abend das Ritual, dass sie im Bett der Tochter eine Stunde lang redeten, über alles, was an dem Tag so passiert war. Krüger war in der Zeit allein im partnerschaftlichen Schlafzimmer und wartete – eifersüchtig. Was tat er?

> Ich begann dann, Bücher zu lesen. Und dann schrieb ich Bücher und hielt Vorträge, immer mehr, ich trat im Fernsehen auf und diskutierte in Talkshows.

Mit anderen Worten: Als Wolfgang Krüger eifersüchtig wurde, suchte er sich die Anerkennung, die er von seiner Stieftochter so wenig bekam, und die Aufmerksamkeit, die er von seiner Partnerin in vielen Momenten nicht bekam, außerhalb der Familie. Oder, wenn man auch Stiefväter mit Stiefmutter-Figuren in Märchen vergleichen würde: Er befragte den Spiegel nicht, wer hier Nummer eins für seine Partnerin war, sondern er befragte den Spiegel, wer hier der Schlauste im ganzen Land ist, und er suchte sich dafür einen anderen Spiegel als seine Familie.

> Ich habe deutlich gespürt, dass die Eifersucht dann am größten ist, wenn sie nicht nur meine Beziehung berührt, sondern die Frage berührt wird: Welche Bedeutung, Beachtung habe ich im Leben? Ich habe dann meine anderen Rol-

len, in denen ich großartig erschien, gestärkt: Vorträge, bei denen ich viel Anerkennung bekam, haben mich dann tagelang getragen. Dadurch hat die Eifersucht nie dieses Bedrohliche, Verzehrende bekommen, ist nicht zu tief in mich eingedrungen: Ich habe mir meine Anerkennung anderweitig geholt.

Dieser Move ist ziemlich interessant: Denn anstatt sich psychologisch mit der Eifersucht auseinanderzusetzen, wählte Krüger hier den Weg, die Machtstrukturen zu verschieben. Wenn wir mit der kritischen Kulturwissenschaft und etwa Sara Ahmed davon ausgehen, dass Eifersucht sowohl psychisch als auch kulturell und sozial geprägt ist, und wenn wir davon ausgehen, dass sie mit der schwachen Rolle der Stiefeltern in der Familie zu tun hat, deren Erwartungshaltungen noch immer an der Normfamilie hängen – dann muss man sie durch eine Verschiebung der Machtstrukturen beeinflussen können.

Heißt: Kann eine Stiefmutter ihre Eifersucht lindern, indem sie eine Rolle findet, in der sie mehr Gestaltungsmacht und mehr Handlungsgewissheit hat als in der Dynamik mit ihren Stiefkindern, deren Müttern und ihrem Partner?

Krüger wählt hier die Arbeitswelt als Feld der Anerkennung und Gestaltungsmacht. Diese Erzählung kenne ich auch von anderen Stiefmüttern: Erfolg in der Karriere hilft tatsächlich manchmal, das Gefühl der Schwäche und Ohnmacht zu verkleinern, das gegenüber dem Partner Eifersuchtsgefühle verstärkt. Womöglich verkleinert sich die Abhängigkeit von der Familie durch mehr Anerkennung außerhalb der Familie, und der Kampf um die Aufmerksamkeit, Ressourcen und Zeit des Partners wird weniger zentral.

Es gibt jedoch auch andere Möglichkeiten, die Machtbalance zwischen Stiefmutter und Normfamilie zu verschieben, ohne

Rivalitäten auszufechten: die Erweiterung der Familie, oder zumindest des Kreises an engen Bezugspersonen. Sare ist eine Stiefmutter, die zu Beginn ihrer Beziehung mit ihrem Partner und dessen Kindern sehr unter dem Ungleichgewicht litt. Als sie merkte, dass ihr Geliebter nicht immer Zeit für sie hat, wenn sie ihn braucht, weil er stattdessen für seine Kinder da sein muss – da entwickelte Sare eine eigene Lösungsstrategie: Sie öffnete die Beziehung (die ja ohnehin schon für die Kinder und Ex-Frau ihres Partners geöffnet war) auch für sich und ging eine Liebesbeziehung mit einem weiteren Partner ein. Aber das soll Sare lieber selbst erzählen.

Sare: die Gerechtigkeit der Doppelleben

Ich habe mich eigentlich nie wirklich als Stiefmutter gesehen, und wenn ich über Haydars Kinder spreche, sage ich nicht Stiefkinder, sondern dann nutze ich ihre Namen und sage so etwas wie: Das sind die Kinder meines Partners. Gerade zu Anfang hatte ich nicht das Gefühl, dass ich eine direkte Beziehung zu ihnen hatte. Wir hatten ja nicht mal eine gemeinsame Sprache! Ich spreche kein Deutsch, sie sprechen kein Türkisch, und damals sprachen sie auch noch kein Englisch – natürlich, Nesim war ja erst fünf und Elif acht Jahre alt. Dabei haben sie türkische Namen, die Armen, und sprechen kein Wort. Sie haben eine deutsche Mutter, Nele, und ihr Vater hat zwar türkische Eltern, aber er sprach damals kein Muttersprachen-Türkisch, es war eher eine Zweitsprache für ihn, er machte Fehler und hatte sich dazu entschieden, mit seinen Kindern Deutsch zu sprechen.

Haydar und ich lernten uns in Istanbul auf einer Konferenz kennen, wir verliebten uns, und ich kam mit einem

Stipendium nach Berlin, nicht nur für ihn, aber er spielte dabei eine große Rolle. Ich wohnte zunächst in einer WG und Haydar allein – oder eben mit den Kindern, die Hälfte der Zeit. Und irgendwie wollte er nicht, dass ich bei ihm blieb, wenn sie kamen. Ich glaube, die Kinder sollten damals noch nicht erfahren, dass wir in einer Beziehung waren … Nele und er waren der Meinung, die Kinder seien dafür noch nicht bereit, sie hätten sich noch nicht so lange getrennt. Obwohl sie sich schon ein Jahr getrennt hatten, bevor ich nach Berlin zog! Aber Haydar zog nicht gleich aus, er brauchte etwas Zeit, um diesen Schritt zu tun, da waren einige Monate dazwischen. Sie erzählten den Kindern auch nicht gleich von der Trennung, das war alles ein längerer Prozess. Ich glaube auch, dass er sich sehr schuldig fühlte wegen der Trennung den Kindern gegenüber, die Trennung ging wohl auch eher von ihm aus, er hatte also das Gefühl, ihr Zuhause zerstört zu haben … und dann wollte er ihnen nicht gleich erzählen, dass es da eine neue Frau gab.

Ich wurde also aus seiner Familien-Welt ausgeschlossen, wenn die Kids kamen. Aber irgendwie bestand ich auch nicht darauf, ihnen vorgestellt zu werden, Teil dieser Welt zu werden. Ich war mir unsicher, was ich wollte – oder auch: was das alles bedeuten würde! Die Situation war nicht leicht für mich. Um ehrlich zu sein: Das könnte auch der Grund gewesen sein, warum ich Deutsch nicht wirklich lernte. Ich hatte Angst, in eine direkte Beziehung zu den Kindern zu gehen.

Es begann eine Art Doppelleben für mich: Manchmal war ich mit Haydar – und dann wieder war Haydar mit seinen Kindern zusammen, und ich war allein. Ich hatte damals noch nicht so viele Freund*innen in Berlin, ich war ja neu hier. Ich fühlte mich ausgeschlossen. War ich eifersüchtig auf seine Beziehung zu den Kindern, auf diese Nähe? Vielleicht war ich das. Ich bin mir nicht sicher, worauf genau ich eifersüchtig war, auf die Kinder, auf die Nähe, die sie und Haydar hatten? Das eigentlich Schmerzhafte war dieses Ungleichgewicht: Haydar war der wichtigste Mensch in meinem Leben, aber ich war nicht der wichtigste Mensch in seinem Leben, sondern das waren seine Kinder. Und ich hatte keine Kinder.

Ich war also in Berlin die Hälfte der Zeit mit ihm, die andere Hälfte allein. Die meiste Zeit verbrachte ich mit meiner Projektgruppe, wir waren zu viert, drei Männer und ich, und irgendwann fing ich mit einem meiner Kollegen eine Beziehung an. Von Anfang an hatten Haydar und ich darüber gesprochen, dass es uns in unseren vorherigen Beziehungen gestört hatte, dass eine offene Beziehung nicht möglich war: auch mal eine Partnerschaft oder Affäre mit anderen Menschen zu haben. Wenn ich das tat, dann war es gleich ein »Betrug«, ein »Fremdgehen«, ich konnte nicht darüber sprechen, und darunter hatte ich sehr gelitten. Haydar und ich fühlten uns da sehr ähnlich.

Ich begann also diese Affäre, oder Beziehung, mit meinem Kollegen, der auch eine Partnerin hatte, er war auch in einer offenen Beziehung. Und ja, wenn ich jetzt darüber nachdenke, kann es schon sein, dass ich diese Affäre wegen des Ungleichgewichts in meiner Beziehung zu Haydar begann. Aber damals war es nicht so, dass ich das bewusst entschied: Ok, wenn Haydar mit seinen Kindern zusammen ist, schließt er mich aus, ich bin allein, und deshalb suche ich mir jetzt auch jemanden … Nein, ich fühlte schon eine echte Nähe mit diesem Kerl und er auch. Es passierte einfach.

Dann hatte ich auch mein eigenes anderes Leben, wenn ich nicht mit Haydar zusammen war, und es war echt schön: Colin hatte ein sehr gemütliches Zimmer in einer WG, wir hingen da herum, tranken Cocktails, hatten Sex, guckten Filme … es war eine schöne, leichte Beziehung. Und es tat mir so gut, das nicht vor Haydar verheimlichen zu müssen! Ich fand es toll. Auch wenn ich glaube, dass Haydar eifersüchtig war … also Haydar hatte auch Affären, mehrere, kürzere. Und einmal hatte er wohl ein Date mit einer Frau, er erzählte ihr von mir und meiner Zweitbeziehung, und es stellte sich heraus, dass sie Colin kannte, und offenbar sprach Haydar ein bisschen zu viel über ihn und mich und Colin, denn sie sagte ihm dann: Ich schlafe nicht mit dir, denn offenbar willst du mit mir nur Rache üben!

Aber auch bei mir blieb es nicht so leicht und frei, nach einigen Monaten wollte Colin, dass wir die Hauptbeziehung werden, und das wollte ich nicht … Es wurde kompliziert, ich verließ ihn, und das verletzte ihn. Vielleicht fühlte er sich auch benutzt von mir, das kann sein.

Sowieso löste meine Beziehung mit Colin gar nichts für Haydar und mich. Vielleicht erleichterte sie eine Zeitlang die Situation, aber sie war keine Lösung für unser eigentliches Problem. Was das Problem löste, das Ungleichgewicht auflöste, war, dass ich ein eigenes Kind bekam. Das war aber noch mal einige Jahre später.

Erst mal zog ich bei Haydar ein. Da war ich also, in Berlin, in einer Wohnung mit den Kindern meines Partners, sie lebten fast die halbe Zeit bei uns, und wir teilten keine gemeinsame Sprache! Wir teilten uns dieselben Räume, und wenn wir miteinander kommunizieren wollten, dann musste Haydar für uns übersetzen. Kein Wunder, dass wir keine Beziehung aufbauten. Ich begann immer mehr, die

Kinder nicht als eigenständige Personen in meinem Leben zu sehen, sondern als Hindernis in meiner und Haydars Beziehung. Irgendwie hatte ich das Gefühl, sie wurden mir auferlegt, aufgedrängt. Sie waren Teil einer Struktur, die Haydar daran hinderte, ein Leben jenseits von Deutschland führen zu können. Ich wollte nie in Deutschland leben! Durch seine Kinder konnte Haydar aber nicht hier wegziehen.

Es war echt anstrengend. Die Beziehung zu Haydars Ex-Frau Nele war nicht so gut, die Trennung noch nicht so lange her und die Regelungen daher kaum flexibel: Man musste sich genau an Absprachen, Zeiten, Pläne halten, egal, ob was dazwischenkam. Wir konnten nicht frei entscheiden, Urlaube zusammen zu verbringen, immer musste alles mit Nele abgesprochen werden, an diesen und jenen Tagen kann sie die Kinder nicht nehmen, deshalb müssen sie da zu uns kommen und so weiter. Plötzlich musste ich alles in meinem Leben um diese Kinder, Haydar und seine Ex-Frau herum organisieren! Ich fühlte mich … Wie soll ich es ausdrücken? Ich hatte mir dieses Leben so nicht ausgesucht! Ich hatte mich nie bewusst dafür entschieden, mein Leben um diese Kinder herum zu organisieren, die ich gar nicht kannte.

Und wieder begann eine Art Doppelleben: Wenn die Kinder da waren, sah Haydars und mein Leben völlig anders aus, als wenn wir zu zweit waren. An manchen Abenden konnten wir nicht mal einen Satz wechseln, ehrlich! Jetzt weiß ich, dass das normal ist mit einem fünfjährigen Kind, klar, meine Tochter Clara kommt ganz nach ihrem Bruder Nesim, sie plappert ohne Unterlass, und wir kommen nicht mehr zu Wort, wie damals mit Nesim. Jetzt sehe ich das! Aber als die Kinder damals alle Aufmerksamkeit bekamen, wenn sie bei uns waren, fühlte ich mich so ausgeschlossen. Ich konnte ja nicht einmal verstehen, worüber Haydar und sie redeten!

Was tat ich? Ich fing echt an, auf den Kids herumzuhacken: Sie reden die ganze Zeit, sie wollen immer alle Aufmerksamkeit, sie sind ständig verängstigt, haben ständig irgendwelche Probleme, mit denen stimmt was nicht! Ich baute Probleme um sie herum, vor allem um Nesim, den Kleinen: Es ist nicht normal, dass Haydar zwei Stunden bei ihm sitzen muss, bevor er einschläft! Es ist nicht normal, dass ... alles Mögliche. Das half natürlich nicht besonders. Haydar fand sich in der Position wieder, seine Kinder und sein Verhalten verteidigen zu müssen gegen mich. Ich fand mich in der Situation wieder, ein Kind anzugreifen! Ich hasste es, diese Person zu sein. Es war echt hart. Es wurde zum größten Konflikt in unserer Beziehung, in jedem Streit kam das auf, Haydar warf mir vor, seine Kinder nicht zu lieben. Er sah mich an und sagte: »Aber wir beide lieben uns doch! Und das sind meine Kinder, und sie liebe ich auch, wieso kannst du sie nicht auch lieben? Und wenn du so nicht fühlen kannst – vielleicht bist du dann einfach kein besonders großherziger Mensch.« Haydar hat meine Situation, meine Gefühle nicht gesehen, verstanden, nicht anerkannt. Hab ich vielleicht selbst nicht. Ich hatte damals nicht die Klarheit, sie zu formulieren. Ich war verwirrt.

Dann begann ich, den Wunsch zu entwickeln, ein eigenes Kind zu bekommen. Das war nicht so leicht, ich hatte mal Eierstock-Krebs, und ich war nicht sicher, ob ich überhaupt schwanger werden konnte. Haydar wollte eigentlich kein Kind mehr, er hatte schon zwei und war um die 50, also kein Wunder. Aber ich wollte es versuchen, und ich denke, dieses Ungleichgewicht in unserer Beziehung hat dabei eine Rolle gespielt. Irgendwann sagte ich ihm: Ich werde versuchen, schwanger zu werden, entweder mit dir – oder halt mit jemand anderem. Dann kannst du ja entscheiden, ob du eine Vaterrolle einnehmen willst für das Kind eines anderen! Haha … Rache! Aber am Ende akzeptierte er meinen Wunsch, und wir bekamen Clara.

Und das tat unserer Beziehung wirklich gut, der ganzen Familie. In mehrfacher Hinsicht: Einerseits wurde unser Ungleichgewicht aufgehoben, denn jetzt habe ich auch einen Lebensmittelpunkt, der nicht Haydar ist. Und genauso wichtig: Durch Clara begann ich zu verstehen, wie sich Haydars Kinder verhielten und wie er sich ihnen gegenüber verhielt. Ich verstand, wie es ist, mit Kindern zu leben. Und drittens begann ich, eine Beziehung zu Haydars Kindern aufzubauen, weil sie Claras Geschwister sind. Natürlich wurden sie auch älter und lernten Englisch, ich lernte Deutsch, und wir begannen, mehr miteinander zu sprechen, aber Clara spielte eine große Rolle: Am Anfang war noch unklar, wie sich ihre Beziehung entwickeln würde, die Kinder waren ein bisschen eifersüchtig auf sie. Aber dann fingen sie an, ihre kleine Schwester zu lieben, und bauten eine enge Beziehung zu ihr auf, und Clara liebt ihre großen Geschwister auch sehr. Wir wurden eine Familie, auf eine Art. Ich mag es, wie Clara über sie spricht und andersherum. Das schafft Nähe.

Mit Nele habe ich noch immer keine Beziehung. Sie wollte mich kennenlernen, als Haydar und ich zusammengezogen sind. Ich war am Anfang wirklich offen und hoffte, dass sich da etwas entwickeln könnte. Wir haben uns dann einmal getroffen, und ich dachte, es geht um die Kinder: Dass sie mir sagt, was ich gegenüber den Kindern tun oder lieber lassen sollte, was wichtig ist … aber darum ging es ihr nicht. Und sie sagte dann etwas echt Komisches: »Nein, ich wollte nur einmal dein Gesicht sehen.« Ich denke, sie lehnte eine Beziehung zu mir ab.

Wenn wir uns dann mal über den Weg gelaufen sind – unsere Kreise sind ganz ähnliche in Berlin –, dann hat sie ihren Kopf weggedreht, mich nicht gegrüßt. Und als Haydar und ich Clara bekamen, hatte sie eine Krise. Sie hatte scheinbar noch dieses Familien-Ideal von Haydar, ihr und den zwei Kindern, sie feierten noch Weihnachten zusammen, und als dann Clara kam … Als ich aus dem Krankenhaus kam, fragte ich, ob Nele die Kinder nicht für zwei Wochen nehmen könnte, damit ich Zeit hatte, mich zu erholen und mit Clara einzugewöhnen. Ich hatte einen Kaiserschnitt, es war also ein bisschen schwierig. Aber Nele sagte Nein. Die Kinder kamen also zu uns, und am Ende war das auch gut so, aber erst fand ich es hart.

Und dann war da diese Geschichte mit dem Auto. Haydar und Nele teilten sich ein Auto: Wer die Kinder bekam, bekam auch das Auto, der Wagen pendelte also quasi mit. Als dann Clara auf die Welt kam, installierten wir natürlich einen Kindersitz. Da wollte Nele das Auto nicht mehr teilen: Sie sagte, sie halte es nicht aus, den Kindersitz zu sehen. Sie selbst hatte kein Kind mehr bekommen – sie hat zwar einen neuen Partner, ist aber älter als ich, ich denke, die Zeit war für sie schon vorbei. Jedenfalls hielt sie es nicht aus, dass wir jetzt eine neue Familie hatten. Wir behielten dann das Auto mit dem Sitz, Haydar zahlte ihr die Hälfte aus, und sie kaufte sich ein eigenes Auto.

Aber dann, Clara war vielleicht drei oder vier Jahre alt, nahm Haydar Clara einmal zu einer Vorführung von Elif in der Schule mit. Nele war auch da. Sie sah zum ersten Mal, wie die Kinder miteinander umgingen, wie nah sich Elif und

Clara waren, und sie war überrascht über diese enge Beziehung, das hatte sie wohl nicht gewusst. Danach ging Clara auch manchmal zu Nele nach Hause, um zu sehen, wie ihre Geschwister dort leben – das ging auch von Clara selbst aus! Sie suchte diese Nähe, sie wollte diese Verbindung. Sie versucht zu verstehen: Ok, du bist meine Mutter, aber du bist nicht die Mutter von Elif und Nesim, obwohl Papa unser aller Papa ist, wer ist dann die Mutter von Elif und Nesim? Sie wollte sehen, wer das ist, wie sie leben. Es war eigentlich Clara, die die Beziehung zu Nele aufbaute, und jetzt wird es einfacher für uns alle.

Aber die Verletzungen aus der Zeit, als ich mich ausgeschlossen fühlte, bleiben. Es bleibt das Gefühl, dass Haydar meine Situation und meine Gefühle damals nicht verstanden hat und mich als nicht offen, nicht liebend, nicht großherzig kritisiert hat. Da bleibt eine Narbe. Vielleicht auch für ihn, vielleicht bleibt er verletzt, dass ich seine Kinder nicht gleich lieben konnte.

Liebe ich sie jetzt? Ich weiß nicht. Ich fühle mich ihnen sehr nah. Und ich mag, was für Menschen sie geworden sind und noch werden. Sie sind jetzt 15 und 18. Fast Erwachsene! Sie sind wirklich cool, auf sehr unterschiedliche Weisen. Wir reden jetzt viel, auf Englisch.

Ein, zwei, viele Schneewittchen

Was Wolfgang Krüger und Sare erzählen, passt sehr gut zu den Ratschlägen der Psychologin Katharina Grünewald für den Umgang mit Eifersucht. Sie rät Stiefmüttern dazu, wie Schneewittchen loszuziehen, die Konkurrenzwelt (mit den Stiefkindern oder mit deren Mutter) zu verlassen und zu schauen, in welches Zwergenbett die Stiefmutter selbst am besten passt. Dafür soll man das Eigene herausarbeiten. Und mit dem »Eigenen« meint Grünewald nicht nur das eigene Leben jenseits der Familie, die zweite Liebesbeziehung von Sare oder das Karriereleben von Wolfgang Krüger, sondern den eigenen Standpunkt, zu dem vieles mehr gehört als der Job und die Freund*innen, nämlich auch: die eigene Familiengeschichte, die eigene Beziehung zur Mutter, zum Vater, zu Geschwistern, das eigene Kind. Auch die Stiefmutter-Königin muss durch den Wald! Auch sie muss in der neuen Familie ihr Bettchen finden. Das kann neben einer zweiten Partnerin sein. Oder bei Freundinnen. Oder als Psychologie-Expertin in Talkshows.

Neid und Eifersucht entstehen dadurch, dass es in der Familie etwas *gibt*, das die Stiefmutter *nicht hat*, aber laut gesellschaftlichen Familienvorstellungen *haben soll*. Was ist das für eine Familie, in der die Frau kaum Nähe zu den Kindern hat? Was ist das für eine Familie, in der eine längere Geschichte der Vertrautheit zwischen dem Vater und der Expartnerin herrscht als zu der Partnerin?

Es gibt zwei Auswege aus diesen Gefühlen der Missgunst und des Ausgeschlossenseins: der eine ist der über die Psyche, über die Auseinandersetzung mit diesen Gefühlen, also mit der eigenen Familiengeschichte und mit den heute Beteiligten. Und der andere ist der über die Öffnung der Normfamilien-Dynamik: das Fallenlassen des Versuchs, eine Familie und eine zentrale Rolle in dieser Familie zu *haben*. Eine Stiefmutter hat keinen Anspruch auf den *Besitz von Nähe*. Die Vorstellung, dass soziale Eltern, die nach vielen Jahren zu einer Familie dazustoßen, auch nur annäherungsweise eine ähnliche Nähe aufbauen können wie jene leiblichen Eltern, die teils schon im Mutterleib mit dem Kind sprachen, halte ich für eine Illusion. Der Neid und die Eifersucht lassen sich also nicht dadurch bekämpfen, dass eine Stiefmutter sich die gleiche Beziehung *holt*. Stattdessen tut sie gut daran, eine eigene Beziehung zu ihren Stiefkindern aufzubauen, um im Frommschen Sinne *mit ihnen zu sein*.

Es ist, wie Deborah Anapol sagt:

> Am Ende führt der einzige Weg aus der Eifersucht heraus durch sie hindurch.[98]

Was tat ich also? Ich beschloss, mit meiner Familie *zu sein*. Nach einem erneuten Eifersuchtsdrama zwischen Bela, Arianna und mir saß ich bedeppert auf dem Sofa und ließ mir von Bela erklären, dass es Arianna halt Angst mache, wenn ich mich so ausgeschlossen fühlte, weil ihre erste Stiefmutter, »immer so *eifersüchtig* war«. Da war es wieder, dieses Augenrollen, wie bei der *kitesurfenden Freundin: eine eifersüchtige Stiefmutter*! Geht gar nicht. So wolle ich doch nicht etwa werden?! Da atmete ich tief durch und sagte es. »Wisst ihr was? Ich bin es längst auch. Ich bin eifersüchtig. Das ist so. Ich finde es nicht gut, und ich arbeite daran.«

Ariannas Augen fixierten mich auf diese Arianna-typische Art, die ich zu lieben gelernt habe. In diesen Augen kann ich sehen, wie meine Worte etwas anstoßen in ihrem Kopf, wie sie Einzug halten in ihr Denken, weil sie spürt, dass da etwas ist. Etwas Wichtiges.

Ein Jahr später dann stand Arianna genauso vor mir und sagte: »Ich verstehe, dass meine Eifersucht anstrengend ist für dich, und das tut mir leid. Ich will so auch nicht sein. Das ist meine Sache, ich werde daran arbeiten, und weißt du was: Es geht dabei nicht um dich. Sondern um mich und meine Geschichte.«

Da war Arianna 16. Es sind diese Momente, in denen ich zusehen darf, wie dieser Mensch von einem Tag auf den anderen um zehn Meter wächst. Wir ziehen aus, Arianna und ich, in diese Welt da draußen. Immer wieder.

7
Solidarisch.
Über die Durchquerung des Ozeans

Alles hier ist falsch. Sie spielen Tennis. Ich meine: sie alle. Spielen Tennis. Tennis ist ganz falsch. Was man im Urlaub macht, ist nicht Tennis spielen, sondern im Urlaub geht man ins Freibad und isst Pommes, man fährt Fahrrad, man spielt Minigolf auf schiefen Bahnen, man isst Eis (und nicht immer bloß das gute italienische, sondern auch ganz viel Bum Bum, das rote mit dem Stiel aus Kaugummi), man spielt Federball mit verformten Federbällen und Schlägern, die so ausgeleiert sind, dass die Bälle genau dann, wenn man richtig draufhauen will, drin stecken bleiben, und ganz vielleicht ein bisschen Volleyball oder was man so für Volleyball hält, aber auf keinen, auf gar keinen Fall mietet man einen Tennisplatz für eine Stunde, nimmt seine Tennisschläger (die besitzt man natürlich nicht) und spielt TENNIS.

Da sind wir uns ja wohl alle einig. Also, alle in meiner Welt.

Aber irgendwie bin ich nicht mehr in meiner Welt, irgendwie bin ich in einer ganz fremden Welt gelandet. Vor mir auf dem Tennisfeld (nennt man das so?) steht Arianna mit einem Tennisschläger, auf der anderen Seite des Netzes steht ihre Cousine, auch mit einem Tennisschläger, und sie schlagen sich ernsthaft die Bälle hinüber, immer wieder, und haben davon schon ganz rote Wangen. Sie machen dabei diese komische Boris-Becker-Haltung, über die mein Bruder und ich uns vor dem Fernseher stundenlang kaputtlachen konnten: so in der Hocke, als müssten sie auf Klo. Dann will unbedingt Arianna mit Bela spielen, und die Kinder neben mir heulen los, dass sie doch auch spielen wollen, der Kleine und seine Cousins, und dann machen erst Bela und Arianna diese Tennishaltung, aber ganz ernst, so in die Knie und hin und her, und wenn sie auf den Ball schlagen, fehlt nicht viel, und es gibt dieses Stöhnen, erst Arianna und Bela und dann der Kleine und Bela, und sie werden wütend, Arianna und der Kleine, weil sie mit Bela spielen wollen, aber er immer nur mit der beziehungsweise dem anderen spielt, und es sind nur noch fünf Minuten, dann müssen sie das Tennisfeld *abziehen*. Was auch immer das bedeuten mag.

So tanzen die Kids nölend um ihren Vater herum, jede*r einen Tennisschläger in der Hand, und ich sitze da und drehe mich um, und auf dem anderen Feld steht Ariannas andere Cousine mit der Frau von Belas Bruder, und dann, als sie das Feld *abgezogen* haben – man läuft mit einer großen Matte ein paarmal hin und her –, dann gehen wir endlich Eis essen, aber dort beim Eis treffen sie lauter Leute, die sie kennen, und die spielen auch ALLE TENNIS! Sie erkennen Arianna und ihren Bruder wieder, von letztem und vorletztem und vorvorletztem Sommer, mich schauen sie schräg an, mich können sie nicht einordnen, lieber lächeln sie Bela an und erzählen von ihren Kindern und Belas Kindern und wie Bela, als er jung war, hier Tennis spielen gelernt hat, und nun seine Kinder, und wäre das hier ein Stiefmutter-Ratgeber, würde ich Ihnen jetzt raten: *Das hier ist Stiefmutter-Feindesgebiet! Packen Sie schnell Ihre Sachen und hauen Sie ab, denn hier ist nichts für Sie zu holen. Sie sind im Normfamilien-Land.*

Kennen Sie den Film *Being John Malkovich*? Da steckt man auf einmal im Kopf des Schauspielers John Malkovich, und alle, alle anderen Menschen sind auch John Malkovichs, und alles, was sie sagen, ist: Malkovich? Malkovich! Malkovich, Malkovich, Malkovich. So ist das auf einem Tennisplatz daheim bei den Schwiegereltern: Alle sind Papa! Einfach alle, meine Stiefkinder sind kleine Papas in einer Papa-Welt, sie sagen: Papa, Papa, Papa! Papa! Papapapapapapapapapapapa. Gefangen in einer Papa-Welt.

In der Papa-Welt wird niemand der Stiefmutter je recht geben: Wenn die Stiefmutter richtigerweise anmerkt, dass Tennis im Urlaub ganz falsch ist, werden alle, einfach alle anderen den Kopf schütteln und die Stiefmutter für falsch halten. In der Papa-Welt ist zum Beispiel auch Rumba richtig. Kennen Sie Rumba? Das ist so ein Schoko-Reispuffer-Snack aus dem Bioladen. Bela und der kleine Bela lieben Rumba. Als ich Rumba zum ersten Mal versuchte, war ich erst mal beglückt: Ach, die sehen ja aus wie Nippon! Nippon sind so Schoko-Reispuffer-Snacks aus dem Nicht-Bio-Supermarkt. So schön glänzend, vermutlich mit bösem Palmöl überzogen und vermutlich mit zig gesundheitsschädlichen Zusatzstoffen, die Nippon so wunderbar knackig und knusprig machen, trotz der Schokolade. Ich biss also erwartungsfroh in Rumba, aber da war nichts knackig und knusprig, bloß pappig und öde. Ha, trumpfte ich auf: Ich kenne die richtigen Rumba, die werden euch gefallen! Ich war überzeugt davon, dass Bela und der Kleine aus allen Wolken fallen würden, würden sie bloß erst die richtigen Rumba, Nippon also, kennenlernen. Ich brachte ihnen Nippon. Und was? Sie behaupteten, Nippon sei ganz falsch! Viel zu süß und palmölig.

In der Bela-Welt sind leider alle vom Falschen überzeugt, und die Stiefmutter ist mit ihrer einzig richtigen Welt völlig alleine. Die Bela-Welt ist die Normfamilie, in die eine Stiefmutter sich unweigerlich begeben muss, wenn die Familien zusammenkommen. Plötzlich lebt sie in seiner Welt – ganz ähnlich, wie Carel van Schaik und Kai Michel es für die Sesshaftwerdung beschrieben haben, die Entstehung der Schwiegermutter und die Entmachtung der Frauen: Die Frau wird aus ihren Allianzen herausgerissen und in die Familie ihres Mannes gesteckt, in der es ihr schwerfällt, neue Allianzen zu bilden, da sich die Sorgearbeit der Frauen hier um seine Bedürfnisse dreht – und nicht um ihre. In der Normfamilie des 20. und 21. Jahrhunderts ist diese Form des Patriarchats teilweise abgemildert, weil die Frau nicht mehr in das Haus der Familie des Mannes zieht, sondern in einem eigenen Haushalt selbst die Regeln (mit)bestimmt, nach denen hier gelebt wird. Je traditioneller die Geschlechterrollen, desto mehr Macht hat die Mutter in der kleinen Kulturwelt der Familie: Ob die Familie eine Rumba- oder eine Nippon-Familie ist, bestimmt sie. Ihre Macht geht natürlich weiter: Sie hat das emotionale Wissen über ihre Kinder und ihren Mann, sie ist es, die vermittelt und die darüber eine stark emotional prägende Funktion hat. Betritt man den Haushalt einer Normfamilie, betritt man *norm*alerweise eine Mama-Welt.

In der Stiefmutter-Familie ist der Frau diese Nippon-Macht also genommen. Was ihre Stiefkinder mögen oder nicht mögen, prägt nicht sie, sondern deren Mutter, also die Expartnerin ihres Partners, also: die (alte) Papa-Welt. Tennis und Rumba. Die Stiefmutter ist Federball- und Nippon-*entmachtet*.

Raus aus der Papa-Welt

Eine Stiefmutter wird nie in die traditionelle Mutter-Position kommen, die emotionale Familienkultur zu gründen oder maßgeblich zu gestalten – das tut schon die Mutter, und je nachdem, wann eine Stiefmutter die Kinder kennenlernt, hat sie das auch schon längst getan. Eine Mutter, die mit einer Partnerin zusammen ist – diese wurde dann also queere Stiefmutter, dazu erzählt sie später mehr –, hat mir gegenüber im Gespräch genau das in Worte gefasst:

> Ich kenne meine Kinder vom ersten Moment an, ich war mit ihnen schwanger, und schon während der Schwangerschaft spürte ich, wie unterschiedlich sie waren. Ich glaube, dass ich als solch ein Elternteil einen enormen Vorsprung an Einfühlungsvermögen habe. Dass ich da viel gelassener sein kann, weil ich meine Kinder so gut kenne. Da handelt man oft aus dem Bauch heraus, und oft passt das einfach. Es gibt da dieses Vertrauen, auch bei Konflikten: Ich weiß, wann und wo ich wieder anknüpfen kann.

Ob es in der Beziehung zwischen einem Elternteil und einem Kind einen Unterschied macht, ob diese schon während einer Schwangerschaft aufgebaut wurde, ist umstritten – was ist etwa mit einer Mutter-Kind-Beziehung, die nach einer Leihmutterschaft aufgebaut wird? Oder bei Pflegemüttern? Oder mit der Mitmutter-Kind-Beziehung bei queeren Müttern? Bei Stiefmüttern allerdings, die ein Kind erst nach mehreren Jahren kennenlernen, scheint mir sehr klar zu sein: Die tiefe Kenntnis darüber, wer diese kleinen oder jungen Menschen sind, fehlt ihr; ebenso dieses beinahe intuitive Wissen, wie sie das Verhalten des Kindes einordnen kann; und eine Stiefmutter prägt die emotionale und kulturelle Welt der Kinder erst sehr spät mit. Wenn eine Stiefmutter die Kinder kennenlernt, leben diese in einer Papa-Welt; und in einer Mama-Welt, die in der Papa-Welt nach der Trennung aber weniger präsent ist. Die Stiefmutter-Welt hingegen ist den Kindern völlig unbekannt, mehr noch:

Kinder wissen nicht, dass sie in einer Mama- oder in einer Papa-Welt leben, für sie ist das die einzige Welt, die es gibt. Die einzig richtige Welt. Mit Rumba und Tennis. Für die Kinder ist es nicht klar, dass diese Papa-Welt der Stiefmutter-Welt fremd ist; für sie wirkt es schlicht so, als würde sich die Stiefmutter irgendwie komisch verhalten. Als wäre sie zu blöd, um Tennis zu spielen.

Die pädagogische Forschung zur Situation von Kindern in Stieffamilien teilte diesen Blick lange Zeit: Die Stiefmutter wird darin dazu aufgerufen, die Welt »ihrer Stieffamilie« kennenzulernen, in die Familienkultur »eingeweiht« zu werden, um sich zu integrieren:

> Erfährt der soziale Elternteil wichtige Stationen und Ereignisse aus dem Familienleben und der kindlichen Entwicklung vor seiner Zeit, wird er in die Lage versetzt, das Kind, seine Entwicklung und die Familie besser zu verstehen und nachzuvollziehen. Er wird in das Familiengedächtnis, die Familienthemen, in die spezifische Familienkultur mit ihren Ritualen, Einstellungen und Werthaltungen eingeweiht. Seine Zugehörigkeit zur Stieffamilie erfährt Unterstützung.[99]

Das schreibt etwa die Pädagogin Susann Kunze in ihrer Forschung über Stieffamilien. Aber keine Patchworkfamilie besteht nur aus der »alten Familie« – und einer Außerirdischen, die von außen irgendwie dazukommt und nun integriert werden muss. Ich habe meine eigene Welt, meine eigene Familienkultur, und die ist nicht deshalb plötzlich falsch, nur weil alle in dieser Familie dies denken. Eine Patchworkfamilie ist immer die Fusion zweier Familien, auch wenn es eine ungleiche Fusion ist. Ich komme nicht als Ufo dazu, ich bringe meine eigene Welt mit. Keine Frau kann in einer Papa-Welt leben.

Ich steige also aus der Papa-Welt aus. Als Erstes fahre ich von diesem unmöglichen Tennisplatz weg, ich fahre einfach so los, im Bus, ich brauche Belas Familienauto nicht; das ist schon mal gut. Ich fahre in die nächste Stadt, suche mir ein Café, bestelle mir einen Campari Spritz und rufe meine Freundin an, und meine Freundin verwandelt sich zum Glück nicht in John Malkovich, sondern sie bleibt einfach meine Freundin aus meiner Welt, und sie bestätigt, dass ich nicht verrückt bin: Natürlich ist Tennis ganz falsch! Was für ein Elite-Sport, und dann dieses Geräusch, wenn der Ball getroffen wird, dieses Plopp, ganz unmöglich, und diese Tennis-Klamotten, die Stirnbänder und diese kurzen Hosen, und wer trägt bitte alles in Weiß, von den Socken bis zum Stirnband? »Gut, dass du weggefahren bist, Elsa. Verschnaufe ein bisschen, sammle dich. Und dann gehst du zurück und bringst Federball-Schläger mit.«

Dann rufe ich meinen Bruder an, und er bestätigt mir nicht nur, dass Rumba falsch ist und Nippon richtig, sondern er kann es sogar belegen: »Ein Puffreisprodukt unter dem Namen *nippon* kam erstmals 1956 auf den Markt, damals noch in Riegelform. 1974 wurden die ›Knusper-Häppchen‹ in der heute noch bekannten quadratischen Form eingeführt. Eine Marktanalyse durch das Institut von Ernest Dichter bestätigte 1992 die Attribute Knusprigkeit, Lockerheit und ausgewogene Schokoladensüße. 1994 (…) bestätigte eine Studie, dass der Markenname *nippon* mit einem Bekanntheitsgrad von 88 % zu den prominentesten Süßwarenmarken Deutschlands gehört«, liest er mir aus dem Wikipedia-Eintrag vor. Na also! Knusprig, locker, ausgewogen schokoladensüß! Eine der prominentesten Süßwaren Deutschlands! Und Bela und seine Kids kannten Nippon nicht mal?! Siehste! Wer liegt hier falsch!

Ich telefoniere den ganzen Abend lang mit meiner Freundin und meinem Bruder. Sie sind mindestens genauso meine Familie wie diese Tennis spielenden Verrückten da; wenn man der neuen alten Normfamilie beim Tennisspielen zusehen muss, sieht man Brüder und Freund*innen bloß so schlecht. Und dann merke ich es: Wie können meine Stiefkinder eigentlich mich verstehen, wenn sie meine Welt nicht kennen? Woher sollen der Kleine und Arianna denn wissen, dass für mich Tennis ganz falsch ist, woher sollen sie denn wissen, dass man *eigentlich* Pommes im Freibad isst und schlechten Federball spielt? In ihrer Welt sitzt die Stiefmutter bloß plötzlich mies gelaunt in der Ecke und will nicht mit ihnen spielen. Und weil ich mich nicht traue zu sagen, wie einsam ich mich in dieser fremden Welt fühle, versprühe ich lieber ab und zu Gift in Form von bösen Blicken und gemeinen Sprüchen. Soll dieses Zusammenleben funktionieren, müssen die Kids meine Welt kennenlernen.

Und dann fällt mir ein, dass ja auch Arianna und ihr Bruder keine kleinen Belas sind, sondern genauso Kinder ihrer Mütter, und ich stelle mir die beiden Mütter auf diesem Tennisplatz vor und muss lachen: Nein, ich glaube nicht, dass die Mütter in ihrem Urlaub Tennis spielen. Sie gehen in Ausstellungen, sie liegen am Strand, sie schreiben und helfen auf dem Bauernhof aus, sie machen allerlei schöne Sachen, die ich auch mag, und sie spielen kein Tennis (ihre Haltung zu Nippon kann ich nicht beurteilen, aber ich fürchte, dazu sind sie zu bio).

Dann erinnere ich mich daran, wie ich mit einer der Mütter meiner Stiefkinder in einer Bar saß, an einem Frühsommerabend, und sie mir von den Winterferien bei Belas Familie berichtete: davon, wie sie alle, einfach alle ganz selbstverständlich Ski fahren, die ganze Familie, auch die Kinder können es schon, und alle Bekannten und Freunde; einfach alle, und wie sehr sie Skifahren hasst und alles, was dazugehört, und wie ich plötzlich merkte, was mir blühte, und ich ausrief: »Oh Gott, Ski?!« – »Ja, Ski! Alle! Den ganzen Tag!« Sie deutete mit den Armen an, wie Skifahrerinnen diese Stöcke halten, beugte sich vor und machte mit den Augen diesen ernsten Skifahrer-Blick, und wir brachen in Lachen aus, bis wir keine Luft mehr bekamen. Da sind sie, die Verbündeten: Es sind nicht nur die eigene Familie und Freundinnen, es sind auch die Mütter, die helfen können, die Normfamilie zu öffnen und die Welt der Stiefmutter hereinzulassen.

Es stimmt also einfach nicht, dass wir zu viert sind, Bela, der Kleine, Arianna und ich, und dass es nur darum geht, dass ich in ihre Welt hineinkomme. Es leben noch viel mehr Menschen mit uns: Ariannas Mutter, die Mutter des Kleinen, mein Bruder, meine Freund*innen, Belas Familie, Belas Freund*innen und manchmal sogar die Familie von Ariannas Mutter und die Familie von der Mutter des Kleinen: Sie alle spielen eine Rolle dafür, wie wir unser Leben gerade gestalten können und wollen. Wenn Helen gerade nach Frankfurt muss, dann müssen wir dafür sorgen, dass Arianna versorgt wird. Wenn die Mutter des Kleinen für ein paar Monate eine wichtige Stelle in einer anderen Stadt hat, dann müssen wir alle zusammen überlegen, wie wir ihr ermöglichen können, sie wahrzunehmen. Die Konflikte eskalieren, sobald jemand versucht, die Familie wieder auf vier Personen zu reduzieren. Alle mitzudenken, das heißt aber auch, sich in alle hineinzuversetzen; und dafür muss man sich wenigstens ein bisschen kennen, verstehen und nachvollziehen. Es funktioniert nicht, wenn man Familienmitglieder emotional ausgrenzt und sich weigert, ihre Perspektive einzunehmen – wie das nach einer Trennung leider allzu leicht passiert.

Auf der anderen Seite des Ozeans

Die meisten Konflikte zwischen Stiefmüttern und Müttern scheinen sich vor allem durch eines auszuzeichnen: kaum Kontakt. Sie haben kein direktes Wissen übereinander, sondern nur durch den Expartner gefärbtes Wissen. Nach einer Trennung ergibt die Paardynamik, dass häufig erst mal die negativen Eigenschaften der Expartnerin oder des Expartners im Vordergrund stehen und die emotionale Verständnisarbeit füreinander eingestellt wird. Selbst wenn die getrennten Partner*innen reflektiert mit einer Trennung umgehen, ist die Bereitschaft oft gering, die oder den Ex nachzuvollziehen und der neuen Partnerin zu vermitteln, wieso dieser Mensch so handelt, wie er es tut. Die Verletzungen der Trennung sind spürbar, und so lernt eine Stiefmutter die Mutter ihrer Stiefkinder meistens durch die Brille von deren Expartnerin oder Expartner kennen – keine gute Voraussetzung für eine gute Beziehung.

Ein beeindruckendes Beispiel für die scheinbar unüberbrückbare Distanz, die eine Trennung schaffen kann, fand ich in den Briefen zwischen der Philosophin Hannah Arendt und der US-amerikanischen Schriftstellerin Mary McCarthy[100]. Der Briefwechsel der beiden Intellektuellen zwischen 1949 und 1975, *Im Vertrauen*, wird noch immer viel gelesen und bleibt in seiner Mischung aus politischen, philosophischen und privaten Beobachtungen durch die große Klugheit der Briefeschreiberinnen weiterhin aktuell. In die sonst von intellektueller Reflexion bestimmten Briefe McCarthys mischen sich jedoch dann platte emotionale Reflexe, als sie sich in Europa neu verliebt – und sich darüber ärgert, wie ihr Expartner und die Expartnerin ihres neuen Geliebten die jeweilige Scheidung angeblich bewusst in die Länge ziehen, um dem frisch verliebten Paar eine baldige

Hochzeit zu verunmöglichen. Wie McCarthy über die Mutter ihrer neuen Stiefkinder und deren Vorstellungen von ihrer Erziehung spricht, ist vielsagend:

> Margaret ist plötzlich mit einer »sofortigen« Scheidung einverstanden, allerdings im September. Aus irgendeinem mir unverständlichen Grund will sie im August ihre Eltern nach Polen kommen lassen. Um ihre mondäne Lebensart herzuzeigen? (…) Was die Kinder angeht, Hannah, finde ich es auch sehr schlecht, die beiden älteren ins Internat zu schicken. Und vor allem in getrennte Internate. Aber in einem Fall wie diesem (und in fast jedem Fall) hat die Mutter das Sorgerecht für die Kinder, und offenbar bedeutet »Sorgerecht« in ihrem Verständnis, sie auf Schulen zu schicken. Das ist alles ihre Idee.[101]

Dem typischen Klischee einer neuen Partnerin und Stiefmutter entsprechend, sieht Mary McCarthy in Margarets Verhalten etwas Boshaftes: Die Bezeichnung »mondäne Lebensart« erinnert doch sehr an das Klischee der Rousseauschen *femmes du monde*. McCarthy kann die Entscheidungen der Mutter ihrer Stiefkinder nicht nachvollziehen, und darüber hinaus stellt sie infrage, ob sie ihr »Sorgerecht« angemessen anwendet. Es sei hier erwähnt, dass McCarthy zu diesem Zeitpunkt diese Stiefkinder erst wenige Monate kennt und erst wenige Male getroffen hat.

Doch nicht nur die Ex ihres Partners wird moralisch infrage gestellt, sondern auch ihr eigener Expartner, der inzwischen zu einem Freund von Hannah Arendt in den USA geworden ist. In der Weise, wie die Schriftstellerin McCarthy Arendt von ihrem Expartner schreibt, wird die ganze emotionale Distanz spürbar, die nach einer Trennung plötzlich Einzug halten kann. Denn während McCarthy ihrem Ex Bowden Broadwater in New York unterstellt, er würde eine Scheidung absichtlich verschleppen, um ihrem Glück mit ihrem neuen Partner in Europa im Wege zu stehen, verteidigt Hannah Arendt ihren Bekannten: Sie berichtet, er sei mit einer Scheidung durchaus einverstanden, und äußert Verständnis für seine tiefe Verletztheit. Dieses Verständnis wiederum ist Mary McCarthy völlig unbegreiflich. Sie fragt, warum Hannah Arendt das Verhalten ihres Ex entschuldige und wie sie und auch die anderen gemeinsamen Freunde in den USA dessen Sichtweise »in Ordnung« finden könnten, wie sie schreibt – statt »empörend«, wie es ihrer Meinung nach richtig wäre. Und dann stellt Mary McCarthy in den Reaktionen ihrer New Yorker Freundin etwas fest, das mir für den Umgang mit den Expartnerinnen von Bela eine sehr hilfreiche Perspektive schenkte: Es sei gerade *so, als gäbe es darin etwas, das Ihr in New York versteht, wir in Italien aber nicht.*[102]

Genau so ist das nach Trennungen: Zwischen zwei emotionalen Welten, die zuvor auf das Engste verbunden waren, wird nun eine Grenze gezogen, indem die emotionale Kommunikation mit dem anderen Menschen eingestellt wird. Hier New York, dort Italien. Zwischen Mary McCarthy und Bowden Broadwater, zwischen Bela und Helen, zwischen Bela und der Mutter meines Stiefkleinen erstreckt sich ein Ozean.

Für die anderen Menschen, für die Freundinnen, Bekannten und den Rest der Familie gibt es diesen Ozean aber nicht. Sie unterhalten ja weiterhin emotionale Beziehungen zu beiden ehemaligen Partner*innen. Es ist also kein Wunder, dass Arendt ihrer Freundin nach diesem Brief ordentlich die Leviten liest: Solange deren Ex Bowden in New York nichts Schlimmes tue und solange er sich nicht gegen McCarthy wende, *bin ich nicht bereit, über ihn Gericht zu sitzen.* Und dann macht Arendt mehr als deutlich, was sie davon hält, dass McCarthy die

Schuld an der Trennung und den Scheidungsverhandlungen einfach ihrem Ex in die Schuhe schiebt, dessen Verhalten McCarthy zuvor als »lächerlich« beschrieben hatte:

> Wenn Du die Sache überhaupt in diesem Sinne betrachten möchtest, scheint es mir ziemlich augenfällig, dass Ihr beide die Opfer Eurer eigenen, selbst gewählten Vergangenheit seid. Das mag unbequem sein, aber es ist nicht lächerlich, es sei denn, Du willst behaupten, dass Deine ganze Vergangenheit nicht nur ein Fehler, sondern ein lächerlicher Fehler gewesen ist.[103]

Wenn schon eine Hannah Arendt sich derart genervt gegen diese Zerreißprobe zwischen den Kontinenten wehrt, wie geht es dann erst den Kindern? Sie verbleiben nach der Trennung ihrer Eltern auf beiden Seiten des Ozeans zugleich und werden zwischen den Kontinenten allzu oft zerrissen. Die Kinder behalten ihre enge Beziehung zu beiden Elternteilen bei, und die Ablehnung eines Elternteils durch den jeweils anderen ist für sie schmerzhaft, ist es doch auch die Ablehnung eines wichtigen Teils ihrer eigenen Identität.

Und wenn ein Expartner sich der emotionalen Beziehung zu der Mutter dieser Kinder verweigert, wie soll dann erst eine Stiefmutter die Mutter ihrer Stiefkinder verstehen können?

Meistens ergeht es den Stiefmüttern wie Mary McCarthy: Sie wissen nicht, warum die Mütter sich so verhalten, wie sie dies tun, und vermuten Gemeinheit, Verrücktheit, Arroganz oder alles zusammen. Sie können die Mütter der Kinder nicht nachvollziehen. Und damit können sie auch wichtige Seiten ihrer Stiefkinder nicht nachvollziehen. Diese wiederum können wichtige Seiten ihrer Stiefmutter nicht nachvollziehen, wenn es keine gegenseitige Öffnung dafür gibt, die jeweiligen Welten kennenzulernen, sich erzählen zu lassen, nachzuvollziehen. In einer Patchworkfamilie müssen mehrere Ozeane überquert werden: zwischen Stiefmutter und Stiefkindern und zwischen Stiefeltern und den getrennten leiblichen Elternteilen.

Überwindet man diese (Ex-)Paardynamik jedoch, können sehr schöne Beziehungen entstehen, sowohl zwischen den Frauen als auch mit den Stiefkindern. Als ich mich an das Gespräch mit der Mutter über das Skifahren in der Familie erinnerte, fühlte ich mich gestärkt: Vor mir hatte auch eine andere Frau schon mit dieser starken und geschlossenen Familienkultur zu kämpfen. Ich stellte mir ihr Gesicht vor, wenn der Kleine ihr nach seinem Urlaub erzählen würde: »Elsa ist zwischendurch einfach abgehauen, weil sie Tennis nicht mag. Sie kam dann irgendwann mit Federball zurück!« Ich stellte mir vor, wie sie sich kaputtlachen würde.

Und tatsächlich konnte ich Bela, den Kleinen und Arianna überreden, in jenem Urlaub mit mir Federball zu spielen, so richtig abends im Sonnenuntergang, wie es sich gehört – und es gehört sich so, weil mein Vater, mein Bruder und ich abends immer im Sonnenuntergang zusammen Federball spielten. Diese Erinnerung teilen Arianna und mein Stiefsohn jetzt mit mir. Ich konnte ihnen ein Stück meines Kontinents zeigen.

Familie wird gemacht

Nicht immer haben Stiefmütter das Glück, dass die Mütter ihrer Kinder offen sind für eine gemeinsame Familie. Manchmal sind die Verletzungen nach der Trennung so groß, dass eine Kommunikation zwischen den getrennten Eltern für lange Zeit kaum mehr möglich ist; dann ist es auch schwer, offen zu sein für die neue Partnerin des Expartners, egal wie sich diese anstellt. Und dann ist es schwer, als Familie zusammenzufinden. Aber es geht. Diese Geschichte kann Lena erzählen.

Lena ist eine Stiefmutter, die sich bislang nie so genannt hätte: Stiefmutter. Seit fünf Jahren ist sie nun mit Jakob zusammen, aber schon vorher war sie mit ihm befreundet, sie kennt seine Tochter Sophie, seit die ein halbes Jahr alt ist. Wie schwierig die Trennung mit Sophies Mutter war, hat der ganze Freundeskreis mitbekommen, und auch Sophie galt unter den Freundinnen als eher unzugänglich, nicht besonders offen oder interessiert an anderen Menschen, sodass Lena lange nicht wusste, was für eine Rolle sie überhaupt für Sophie spielte:

Ich kannte Sophie ja schon, als sie gerade mal ein halbes Jahr alt war; da war ich eine Freundin von Jakob, und ihre Eltern waren noch zusammen. Heute ist sie ja neun Jahre alt. Aber ich war mir nie sicher, ob sie meinen Namen kennt oder nicht – und das wusste ich auch nicht, als ich schon länger mit Jakob zusammen war. Sie hat nie meinen Namen ausgesprochen, sie hat nie »Hallo, Lena!« oder so zu mir gesagt. Irgendwann habe ich gehört, wie sie zu Freunden sagte: »Lena macht dies oder das.« Klar hat mich das gefreut! Da war ich plötzlich präsent für Sophie, sie kannte meinen Namen und sagte ihn vor anderen. Ich war mir vorher nie sicher: Sind ihr Namen einfach nicht so wichtig? Will sie meinen Namen nicht aussprechen? Sie hat mich auch nie etwas gefragt oder um etwas gebeten. Ich war aber auch selbst sehr zurückhaltend ihr gegenüber. Als »Stiefmutter« hätte ich mich nicht bezeichnet: Ich habe mich nie als Mutter gesehen. Und ich hatte nicht vor, Verantwortung zu übernehmen, Sophie hatte ja eine Mutter und einen Vater, und dann bin ich dazugekommen.

Auf Sophies abweisende Haltung reagierte Lena eher mit Abstand: Sie fand, man merkte dem Mädchen an, dass die Trennung ihrer Eltern für sie schwierig war, und es sei sicher gut, wenn sie die wenige Zeit, die sie mit ihrem Vater Jakob hatte – das Gericht hatte in einem Umgangsverfahren entschieden, dass Sophie nur alle zwei Wochen am Wochenende zu ihrem Vater kommen sollte –, ihren Vater auch für sich haben konnte. Manchmal verletzte sie Sophies abweisendes Verhalten aber doch, etwa in gemeinsamen Urlauben:

> Wir waren schon häufiger in dem Haus, in das wir jetzt fahren, das gehört Jakobs Familie, und da fahren wir öfter mit Freunden hin, die auch Kinder haben. Dort gibt es ein Gästebuch, in das sich alle eintragen können, die dort waren: was sie gemacht haben, wie es ihnen gefallen hat. Wir haben die Kinder gebeten, dass sie etwas schreiben: Zuerst hat Sophies Cousine etwas geschrieben, über ihre Familie, wann sie angekommen sind und dass wir dann nachkamen, Jakob, Sophie und ich. Und Sophie hat dann geschrieben: Jakob und ich sind am soundsovielten angekommen. Ich kam darin gar nicht vor. Irgendjemand hat dann später ganz klein dazugeschrieben: und Lena. Das fand ich dann noch schlimmer: Jetzt wird das auch so präsentiert für alle, dass Sophie mich da nicht mitgedacht hat!

Die Öffentlichkeit ist für Stiefmütter häufig angstbehaftet: Obwohl sie das Verhalten des Stiefkindes vielleicht nachvollziehen und akzeptieren kann, wird es schwierig, wenn dieses Verhalten öffentlich wird. Hier spielt die im ersten Kapitel angesprochene Scham eine große Rolle: die Scham, aus einer Familie ausgeschlossen zu werden, die in unserer Gesellschaft doch als wichtigster Ort des Schutzes und der Fürsorge gilt, als letzter

Rückzugsort[104]. In Lenas Kreisen wird an der Normfamilie als Wert allerdings nicht besonders stark festgehalten. Es gibt zum Beispiel drei Freund*innen, die sich gemeinsam zum Co-Parenting für ein Kind zusammengeschlossen haben, ohne als Liebespaar zusammen zu sein. Und trotzdem empfand Lena diese Scham – gesellschaftliche Rollenbilder sitzen tief.

Dabei war Lenas gesamter Freundeskreis in die komplizierte Familiengeschichte eingeweiht: Sie alle kannten Jakob und Geraldine, Sophies Eltern, schon aus der Zeit, als sie noch ein Paar waren. Sie haben Sophies Geburt mitbekommen und die schwierige Trennung der beiden Eltern, und als Freund*innen von Jakob sind sich natürlich alle einig: Geraldine – die Frau auf der anderen Seite des Ozeans – ist das Problem:

> Sophie war eine Zeitlang sehr in sich gekehrt, das haben auch andere aus dem Freundeskreis bemerkt. Es wurde viel hinter Jakobs Rücken gesagt: »Das ist Geraldines Einfluss« … Das fand ich auch ein bisschen mies. Aber es war auch in mir drin, ich kannte die Vorgeschichte, die Konflikte zwischen ihren Eltern, natürlich aus Jakobs Perspektive …

»Das fand ich auch ein bisschen mies«, dieser Satz findet eine erstaunlich ähnliche Entsprechung in den Worten Mary McCarthys über Margaret: »Sie tut mir leid, aber nicht zu sehr.«[105] Die »Vorgeschichte«, die Lena anspricht, ist diese: Nach der Trennung von Geraldine kämpfte Jakob darum, seine Tochter die Hälfte der Zeit zu betreuen – Geraldine wollte jedoch nicht, dass Sophie so viel Zeit bei ihrem Vater verbringt. Sie wollte eine Art von Nestmodell, bei dem Sophie bei ihr wohnt und Jakob dorthin kommen muss, um seine Tochter zu betreuen. Er wollte ein Wechselmodell, bei dem Sophie die Hälfte der Zeit bei ihm lebt, die andere Hälfte der Zeit bei ihrer

Mutter. Die beiden Eltern konnten sich nicht einigen, und der Fall ging vor Gericht. Im Freundeskreis berichtet man sich, dass Geraldine dem zuständigen Richter vortrug, in Jakobs Umkreis würden Drogen konsumiert. Offenbar, so erklärt sich das Lena, war Geraldine einmal in Jakobs Wohngemeinschaft zu Besuch, und genau an diesem Tag berichtete die Freundin einer Mitbewohnerin laut in der Küche von ihrem Besuch eines Festivals, bei dem sie MDMA konsumiert hatte – eine Partydroge. Ob diese Geschichte das Urteil des Richters beeinflusste, ist natürlich völlig unklar.

In den meisten Fällen ordnet eine Familienrichterin bei getrennten Eltern mit gemeinsamem Sorgerecht ohnehin das Residenzmodell an, und zwar so, dass die Kinder hauptsächlich bei ihrer Mutter leben und ihren Vater jedes zweite Wochenende besuchen. Die FDP kritisiert dies schon lange – auch weil die Väter in solch einem Modell natürlich mehr Unterhalt an die Mütter zahlen müssen, als wenn die Kinder 50 Prozent der Zeit bei ihnen leben – und plant in der Ampel-Regierung mit SPD und Grünen, das Wechselmodell zum Leitmodell zu machen. Kritische Familienjuristinnen wenden ein, dass das Wechselmodell zwar für die Eltern gerechter sein könne, es vor Gericht jedoch um das Kindeswohl gehen müsse – und gerade bei sehr zerstrittenen Eltern sei das Residenzmodell da häufig einfacher, weil die Kinder dann nicht zwischen zwei so getrennten emotionalen Welten pendeln müssen.

Jedenfalls entschied der Richter, wie er entschied, und Sophie kommt seither nur alle zwei Wochen am Wochenende zu Jakob; in den Wochen dazwischen sieht er seine Tochter montags. Jakob war von dieser Entscheidung sehr verletzt, und Lena litt natürlich mit ihrem Partner und entwickelte daraus eine Wut auf Geraldine. Darüber gesprochen haben sie und Geraldine jedoch nie; sie haben sich noch nie getroffen:

> Wegen Geraldine … uff. Das hat sich so zugespitzt. Am Anfang war deren Verhältnis ja relativ gut, es war keine Liebesbeziehung mehr, aber sie haben beide so agiert, dass es das Beste für Sophie war. Das hat sich verändert, die Beziehung zwischen Jakob und seiner Ex-Freundin wurde schlecht, und von ihr kamen so absurde No-Gos … also, ich weiß schon, ich bin da einfach in einer anderen Perspektive, aber ich fand ihr Handeln teils einfach krass. Ich hatte immer Angst, dass sie mich schlecht macht vor Sophie. Ich weiß bis heute nicht, wie sie über mich gesprochen hat. Ich selbst hatte nie Kontakt zu Sophies Mutter. Ich habe Jakob mal gefragt, ob er sie fragen kann, ob er ihr meine Nummer weitergeben kann und wir mal einen Kaffee trinken, weil ich jetzt auch mehr mit ihrer Tochter zu tun hatte – aber das wollte sie nicht. Das war allerdings auch ziemlich früh nach der Trennung, vielleicht war es zu früh, aber danach habe ich es nicht noch mal probiert. Und dann ging das Chaos los … Ach, irgendwie ist die Luft so raus. Ich habe keine Lust, mich mit ihr zu treffen. Es geht natürlich nicht um Lust, und ich würde schon gerne etwas verbessern. Hm. Soll ich mit ihr einen Kaffee trinken gehen? Aber sie würde wahrscheinlich sowieso Nein sagen.

Dass es kaum Kontakt zu Sophies Mutter gibt, sorgt im Alltag immer wieder für Konflikte. So wollten Lena, Jakob und Sophie eigentlich schon im Sommerurlaub sein: Laut Richterspruch haben sie Sophie in diesem Jahr in der ersten Hälfte der Sommerferien, im kommenden Jahr dann in der zweiten und so weiter. Das ist ein gängiges Umgangsmodell. Doch manchmal gibt es Konflikte um den konkreten Beginn der Urlaubszeit und wenn die Kommunikation zu dem anderen Elternteil dann schlecht ist, führen solche Unklarheiten schnell zu Konflikten:

> Zum Beispiel hat Jakob gerade verpeilt, dass Sophie die ersten drei Ferientage noch nicht bei ihm ist. Eigentlich ist die Einteilung so, dass Sophie die erste Hälfte der Sommerferien bei uns ist – in diesem Kalenderjahr. Deshalb hätten wir gestern schon in den Urlaub fahren wollen. Aber irgendwie ist sie jetzt die ersten drei Tage doch bei der Mutter, keine Ahnung, warum das so verabredet wurde. Als er das feststellte, haben wir beschlossen, Geraldine zu fragen, ob Sophie trotzdem schon mit uns wegfahren kann – und sagten uns schon: Wenn sie Nein sagt, ärgern wir uns nicht, sondern planen halt um. Sie hat natürlich Nein gesagt. Und was ist jetzt? Wir müssen hierbleiben, und Sophie geht die drei Tage in den Hort, weil ihre Mutter arbeiten muss, und sie hasst den Hort. Sie wäre viel lieber schon im Urlaub. Einfach aus Prinzip sagt sie Nein, um dem Vater zu schaden. Statt Sophie etwas Gutes tun zu wollen!

Einfach aus Prinzip? Es ist vielleicht wie bei Mary McCarthy und Bowden Broadwater: Findet keine Kommunikation mehr statt, weiß man also nicht, warum der oder die andere jeweils so handelt, wie sie das tut, weil man keinerlei Informationen mehr über das (emotionale) Leben der anderen hat, dann bezieht man alles Handeln auf sich und geht vom Schlimmsten aus. Dass es darum geht, einem zu schaden. In Wahrheit wissen Lena und Jakob nicht, warum sich Geraldine dagegen entschied, Sophie früher fahren zu lassen. Viele Gründe wären möglich, über die wir hier nur spekulieren können: von Eifersucht oder Angst durch Kontrollverlust bis hin zu der simplen Erklärung, dass an einem dieser drei Tage noch etwas Wichtiges geplant ist, bei dem Sophie dabei sein soll – ein Geburtstag, ein versprochener gemeinsamer Schwimmbadbesuch, was auch immer. Dass Lena das Schlimmste vermutet, hängt natürlich überhaupt nicht mit ihr zusammen, sondern mit der Dynamik des getrennten Paares – sie sieht Geraldine ausschließlich durch Jakobs Brille. Wie sollte es auch anders sein.

Und dennoch ist etwas passiert in der kleinen Familie: Sophie öffnet sich plötzlich für Lena. Das passierte nicht einfach so, das passierte ziemlich zeitgleich mit der Geburt von Sophies Halbbruder: Lena und Jakob haben zusammen ein Kind bekommen. Lena erzählt, wie sich das Verhältnis zwischen ihr und Sophie dadurch stark verbessert hat:

> Ich merke einfach, dass sie mich mehr einbezieht. Früher war es manchmal so, dass sie nur den Frühstückstisch für Jakob und sich gedeckt hat – nicht, wenn ich direkt dabei war, aber wenn ich noch länger geschlafen habe zum Beispiel. Jetzt würde das so nicht mehr vorkommen, sie würde fragen: Soll ich für Lena mitdecken? Und dann steht da eben doch plötzlich ein Teller für mich bereit.
>
> Oder im Urlaub: Wir fahren jetzt eine Weile weg diesen Sommer und sind wieder mit vielen Leuten in dem Haus mit dem Gästebuch – das machen Jakob und ich oft so, mit vielen Freund*innen dorthin fahren, das Haus gehört Jakobs Familie. Wir haben dann Sophie gefragt, wie sie das findet, mit unseren Freunden und deren Kindern den Urlaub zu verbringen: ob sie Lust hat, mit denen abzuhängen. Und sie meinte: Ja, sie findet das gut – aber sie findet es auch schön, wenn wir mal zu viert alleine sind. So als Familie. Das hat sie nicht so gesagt, aber so habe ich das interpretiert.

Ein Schlüsselmoment war wohl Sophies Besuch in Lenas Wochenbett:

> Jakob hatte sich schon so gefreut, Sophie dazuzuholen, er hat extra einen E-Roller genommen, um schneller bei der Schule und Sophie zu sein und schneller zurück. Sophie war dann den ganzen Tag mit uns im Bett, und das war so schön. Jakob hatte ihr ein Fotoalbum gemacht, in dem Fotos aus Sophies ganzer Kindheit waren, auch Fotos, auf denen Jakob, Geraldine und Sophie als Familie zu sehen waren – das fand ich toll, dass er nicht durch seinen Streit nur Fotos genommen hat, auf denen Geraldine nicht zu sehen ist. Sophie nahm ihr Album mit zu uns und Jona ins Bett, und wir sind die Fotos zusammen durchgegangen, haben ihre Babyfotos angeguckt. Das war für uns alle ein sehr schöner Moment.

Was war so schön? Jahrelang hatte Sophie erlebt, wie ihre Familie in zwei Stücke geschnitten wurde: hier ihre Mutter Geraldine, dort ihr Vater Jakob (und seine Freundin). Die beiden Eltern stritten viel, und egal, was man vor einem Kind laut ausspricht oder nicht: Mit jeder Pore, mit jedem Blick, mit jedem Mundzucken verrät ein Elternteil die Wut auf den anderen. Für Sophie hieß das: Wenn sie bei Jakob war, durfte ihre Geraldine-Seite nicht dort sein, und wenn sie bei Geraldine war, durfte ihre Jakob-Seite nicht dort sein. Der Riss, der in vielen Fällen durch den Widerspruch zwischen Paardynamik und Familiendynamik nach einer Trennung entsteht, ging in diesem Fall durch Sophie. Dort, im Bett mit ihrem Vater und ihrer Stiefmutter, wurden ihre zwei Hälften zusammengeklebt: Es entstand eine neue Familie, deren Teil sie wurde, und durch das Fotoalbum durfte sie ihre andere Hälfte mit in die Wiege dieser Familie nehmen. Geraldine war dabei.

Dazu kommt, dass auch Lena ihr Verhalten Sophie gegenüber ändert seit der Geburt ihres Babys:

Es hat sich viel geändert seit Jonas Geburt. Ich habe das Gefühl, dass ich mehr Sachen mache zu Hause … schwer zu beschreiben. Zum Beispiel koche ich mehr als früher. Eigentlich war es immer so: Wenn Sophie da war, hat Jakob für das Essen gesorgt. Das ist jetzt immer noch oft so, aber jetzt koche ich eben auch manchmal, wenn sie da ist. Früher habe ich das nicht gemacht. Ich denke meine Rolle gerade irgendwie neu. Ich glaube schon, dass das viel an dem Baby liegt – natürlich schwer zu sagen, was passiert wäre, wenn Jona nicht gekommen wäre. Aber ich sehe in Sophie auch so eine Bereitschaft, mehr mit mir zu reden. Wir waren neulich am See, und dann hat sie mich gefragt, ob wir noch mal mit dem Boot auf die Insel fahren – »weil mit Jakob war sie ja schon«! So was wäre früher nie vorgekommen. Ich habe das Gefühl, dass ich mich mehr öffnen kann, weil sie mehr auf mich zukommt.

»Ich denke meine Rolle gerade irgendwie neu.« Zuerst war Lena »nur« Jakobs Freundin; für sie galt das Paarsystem, der Familie stand sie außen vor. Jetzt ist sie Mutter geworden und nimmt auch für Sophie eine mütterliche Rolle ein – wenn man die fürsorgliche Rolle so nennen möchte. Was Lenas Rolle nun erleichtert, scheint die Bewegung aus der Zerrissenheit nach vorne: in die Familie.

Was war zuerst da: Lenas Öffnung für Sophie oder Sophies Öffnung für Lena? Ich sehe in der Annäherung der beiden, wie die gedankliche Einbeziehung der anderen in eine Familie – also in ein soziales Miteinander, in ein gemeinsames »Wir« – ein gegenseitiges Verständnis ermöglicht, das wiederum Voraussetzung für ein Miteinander ist. Denn nicht nur Sophie wird mit ihrer ganzen Familiengeschichte mit einbezogen, das gilt auch für Lena und ihre Familiengeschichte:

Meine Familie kannte Jakob schon länger, er war ja in meinem Freundeskreis, sie wussten auch von der Trennung. Als ich erzählte, dass wir zusammen sind, wussten sie also automatisch von Sophie. Aber sie haben sich da sehr rausgehalten, und ich wollte das auch nicht so künstlich aufziehen und sie einladen, damit sie Sophie mal kennenlernen. Dann hat sich das so ergeben: Mein Vater war mal in der Stadt, weil er hier etwas zu erledigen hatte, und zufällig war es gerade das Wochenende, an dem Sophie bei uns war. So lernten sich alle mal kennen, aber ich muss sagen: Oft haben sich Sophie und meine Eltern eigentlich nicht gesehen, was einerseits daran liegt, dass die ziemlich beschäftigt sind, und andererseits natürlich daran, dass Sophie einfach nicht so oft bei uns ist. Jetzt kamen meine Eltern natürlich, nachdem Jona geboren wurde … Meine Eltern wohnen an der Ostsee, und ich dachte schon oft, dass es Sophie dort gefallen könnte, wegen des Meeres und des Strandes, aber dazu ist es einfach noch nicht gekommen … bislang. Neulich habe ich Sophie aber schöne Grüße von meinen Eltern ausgerichtet, und Sophie sagte echt: »Ja, schöne Grüße zurück!«

Dass ein Baby eine Familie gründet, ist natürlich sehr nahe an der Normfamilie: Lena wird Mutter, auch in Sophies Augen, und das beendet eine ganze Reihe von Ungewissheiten. Plötzlich stimmen die Rollenerwartungen wieder, und die Familie fügt sich einfacher zusammen.

Es muss jedoch kein neues Baby kommen, um eine Familie zusammenzuführen: Es kann auch andere Wege geben, die Welt des Stiefelternteils und die Welt der Stiefkinder zusammenzubringen. Einen solchen Weg beschreibt zum Beispiel der Psychologe Wolfgang Krüger. Er hatte kein gemeinsames

Kind mit der Mutter seiner Stieftochter, und dennoch gab es dieses Ereignis, das die beiden Welten einander näher brachte:

> Was eine Wandlung brachte, war, als Katharina das erste Mal zu meinem Geburtstag kam. Ich habe einen sehr großen Freundes- und Bekanntenkreis, und einmal im Jahr lade ich sie alle ein. Katharina kam also und sah, da waren um die 70 Leute, und um die 20 davon kannte ich sehr gut. Sie sah, wie viel Zuneigung und Respekt mir all diese Menschen entgegenbrachten, und das machte irgendwie etwas mit ihr. Das fand sie einfach klasse, wie viele Leute ich da kannte.

Was hier passierte, war möglicherweise etwas ganz Ähnliches wie die Familienmitglieder und Freunde, die Sophie etwas zur neuen Familie mit Lena und Jona schenken: Sie sah, dass dieser Mensch, den sie bislang nur als Störfaktor in ihren eigenen vier Wänden kennengelernt hatte, in ein viel größeres Netzwerk eingebettet ist und dort respektiert wird. Die Anerkennung der Stiefeltern durch andere macht natürlich etwas mit der Stiefkind-Perspektive: Der Blick ändert sich, wird abstrahiert; kurz wird es Katharina oder Sophie möglich, den Stiefvater oder die Stiefmutter von außen zu betrachten. Katharina schreibt in ihrem und Krügers Buch auch: *Was erzählt Wolfgang denen wohl von mir?* Wolfgang Krüger wurde für Katharina plötzlich zum sozialen Wesen, und das änderte ihre Perspektive. Freund*innen spielen für die Anerkennung einer (Familien-)Beziehung eine zentrale Rolle.

Was dadurch möglich wird, ist eine ehrliche, offene Beziehung zueinander. Auch Lena merkt, wie durch die größere Nähe zu Sophie eine Atmosphäre entsteht, in der sie sich auch mal traut,

Kritik an Sophie zu üben; und wie durch diese Kritik die Nähe keinesfalls weniger wird, sondern eher zunimmt.

Auch ich ändere mein Verhalten: Ich traue mich, Sophie auch mal offen zu kritisieren. Früher habe ich nichts gesagt. Sophie hatte wirklich so eine Phase, in der sie nur herumgenörgelt hat, ihr Ton war einfach immer so *wewewewewe*, ich war komplett genervt. Mit Jakob habe ich auch darüber gesprochen: »Findest du nicht auch, dass Sophie immer so negativ ist?« Aber mit ihr nicht, ich habe mir gesagt: Nein, ich kann das nicht machen, ich möchte nicht, dass sie von mir nur das Negative abbekommt – ich bin so schon in einer schwierigen Situation ihr gegenüber! Also habe ich nichts gesagt. Letztens aber kam es zu so einer Diskussion, ich weiß nicht mehr genau, worum es ging, aber Sophie musste immer noch mal etwas erwidern, immer und immer wieder, und plötzlich sagte ich: »Sophie, du musst jetzt nicht das letzte Wort haben.« Das kam so raus! Aber sie hat das so akzeptiert, und das Gespräch ging weiter. Und ich dachte mir: Puh, das war doch gut.

Das erinnert natürlich sehr an das »Better keep your mouth shut« der Studie von Weaver und Coleman: Der geschlossene Mund behält der Beziehung zwischen Stiefmutter und Stiefkindern eben auch etwas vor, die Stiefmutter zeigt sich nicht richtig, sie hält sich selber aus der Familie raus, und dadurch geht auch etwas verloren für die Beziehung zu den Stiefkindern. Seit der Geburt des Babys jedoch wird Lenas Welt von Sophie plötzlich ernster genommen – und auch Sophies Welt wird von Lena ernster genommen.

Mit der Verbesserung der Beziehung zu Sophie tritt offenbar auch die Frage auf, ob Lena an der Beziehung zu Geraldine etwas verbessern könnte: Sollten sie zusammen einen Kaffee trinken gehen? Die Familie wird tendenziell weiter gedacht: als Netzwerk-Familie. Es gibt nicht mehr diesen harten Schnitt, der erst zwischen Lena und Sophie verlief und sich jetzt hinter Sophie verlagerte. Auslöser dafür war offenbar die Geburt von Lenas Sohn Jona, und wenn wir diese Familiengründung nicht mehr ganz so rousseauisch-biologistisch denken wollen, dann sehen wir, dass Jonas Geburt in allen Beteiligten einen Wandel ihrer Haltung zur Familie und zu Sophie bewirkte:

> Sophie hat ein geschwisterliches Verhältnis zu ihrem Bruder. Ich glaube, das liegt auch daran, dass das Umfeld so cool reagiert hat: Jakobs Eltern, auch seine Geschwister haben sich für sie gefreut, sie haben ihr Geschenke gegeben zu seiner Geburt, das fand ich toll, und auch ich habe ihr ein Kartenspiel geschenkt. Und sie hat sich mega darüber gefreut!

Die ganze Familie und Freund*innen schenken Sophie etwas zu Jonas Geburt: Es sind die Verwandten und Freund*innen, die hier eine Brücke schlagen, die hier Familie bilden. Über Baby Jona werden Lena und Sophie verbunden – *weil alle sie jetzt als verbunden behandeln.* Familie wird gemacht.

8
Tanzend.
Über die Kunst, die Rollen ins Schwingen zu bringen

Es gibt wohl kaum ein Kulturgut, das so zentral für das Kleinfamilienleben steht wie das Auto: Mama, Papa, zwei Kinder, Hund, Haus, Auto. So ungefähr sah die Familiennorm des 20. Jahrhunderts aus, oder? Und wie sah so ein Familienausflug aus? Wer saß wo genau, auf diese fünf Autoplätze verteilt? Es ist wohl kein Zufall, dass die Frage der Sitzverteilung im mobilen Kleinfamilien-Gefängnis in vielen Stiefmutter-Geschichten vorkommt. Die Autorin Ute Kissling beschreibt die Konflikte, die sich in einer Patchworkfamilie rund um das Auto abspielen, in ihrem Buch *How to survive als Stiefmutter* sehr genau:

> Emilia sitzt vorn, kräht das Lied aus dem Radio furchtbar falsch mit und streckt ihre Beine weit von sich. Wohingegen sich Ihre Knie bei jeder Bodendelle schmerzhaft in den Sitz vor Ihnen bohren. Haben Sie auch Nackenschmerzen wegen der fehlenden Kopfstütze? Und seit zwei Stunden nichts mehr getrunken, weil Ihre Flasche in den Fußbereich abgestürzt ist, als Sie versucht haben, ein Kaugummi für Emilia aus Ihrer Jackentasche zu fischen. Das die Kleine nach zwei Minuten aus dem Seitenfenster geworfen hat und das der Fahrtwind jetzt an die Scheibe neben Ihnen geklatscht hat. Dort klebt es wie eine stumme Anklage Ihres Versagens (…)[106]

Das Auto ist kein Gefährt der Diversität, es kennt keine Großfamilien und keine Patchworkfamilien, es kennt keine drei Elternteile oder fünf Kinder, und es kennt keine Stiefmütter, es kennt nur: den Familienlenker (sic!), die Beifahrerin, die unmündigen Mitfahrerinnen. Kein Mobilitätsmittel ist dermaßen undemokratisch und dermaßen passend für die patriarchale Familienorganisation im Fordismus.

Als Fordismus bezeichnet man in der Politikwissenschaft die Art, wie Industriegesellschaften im 20. Jahrhundert ihre wirtschaftliche Produktion organisierten[107]: Zentral war die industrielle Massenproduktion, verbunden mit Vollbeschäftigung, einem wirtschaftlichen Aufschwung für die Arbeiter*innenklasse und der Verbreiterung des Bürgertums. Henry Ford prägte die Vorstellung, dass mit der Massenproduktion von Autos auch ein bestimmter Lebensstandard einhergehen sollte: »Die Menschen, welche den Großteil der Waren verbrauchen, sind diejenigen, die diese Waren herstellen. Diese Tatsache sollte nicht vergessen werden. – Sie ist das Geheimnis unseres Wohlstandes.« Jeder seiner Arbeiter (sic! Es ging um Männer) sollte sich und seiner Familie auch ein Auto finanzieren können, mit dem sie einmal im Jahr zum Urlaub nach Italien fahren konnten. Am Lenkrad Papa, auf dem Beifahrerinnen-Sitz Mama, hinten die zwei Kinder und vielleicht ein Hund: Diese Auto-Familie passte perfekt zur Wirtschaftsweise der 1950er-Jahre, in der der Mann mindestens acht Stunden am Tag, mindestens fünf oder sechs Tage die Woche dem Unternehmen voll zur Verfügung stehen sollte, um danach ausgebeutet, müde, nicht mehr aufnahmefähig und halb depressiv mit ein, zwei, drei Bier oder ein paar Korn vor dem Fernseher zu versinken, bedient von (s)einer Frau, deren Arbeitskraft mindestens 16, eigentlich 24 Stunden am Tag, sieben Tage die Woche der Familie zur Verfügung stehen sollte.

Was der schöne Begriff Fordismus auf den Punkt bringt: Wie die Familie sich organisiert, ist keine individuell ausdiskutierte Privatsache zwischen den Eheleuten, sondern das jeweilige Familienleben einer Gesellschaft entspricht ihrer Wirtschaftsweise.[108] Im Feudalismus ist das die patriarchale Großfamilie mitsamt ihren Mägden, Knechten und Feldarbeiterinnen; im Industriekapitalismus ist es die Kleinfamilie mit dem Vater als Ernährer und der Mutter als Familienarbeiterin. Der Fordismus der 1950er-Jahre wurde dann abgelöst durch die Flexibilisierung der neoliberalen Ära: Netzwerkproduktion, Outsourcing, Immaterialisierung von Arbeit. Die Arbeitskraft verweiblichte sich gewissermaßen, als Fähigkeiten wie Pflege, Erziehung, Sorgearbeit, Dienstleistungen und das Mitdenken der Diversität aller Arbeiter*innen und Konsument*innen im Produktionsprozess für die Wirtschaft immer wichtiger wurden. Frauen strömten als Arbeitskräfte auf den Arbeitsmarkt, während Männer jedoch nicht mehr Familienarbeit übernahmen – was zu der allzu bekannten Doppelbelastung von Frauen und der extrem ungleichen Verteilung von Arbeit in der Gesellschaft führte, aber gleichzeitig auch vielfältigere Familienmodelle erleichterte. Was das Auto für den Fordismus, ist vielleicht das Smartphone für den neoliberalen Dienstleistungskapitalismus.

Doch das Auto bleibt. Ein vierplätziges Relikt aus der Hochphase der Mama-Papa-zwei-Kinder-Normfamilie.

Erinnern wir uns an Sares Geschichte: Jahrelang pendelte das gemeinsame Auto mit den gemeinsamen Kindern zwischen ihrem Partner Haydar und dessen Ex-Frau Nele hin und her, ohne dass es darum größere Konflikte gab. Es war ihr altes Familienauto, und es blieb ihr Familienauto, sie teilten es sich. Dass auch die Stiefmutter Sare mal damit fuhr, wird Nele wohl gewusst haben, aber sie duldete es – bis Sare und Haydar ein gemeinsames Kind bekamen und einen Kindersitz für das Baby ins Auto bauten. Da plötzlich konnte Nele das Auto nicht mehr teilen, sie sagte selbst, sie könne den Kindersitz nicht sehen, es ging nicht, er löste eine Krise bei ihr aus, dieser fremde Kindersitz in ihrem Auto. Haydar zahlte seiner Ex Nele ihre Hälfte aus, und sie kaufte sich ein eigenes Auto. Mit dem neuen Kind war das Auto eben nicht mehr das gemeinsame Familienauto ihrer Familie, es wurde zum Familienauto der »neuen« Familie rund um Haydar, Sare und Clara, und mit dieser Auftrennung konnte auch das Auto nicht mehr geteilt werden: Jeder Familie ihr eigenes Auto.

Das bedeutet meist, dass für die Stiefmutter im Familienauto kein Platz vorgesehen ist – solange sie kein eigenes Kind in diesem Auto hat, das ihr natürlich automatisch das Recht gibt, sich nach vorne zu setzen. Aber ohne eigenes Mitfahr-Kind: Wohin soll sie sich setzen? Aus feministischer Perspektive liegt natürlich ein Rat nahe: Revolution! Setzt euch nicht auf den Beifahrerinnen-Sitz, setzt euch nicht nach hinten. Schnappt euch das Steuer! Das rät auch Ute Kissling:

> Bitten Sie Ihren Partner anzuhalten, und tauschen Sie die Plätze. Nehmen Sie endlich das Steuer in die Hand, und brausen Sie über die Autobahn. (…) Irgendwann sind Vater und Tochter eingeschlafen. Stille kehrt ein. Das Auto und die Straße gehören Ihnen allein. Haben Sie endlich verstanden, warum meistens Männer am Steuer sitzen und die Frauen diejenigen sind, die nach so einer Reise mit Kindern völlig gestresst sind und schwören, so was nie wieder zu machen? Das wird Ihnen nicht mehr passieren.[109]

Ich kann das bestätigen. Es fühlt sich einfach *herr*lich an – im wahrsten Wortsinne. Es war am Gardasee, wir wollten ins nächste Dorf fahren, mit dem Auto, das uns Belas Mutter für den Urlaub geliehen hatte. Bela war noch nicht beim Auto, aber ein Stiefkind saß schon vorne auf dem Beifahrer-Sitz, die Tür noch offen; ich hielt sie fest. »Ich sitze vorne«, stellte ich fest. »Nein, aber ich sitz immer neben Papa, wenn wir Auto fahren!«, insistierte das Stiefkind. »Ich sitze vorne«, stellte ich wieder fest. »Aber mein Kindersitz ist schon vorne!« Ich hielt die Tür fest. Ich sah Bela den Weg entlangkommen, gleich wäre er hier und würde beide Kids nach hinten schicken. Ich hasste es. Dass ich auf den großen Bela warten musste, damit er das hier für uns klärte. Der große Bela entscheidet, wer wo sitzen darf. Noch ehe Bela beim Auto angekommen war, sah das Stiefkind ihn erwartungsfroh an: »Papa, ich darf vorne sitzen, oder?« Da reichte es mir. Ich hielt Bela meine Hand hin, offene Handfläche, und forderte ein: »Schlüssel her.« Bela gab mir den Schlüssel. Ich ging um das Auto herum und setzte mich auf den Fahrerinnen-Sitz. Bela musste nur seine Augenbraue hochziehen, und schon saßen die Kids hinten. »Darfst du überhaupt fahren?«, hörte ich es von hinten rufen. »Wieso, weil ich eine Frau bin?«, ich startete das Auto und ließ den Motor aufheulen. »Nein, weil ...« Der Satz wurde nie beendet. Ich drehte das Radio auf. Öffnete das Fenster. Hach, dieser Fahrtwind am Gardasee.

Mich ans Steuer zu setzen, das hatte etwas Befreiend-Spielerisches: Ich spielte mit den anderen, was los wäre, würde ich die Geschicke der Familie lenken. Aber ich *spielte*. Nie hätte ich entscheiden dürfen, mit den Kids woandershin zu fahren, als wie verabredet zum nächsten Dorf am Gardasee. Darüber entscheidet ihr Vater, nicht sie. Eine Stiefmutter darf sich nicht hinter das Steuer setzen. Sie darf sich nicht auf den Beifahrerinnen-Platz setzen: Es ist die Mutter, die mit dem Vater die Kinder durch das Leben lenkt, nicht sie. Sie kann sich aber auch nicht nach hinten setzen: Denn ganz ehrlich, sollte eine erwachsene Frau das Lenken ihres Lebens abgeben und sich auf die Kinderposition zurückdrängen lassen?

Ein Leben auf der Hinterbank?

In der Stiefmutter-Familie hat ganz eindeutig der Vater das Steuer in der Hand, allein schon durch die *Monopolisierung der Information.* Sämtliche Information in der Familie läuft (zunächst) über ihn: Will die Mutter ein Betreuungswochenende tauschen, will sie wegfahren oder passiert etwas Relevantes im Leben der Kinder, teilt sie das natürlich dem Vater mit und nicht der Stiefmutter; der Vater wiederum teilt es dann der Stiefmutter mit (wenn sie Glück hat). Ähnliches gilt für die Kinder, wenn sie bei ihrer Mutter sind: Was in ihrem Leben passiert, wie es ihnen geht, das erzählen sie nicht der Stiefmutter, sondern ihrem Vater, der es dann – wenn er Lust hat – seiner Partnerin mitteilt. Alle Informationen, die zwischen den Familienteilen hin- und hergehen, verlaufen über den Papa als dünnes Nadelöhr. Wenn Harmonie herrscht, funktioniert das meistens ganz gut. Hat der Papa aber mal schlechte Laune, ist gerade wegen irgendeines Konflikts in der ein oder anderen Beziehung verstimmt, kann es durchaus passieren, dass nicht alle der notwendigen Informationen über die Kinder oder ihre Mütter weitergegeben werden: Er vergisst, der Stiefmutter zu sagen, dass die Kinder schon nächstes Wochenende kommen und nicht erst übernächstes; er vergisst, ihr zu sagen, dass die Kinder doch die zweite Hälfte des Urlaubs bei ihnen sind und nicht die erste und so weiter.

Sares Fall ist ein Extremfall: Hier hatten Kinder und Stiefmutter durch die Sprachbarriere gar nicht die Möglichkeit, sich direkt miteinander zu unterhalten! Was ihr Partner Haydar nicht für sie übersetzte, kam nicht bei Sare an. Diese Monopolisierung der Information bringt sie alle, die Mütter, Stiefmütter und die Kinder, in jenes starke Abhängigkeitsverhältnis von dem Vater und Partner, das ich schon im Kapitel über Eifersucht problematisiert habe. Denn die Emotionen und die Informationen fließen nicht einfach zwischen allen Familienmitgliedern; sie fließen durch den Vater hindurch und werden dort weiterverteilt, eingefärbt natürlich durch dessen Interpretation, reguliert durch dessen Willen (oder: Faulheit beziehungsweise, gutwillig gedacht: Überforderung), sie mal mehr, mal weniger direkt weiterzugeben. Nach hinten. Zur Stiefmutter auf der Hinterbank.

Das Leben auf der Hinterbank statt auf dem Beifahrerinnensitz sieht dann so aus: An einem Nachmittag im Herbst kamen zwei Freunde des Kleinen zum Spielen zu uns nach Neukölln, zum ersten Mal in unsere Wohnung und nicht in die *Nestwohnung*. Schon meine schiere Existenz brachte die Kommunikation mit den Eltern zum Stocken, die ihre Kinder vorbeibrachten: »Hallo, ich bin Bela, der Papa des Kleinen.« – »Ah, hallo, wie schön, ich bin Susanne, die Mama von Sandro«, Händeschütteln, die freudestrahlenden Augen wandern die Runde weiter und landen nun auf mir, die Hand wird mir entgegengestreckt, ich nehme die Hand, »Hallo«, sage ich nur und lächele, vielleicht komme ich drumrum, aber nein. – »Und Sie sind also die Mutter …?« Immer. Kommt diese Frage. Ich habe alle Antworten ausprobiert, die irgendwie meiner Rolle entsprechen könnten, und sie alle haben die gleiche Reaktion hervorgerufen: »Nein, ich bin Elsa, die Partnerin von Bela«, »Ich bin Elsa, die Stiefmutter«, »Ich bin Elsa, ich lebe mit Bela und dem Kleinen«, sie alle führen dazu, dass die Augen augenblicklich nicht mehr vor Freude strahlen, sondern die Pupillen irgendwie kleiner werden, die Hand in meiner Hand hört kurz auf zu schütteln, »oh« oder »ah« folgt meist, aber nicht verbunden mit dem »wie schön«, das die Eltern bekommen – also: die echten Eltern –, sondern höchstens ein: »ach so«. Rollen-Ungewissheit nach Niklas Luhmann halt.

Und dann fängt er an, der Informations-Ausschluss: Alles, was abgesprochen werden muss, wird mit Bela abgesprochen. Wann die Kids wieder abgeholt werden, was sie essen dürfen oder nicht essen dürfen, die Augen auf meinem Partner, immer. Dazwischen nur kurze, irritierte Blicke zu mir. Ich versuche, zu existieren: »Vielleicht können die Kids ja zum Essen bleiben?« – »Oh ja, gute Idee, danke, wir schauen mal, wie der Tag läuft, und melden uns dann noch mal.«

Die Kids spielen, es wird Nachmittag, und ich sage zu Bela: »Ok, wollen wir Hotdogs machen?« (Stolz darüber, dass ich inzwischen weiß, dass der Kleine gerne Hotdogs mag!) – »Ja, gute Idee!« Ha! Endlich habe ich einen Platz im Alltag, ich habe einen Kinderleben-sinnvollen Vorschlag gemacht, und ich darf mitorganisieren, Wahnsinn, riesiger Fortschritt. »Fragst du die Eltern, ob das klargeht?« – »Ja ok, gleich. Aber das geht schon klar, sie essen dann meistens hier.« Die Kids spielen, und ich mache so Wochenend-Dinge, ich räume herum, ich gehe los, mache Erledigungen, ich gehe einkaufen. Ich kaufe: zehn Bio-Würstchen (für jeden zwei), Bio-Hotdog-Brote, den richtigen Bio-Ketchup, Bio-Salat, na ja, so Bio-Zeugs eben. Auch Bio-Kartoffeln, denn wir einigten uns auf Kartoffelsalat zu den Hotdogs. Ich schlucke bei den Preisen, weil dieses Kind ein Bio-Kind ist (anders als mein Portemonnaie, das leider kein 100-Prozent-Bio-Portemonnaie ist; und anders als ich aufgewachsen bin, denn ich mag ja Meica aus dem Glas. Meica macht das Würstchen!). Ich komme nach Hause. Ich packe aus, ich schäle die Kartoffeln. Bela kommt in die Küche: »Lass mich das doch machen«, ich: »Nein, ich mache das gerne auch mal für die Kleinen«, er: »Aber mach nicht zu viele Kartoffeln«, und ich: »Wieso, jeder zwei bis drei, das muss schon sein!«, und er: »Ja klar, aber das sind doch jetzt schon mehr als neun Kartoffeln«, und ich: »Nee, wieso, wir sind drei Kids plus zwei Erwachsene, das sind …« und er: »Nee, die Kids essen ja nicht hier, Klaus und Susanne sind schon unterwegs und holen die Kids ab.« – »Die Kids essen nicht hier?! Wieso hast du mir nicht Bescheid gesagt?«

Wieso hast du mir nicht Bescheid gesagt? Selten habe ich einen Satz so oft geäußert wie diesen hier in den vergangenen Jahren. Was, Arianna kommt morgen schon? Wieso hast du mir nicht Bescheid gesagt? Was, der Kleine kommt dieses Wochenende gar nicht? Wieso hast du mir nicht Bescheid gesagt? Was, der Kleine kommt erst eine Woche später zu uns im Sommer? Warum hast du mir nicht Bescheid gesagt? Was, Helen ist krank? Warum hast du mir nicht Bescheid gesagt?

Wissen ist Lenkrad; Unwissen ist Hinterbank.

Im Dorf am Gardasee hatten wir einen sehr schönen Abend, Bela, Arianna, der Kleine und ich. Ich hatte die Familie unbeschadet dorthinkutschiert. Wir aßen Pizza und Spaghetti alle vongole, wir lernten die Kellner aus Tunesien kennen, die beeindruckt davon waren, dass diese Familie fließend Italienisch, Englisch, Französisch, Deutsch und Arabisch sprechen konnte, jede von uns eine andere Sprache neben Deutsch, und die nicht verstanden, welche Mutter nun woher genau kam und welche Rolle ich dabei spielte. Ich teilte meinen Aperol Spritz mit Arianna, Bela trank seine Biere, der Kleine durfte eine Fanta, und gut gelaunt gingen wir zum Auto, ich holte den Schlüssel aus meiner Handtasche, setzte mich selbstverständlich auf den Fahrerinnen-Sitz, und als wir müde und gut gelaunt bei unserem Häuschen ankamen, frohlockte es von hinten: »Elsa, ich war die ganze Fahrt nicht angeschnallt!«

Stiefmütter stecken zwischen den Rädern großer gesellschaftlicher Umwälzungen. Die Paardynamik löst sich von der Familiendynamik, und gleichzeitig löst sie sich eben nicht ganz. Die Kleinfamilie wurde von diversen Familienmodellen überholt, und doch setzen wir uns immer wieder auf die von ihr vorgesehenen Plätze. Mütterlichkeit löst sich von ihrer biologistischen Vorstellung, und doch prägt die Biologie unser Mutterbild. Es fühlt sich an, als klemmten Stiefmütter *dazwischen* wie Charlie Chaplin zwischen den Zahnrädern: Während ein Rad nach vorne zieht, zieht das andere Rad zurück bis ins 18. Jahrhundert. Die Stiefmutter wird zwischen zwei Rädern zerrissen, die sich in unterschiedliche Richtungen drehen. Eine Stiefmutter versucht, sich aus dieser Situation zu befreien, indem sie sich für eine Richtung entscheiden will: vor oder zurück. In Richtung (Norm-)Familie, oder in Richtung Partnerschaft; in Richtung Mutterrolle oder in Richtung unmütterliche Partnerin. Sie möchte in eine Rolle, die ihr eine Identität gibt, eindeutige Rollenerwartungen, und in der sie nicht ständig alles falsch macht, ja falsch machen muss. Sie möchte endlich wieder wissen, wie sie handeln soll. Und was von ihr erwartet wird.

Das Problem ist jedoch, dass die anderen Rädchen nicht aufhören, sich zu drehen. Entscheidet sich die Stiefmutter dafür, ganz zur Mutter zu werden: Das hier ist meine Normfamilie! Mein Partner, meine Kinder, die andere Mutter ist mir egal – dann geht der Riss durch ihre Stiefkinder. Denn sie haben schon eine Mutter, und unsere Rollenerwartungen an Mütter sehen nicht vor, dass Mütterlichkeit teilbar ist. Wenn Stiefmütter sich in die Rolle der Mutter flüchten, sind Loyalitätskonflikte bei den Kindern vorprogrammiert, ebenso Konkurrenzkonflikte zwischen ihren zwei Müttern. Entscheidet sich die Stiefmutter aber dafür, »nur noch« Partnerin zu sein und die Mutterrolle gar nicht erst zu berühren, geht der Riss durch ihren Partner: Er muss seine Vaterrolle ablegen, wenn er mit seiner Partnerin ist, er muss ständig Prioritäten setzen zwischen den Bedürfnissen seiner Kinder und denen seiner Beziehung, und er muss die Kinder, wenn er mit seiner Partnerin zusammen ist, ein Stück weit ausschließen. Muss eine Stieffamilie also zerrissen bleiben, für immer gefangen in diesem Räderwerk der *Modern Times*? Und die Stiefmutter kann nur wählen, wer hier zerrissen wird: ihr Partner, ihre Stiefkinder oder sie selbst?

Lasst die (Stief-)Mütter tanzen!

Lynn war plötzlich im Fernsehen. Die Tagesschau lud Lynn ein, der Westdeutsche Rundfunk brachte ein Porträt, der *Spiegel* besuchte Lynn. Dieser Mensch war gefragt, und eigentlich gab es nur eine Frage an Lynn: Wie ist es, weder männlich noch weiblich zu sein – sondern intersexuell, also »divers«? Das war 2018, als die Bundesregierung ihrer Verpflichtung nachkam, Menschen nicht aufgrund ihres Geschlechts zu diskriminieren, und eine dritte Geschlechteroption für das Personenstandsregister einführte.

Ich hatte das Glück, als Journalistin für die Wochenzeitung *der Freitag* mit Lynn sprechen zu dürfen. Ich erinnere mich noch sehr genau an jenen Nachmittag im Spätsommer: Wir hatten Limonade bestellt, und die Wespen setzten sich auf unsere Gläser, in unsere Flaschenhälse und auf unsere Lippen.

Und ich erinnere mich, wie ich Migräne bekam. Es war nicht der drohende Wetterwechsel, es war Lynn, wer mir die Kopfschmerzen verursachte.

Aber nein, es war nicht Lynn. Es war mein Versuch, Lynn in eine der mir bekannten Menschenkategorien einzuordnen: als Mann oder als Frau. Ich konnte nicht damit aufhören. Ständig versuchte ich, Lynns Mimik, Lynns Lachen, Lynns Stimme, Lynns Blick, Lynns Gesten ins Männliche oder Weibliche einzuordnen, und manchmal funktionierte es kurz, ein männliches Lachen, ein weibliches Augenflunkern, doch ständig verrutschte das Bild. Es tat weh. Es war anstrengend. Ich war es nicht gewohnt, weder weiblich noch männlich zu denken.

Dabei ist Lynn eben genau das: intersexuell. Lynn erzählte mir, dass Lynn bei der Geburt sowohl männliche als auch weibliche Geschlechtsorgane hatte. Da die Gesellschaft und mit ihr Lynns Eltern und Lynns Ärzt*innen der Meinung waren, dass das einfach nicht geht, sowohl männlich als auch weiblich zu sein, schnitten sie Lynn schon als ganz kleines Kind den Penis ab und bauten aus den Resten eine Vagina. Dafür reicht aber nicht eine Operation, dafür muss man Menschen immer wieder operieren, die Kindheit und Jugend hindurch. Lynn litt sehr unter den vielen Operationen, die nötig waren, um aus diesem Menschen nach außen hin eine Frau zu machen. Fast noch mehr, erzählte Lynn mir damals im Interview, litt Lynn darunter, dass gar nicht erst erklärt wurde, was da eigentlich geschah: Niemand klärte das Kind und die jugendliche Person darüber auf, dass Lynn kein Mädchen, sondern intersexuell war – und was Intersexualität überhaupt bedeutete. Das erfuhr Lynn erst als junger erwachsener Mensch. Und jetzt, als wir in Berlin Kreuzberg unsere Limonaden mit den Wespen teilten, wollte Lynn am liebsten den Penis zurückhaben, den man ungefragt wegoperiert hatte.

> Es ist schon ein Problem, dass ich ganz klar Penisbedürfnisse habe. Na, Penetrationssex, da hätte ich schon Lust drauf. Ich hätte meinen Penis gerne gehabt. Das ist so ungerecht. Das waren alles Männer, die mich operiert haben, alles Männer, sie haben ihren Penis noch, und mir haben sie ihn abgeschnitten, einfach so, ohne Grund.[110]

Ich fragte Lynn danach, welches Pronomen ich denn verwenden sollte, und Lynn antwortete mir: »›Er‹ ist falsch, ›sie‹ ist falsch, und ›es‹ ist erst recht falsch. Einige verwenden das schwedische ›hen‹ oder versuchen es mit einem neuen deutschen Pronomen, ›sier‹, aber mal ehrlich, wem soll ich das denn beibringen, auf der Straße oder unter Kollegen, hen und sier?« Inzwischen experimentieren Sprachaktivist*innen weltweit herum, um Lynns Geschlecht und andere nicht-binäre Geschlechtsidentitäten in der Sprache sichtbar zu machen: Mit »yel(le)« im Französischen, mit »they« im Englischen, mit »sier« im Deutschen – nichts davon überzeugt bislang gesellschaftliche Mehrheiten. Das liegt nicht nur an der Sprache, das liegt auch daran, wie sehr Sprache unser Denken einschränkt (und andersherum). Ein Denken, das nicht jenseits männlich und weiblich funktionieren will, jedenfalls nicht von jetzt auf gleich: Das braucht Übung, wie ich an meiner Migräne merkte.

So ticken unsere Gehirne. Jenseits bekannter Rollen und Kategorien zu denken, das fällt uns sehr schwer. Und was wir nicht denken können, dafür haben wir auch keinen Begriff: Ähnlich wie es noch kein überzeugendes Pronomen für einen Menschen jenseits der Zweigeschlechtlichkeit gibt, so gibt es noch kein Wort für eine elterliche Rolle jenseits von Mutter oder Vater. Es gibt keinen überzeugenden Begriff für »Stiefmutter«, der diese Figur nicht ins Verhältnis zur »echten« Mütterlichkeit stellt.

Der Vergleich zwischen Intersexualität und Stiefmütterlichkeit hält natürlich nicht lange stand, denn was Menschen in dieser Gesellschaft angetan wird, deren Geschlecht die Mehrheit nicht denken kann, ist an Brutalität kaum zu überbieten: Die Beschränktheit unseres Denkens führte jahrhundertelang zu schwerster Körperverletzung an inter- und auch an transsexuellen Menschen, was bei Stiefmüttern wohl kaum der Fall ist. Es geht mir hier vielmehr um die *Denklogik*, die dahintersteht: Die Schwierigkeiten, Intersexualität zu denken, ähneln stark den Problemen, eine stiefmütterliche Rolle zu denken.

Warum das so ist, das hat unter anderem der französische Philosoph Michel Foucault ergründet. Insbesondere in der Aufklärung – jener Epoche also, in der auch unsere sehr konkrete Vorstellung von Mütterlichkeit stark geprägt wurde – hat die Gesellschaft angefangen, viel Wert auf die Kategorisierung von Menschen zu legen. Diesen Hang zur Klassifizierung und Normierung von Menschen führt Foucault auf gesamtgesellschaftliche Entwicklungen zurück: Das 17. und 18. Jahrhundert war geprägt von einem demografischen Wachstumsstoß und von einem massenhaften Zusammenkommen von Menschen in den Städten; es war geprägt von einem Anwachsen des Produktionsapparats und von einem Niedergang monarchistischer Macht. Die neue, post-monarchistische Macht, so Foucault, funktioniere produktiv, indem sie jedem einzelnen Individuum eine spezifische Funktion in der Gesellschaft und in ihrem Produktionsapparat zuweise: »Jedem Individuum seinen Platz und auf jeden Platz ein Individuum.«[111] Bei dieser Platzzuweisung nun spiele die Normierung menschlicher Eigenschaften und Fähigkeiten eine wichtige Rolle:

> Die Fähigkeiten, das Niveau, die »Natur« der Individuen werden quantifiziert und in Werten hierarchisiert. Hand in

> Hand mit dieser »wertenden« Messung geht der Zwang zur Einhaltung einer Konformität. Als Unterschied zu allen übrigen Unterschieden wird schließlich die äußere Grenze gegenüber den Anormalen gezogen (...)[112]

Das Geschlecht wird zentral in dieser Normziehung: Je weniger die Stände den Menschen ihre Rolle zuweisen, also die Frage, ob jemand adelig oder bäuerlich geboren ist, desto relevanter wurde für diese Rolle das Geschlecht: Mann, Frau oder *anormal.* Für das 18. Jahrhundert analysiert Foucault die Grundsteinlegung der späteren geschlechtlichen Arbeitsteilung: Frauen sind zuständig für das Emotionale, Männer sind zuständig für das Rationale; Frauen sind Mütter, Männer sind Familienernährer. In seiner Arbeit über Hermaphrodismus beschreibt Foucault, wie zentral das Denken in zwei Geschlechtern für die aufklärerische Vorstellung von Menschlichkeit ist. Im Mittelalter, berichtet Foucault, legte der Vater oder Pate bei der Taufe das Geschlecht des Kindes fest – und man riet bei »Uneindeutigkeit«[113], sich für dasjenige zu entscheiden, das »zu überwiegen schien, das ›die größte Stärke‹ oder ›die größte Hitze‹ hatte«[114]; beim Übergang zum Erwachsenenalter habe es Menschen dann noch einmal freigestanden, das eigene Geschlecht (anders) zu bestimmen. Diese Offenheit für fließende Geschlechtlichkeit änderte sich im Zuge der Aufklärung:

> Biologische Sexualtheorien, juristische Bestimmungen des Individuums und Formen administrativer Kontrolle haben seit dem 18. Jahrhundert in den modernen Staaten nach und nach dazu geführt, die Idee einer Vermischung der beiden Geschlechter in einem einzigen Körper abzulehnen und infolgedessen die freie Entscheidung der zweifelhaften Individuen zu beschränken. Fortan jedem ein Geschlecht, und

> nur ein einziges. (…) Außerdem räumt man ein, daß die geheimsten und tiefsten Wahrheiten des Individuums im Geschlecht gesucht werden müssen; daß man dort am besten entdecken kann, was es ist und was es bestimmt (…). Am Grunde des Geschlechts – die Wahrheit.[115]

Ich sehe Lynn an, und ich versuche zu verstehen, wer dieser Mensch ist – und das tue ich als Erstes darüber, herauszufinden, welches Geschlecht Lynn hat. Dieser Einordnung entzieht sich Lynn. Das ist anstrengend, das erzeugt Kopfschmerzen und Reibung. Jedem Individuum seinen Platz, und an jedem Platz ein Individuum: Lynn passt auf keinen der Plätze, die ich für Menschen bereithalte, um sie einzusortieren. Eva Illouz beschreibt in ihrem Buch *Warum Liebe endet* anhand der Theorie des Soziologen Niklas Luhmann, warum es so schwierig für uns ist, wenn die Rollen eines Menschen, eines Gegenübers, einer Beziehungspartnerin nicht klar definiert sind:

> Für Niklas Luhmann ist die Reduktion von Komplexität und Ungewissheit ein grundlegender Bestandteil sozialer Prozesse. Liebe ist – wie Wahrheit, Geld oder Macht – ein Kommunikationsmedium, das dabei hilft, Erwartungen zu erzeugen, eine Unterscheidung unter vielen möglichen anderen auszuwählen, Motivationen mit Handlungen zu verbinden sowie Gewissheit und Vorhersehbarkeit in Beziehungen zu schaffen. Ein solches Medium der Kommunikation bringt Rollen hervor, die wiederum erwartete Ergebnisse produzieren. (…) Wenn Interaktionen ritualisiert werden, erzeugen sie Gewissheit über die Beziehungsdefinition der Akteure, über ihre Position in einer solchen Beziehung und über die dazugehörigen Verhaltensregeln.[116]

Wenn ich also versuche, eine intersexuelle und nicht-binäre Person nach meinen Denkformen »scharf« zu stellen, sie also in eine männliche oder weibliche Kategorie zu pressen, dann tue ich das auch, um soziale Gewissheit zu erlangen: Ich versuche, ihre Handlungen, Mimik, Perspektiven nicht nur einzuordnen, sondern sie auch vorherzusehen, weil mir das etwas darüber erzählt, in welcher Position ich mich selber diesem Menschen gegenüber befinde und was dieser Mensch von mir erwartet. Geschlechtlich nicht-binäre Menschen erzeugen Ungewissheit und Unvorhersehbarkeit – und das tun Stiefmütter auch. Was ist das für eine Rolle?

Eine Mutterrolle würde die Beziehung klar definieren: Was darf ich, was darf ich nicht? Eine Partnerinnenrolle definiert meine Beziehung ebenso klar – auch wenn Illouz natürlich herausarbeitet, dass auch diese im 21. Jahrhundert nicht mehr so definiert ist wie zuvor, ist sie doch weitaus definierter als die Rolle der Stiefmutter. Stiefmütter leiden darunter, dass widersprüchliche Erwartungen an sie gestellt werden, denen sie unmöglich gerecht werden können: die Partnerin eines Vaters sein, aber keine mütterliche Rolle gegenüber seinen Kindern einnehmen? Oder: mütterlich sein, aber keine Mitspracherechte haben? Sich zurückstellen, aber dafür keine Anerkennung bekommen? Zwischen der Rolle einer Partnerin, einer mütterlichen Erwachsenen, einer Freundin und einer Co-Mutter werden Stiefmütter im Alltag zerrissen, jeden Tag aufs Neue. Sie leiden unter einer existenziellen Ungewissheit:

> Existenzielle Gewissheit erlaubt die umstandslose Beantwortung der Fragen: Wer bin ich in dieser Situation? Wer ist der oder die andere für mich? Dadurch lässt sich auch die anschließende Frage leicht beantworten: Was schulde ich dieser Person in dieser Situation?[117]

Wer bin ich für diese Kinder? Wer sind sie für mich? Und: Was schulde ich diesen Kindern in dieser Situation? Absolut keine Ahnung. Mit der »existenziellen Gewissheit« fehlt auch die »evaluative Gewissheit«, also »die Fähigkeit, verlässliche Informationen über andere Menschen zu erlangen und/oder zu wissen, wie man andere nach gängigen Bewertungsstandards und -kriterien zu beurteilen hat«[118].

Und da sind wir wieder bei Giorgia Meloni, der postfaschistischen italienischen Ministerpräsidentin. Es ist ein Urverlangen der rechten Bewegung, eine unumstößliche, unhinterfragbare, undurchdringliche Ordnung in die Dinge zu bringen, um Gewissheit zu erlangen: »Jedem Individuum seinen Platz und auf jeden Platz ein Individuum.« Der Faschismus treibt dieses Verlangen auf seinen perversen, alles Menschliche zersetzenden Höhepunkt. Nichts darf weich sein. Nichts darf ungeregelt sein. Nichts darf fließen. Nichts darf *ungewiss* sein. Einfach alles Menschliche muss erkannt, registriert, gefasst, beurteilt und geordnet werden: Ein Mann oder eine Frau? Eine Mutter oder eine Hure? »Ich bin Giorgia! Ich bin eine Frau! Ich bin eine Mutter! Ich bin Christin!« Die italienische Ministerpräsidentin schreit diese Feststellungen einer Menschheit entgegen, die Melonis Ordnung in den Grundfesten einreißt: einer Menschheit der fließenden Geschlechter, der fließenden Familien, der fließenden Elternrollen. »Ich bin nicht Elternteil eins und Elternteil zwei«, schreit Meloni, in schierer Verzweiflung darüber, dass danach Elternteil drei, vier und fünf kommen könnten, in schierer Verzweiflung darüber, dass ihre einzig wahre Mutterschaft, ihre gewisse, kontrollierbare Identität, ihr einzig richtiger Platz in ihrer einzig richtigen Familienordnung sich in das auflöst, was all das schon immer war: eine Illusion.

Denn wir fließen. Egal, wie laut die Giorgia Melonis und die Jean-Jacques Rousseaus unserer Zeit schreien, wir fließen schon längst und schon immer: Wir sind ein bisschen Mann und ein bisschen Frau und alles dazwischen und alles jenseits dessen. Wir sind ein bisschen Mutter und ein bisschen Freundin und ein bisschen Geliebte des Vaters und ein bisschen Mentorin und alles dazwischen und alles jenseits dessen. Wir sitzen ein bisschen am Steuer, ein bisschen auf dem Beifahrerinnen-Sitz, ein bisschen auf der Hinterbank und alles gleichzeitig. Wir sind *mütterlich,* ohne geboren zu haben, ohne gestillt zu haben – ja, ohne je Brüste oder eine Gebärmutter gehabt zu haben. *Ein bisschen* weiblich, *ein bisschen* mütterlich: Das gibt es! Es tut mir leid, Giorgia: Du wirst dich daran gewöhnen müssen. Es wird mehr Mütter für deine Kinder geben, als dir lieb ist. Viel mehr Mütter.

Fast 300 Jahre, nachdem Rousseau die biologische Familieneinheit von heterosexuellen Eltern und ihren Kindern zur Keimzelle des bürgerlichen Staates erklärte, löst der deutsche Staat diese Verbindung auf und reformiert das Abstammungsrecht: Queere Mütter werden in Deutschland mit Hetero-Müttern gleichgestellt. Eine Mitmutter muss ihr Kind bald nicht mehr adoptieren, sondern kann genauso einfach als Mutter eingetragen werden wie ein Vater. Sie bekommt Elterngeld, sie kann Elternzeit nehmen: Sie ist eine volle Mutter. Das beendet nicht nur die Diskriminierung queerer Paare, sondern das verschiebt auch Elternrollen: In Regenbogenfamilien mit zwei Müttern, zwei Vätern oder gleich drei oder vier Elternteilen stellt sich die Frage, was hier eigentlich eine Mutterrolle und eine Vaterrolle ist, völlig anders. Wenn es zwei Mütter gibt, wer ist hier diejenige mit dem Mutterinstinkt, wer übernimmt die emotionale Begleitung der Kinder? Wer steuert, wer sitzt daneben? Die Vorstellung der einzig wahren biologischen Mütterlichkeit mitsamt Mutterinstinkt verschwindet hier von selbst. Die eine Mutter gibt es nicht.

Die Befreiung der Stiefmutter kann nur fließend, schwingend, tanzend erfolgen. Aber das geht nur dann, wenn wir alle zum großen Tanz bereit sind.

Birgit: Einfach nur bügeln!

Vor Kurzem haben Birgit und Julia geheiratet. Julia ist Krankenpflegerin und hat zwei Kinder mit ihrem Expartner, die inzwischen eigentlich keine Kinder mehr sind: Luisa ist 24 und Amelie 28 Jahre alt, beide schon lange aus dem Haus, wohnen in Berlin und Stuttgart und kommen manchmal zu Birgit und Julia, um dort ein paar Tage auszuspannen. Birgit ist Ende 50, eine gelernte Gärtnermeisterin, die in einer sozialen Einrichtung mit Menschen mit Beeinträchtigungen arbeitet. Sie selbst hat keine Kinder, aber ein sehr enges Verhältnis zu ihren Nichten und Neffen:

> Ich habe zwei Brüder und eine Schwester, und aus den Familien habe ich vier Nichten und Neffen, zu denen ich eine sehr enge Bindung habe. Ich sage immer: Das sind meine Kinder, die ich nicht habe. Als sie klein waren, habe ich mit den Kindern Schwimmkurse gemacht, sie haben bei mir übernachtet. Natürlich ist es nicht das Gleiche, wie eine Mutter zu sein. Ich fühle mich ihnen aber sehr nahe. Und vor drei Jahren ist meine Schwester leider mit 58 Jahren verstorben. Ich glaube, seit ihrem Tod ist noch mal eine engere Beziehung zu ihrem Sohn und ihrer Tochter entstanden. Mittlerweile sind die beiden aber auch erwachsen.

Als Birgit Julia kennenlernte – »online, über Parship, juhuuu!« – und Julia ihr sagte, dass sie zwei Töchter habe, freute sich Birgit sehr, weil sie mehr Familie immer als Bereicherung empfindet. Welche Beziehung sie dann zu den beiden haben würde, darüber machte sich Birgit erst mal keine Gedanken: »weil ich mich selbst, na ja, erst mal als außen vor empfand.« Das erste Treffen mit der älteren Tochter Amelie fand dann ziemlich schnell statt: Birgit war bei Julia zu Hause, und die beiden hatten Amelie zum Essen eingeladen.

> Als ich Amelie zum ersten Mal traf, war ich sehr neugierig. Ich hatte Fotos gesehen, aber nur Kinderfotos – die stehen hier immer noch! –, und war gespannt, wie sie aussieht als Erwachsene. Ich war aber auch ziemlich angespannt, muss ich sagen, weil ich dachte: Boah, wenn du das erste Treffen voll versemmelst, hast du verschissen für immer! Sacht der Niederrheiner. Ich dachte mir: Halt dich mal lieber zurück und guck mal, wie sich die Situation ergibt. Aber ich muss sagen, Amelie war sehr offen und schnabbelte direkt los, dadurch kamen wir gut in den Redefluss.

Was Birgit hier leise anspricht, ist der Widerspruch zwischen Paardynamik und Familiendynamik: Zwar hatten sich die beiden Frauen schon sehr verliebt und waren dabei, eine enge Beziehung zueinander aufzubauen. Dennoch blieb, solange Birgit die Kinder nicht kennengelernt hatte, eine große Unsicherheit: Was, wenn sie es »voll versemmelt«, was, wenn die Kinder sie ablehnen? Ihr war klar, dass ihre Partnerschaft zu Julia nicht unabhängig von deren Kindern funktioniert – zumal beide häufig betonen, wie eng Julias Beziehung zu ihren Töchtern ist. Schon vor dem ersten Treffen mit den Kindern ist also klar: Wenn diese Beziehung nicht hinhaut, kann die Liebe noch so groß sein – dann wird die Partnerschaft wahrscheinlich scheitern. Das berichtet auch Birgits Partnerin Julia im Nachhinein:

> Ich habe das früher auch schon erlebt. Dass sich meine Kinder nicht mit meiner Partnerin verstanden haben. Damals habe ich gelernt: Das geht für mich nicht, ich kann nicht mit einer Frau zusammen sein, wenn die Beziehung zwischen meinen Kindern und ihr nicht funktioniert – weil ich eine sehr enge Beziehung zu meinen Kindern habe. Das erzeugt dann zu viel Leid, für die Partnerin, für mich, für die Kinder.

Und Birgit wusste das:

> Mir kam durchaus der Gedanke, was eigentlich passiert, wenn Luisa und Amelie mich ablehnen. Der Gedanke kam. Aber ich habe mir gesagt: Du wartest jetzt einfach ab, du machst dir jetzt nicht einen zu großen Kopf, du lässt das jetzt langsam auf dich zukommen.

Luisa, die jüngere Tochter, wollte zunächst keinen Kontakt zu Birgit. Julia war deshalb schon besorgt, doch Birgit sagte immer wieder: »Gib ihr Zeit, warte mal ab.« Diese Geduld holte sich Birgit aus ihrer eigenen Erfahrung mit der neuen Partnerin ihres Vaters:

> Ich habe Luisa noch nie direkt danach gefragt, wie es für sie am Anfang war, aber meine Frau hatte ja vor mir auch schon Beziehungen, und ich kann mir vorstellen, dass man irgendwann sagt: Puh, ich muss nicht jede Frau meiner Mutter kennenlernen. Das kann ich nachvollziehen. Ich war auch mal in einer ähnlichen Situation … Meine Mutter ist 2004 verstorben, und meine Eltern waren zu dem Zeitpunkt 48 Jahre verheiratet. Nachdem meine Mutter verstorben war, hatte mein Vater ungefähr nach vier Wochen eine neue

Lebensgefährtin, was für mich als Tochter schwer nachvollziehbar war. Ich wollte erst mal keinen Kontakt zu ihr. Ich wollte erst mal in Ruhe trauern um meine Mutter, und da passte für mich, in meinem Leben, eine neue Frau an der Seite meines Vaters nicht hinein. Was mein Vater machte, aus seiner Sicht, musste er natürlich machen! Aber ich wollte erst mal keinen Kontakt zu dieser Frau. Ohne dass ich sie kannte oder verurteilte. Ich war einfach noch nicht dazu bereit.

Obwohl Birgit Luisa also noch nie getroffen hatte, ging sie schon eine Beziehung zu ihr ein: Sie stellte sich an ihre Stelle, nahm ihre Perspektive ein, vollzog ihre Gefühle nach, brachte die Tochter ihrer Partnerin zu ihrer eigenen Familiengeschichte in Bezug. Sie integrierte Luisa bereits, ohne dass es einen direkten Kontakt gab, und konnte so auf sie eingehen: indem sie sie in Ruhe ließ. Luisa kam schließlich nach einigen Monaten von selbst auf Birgit und Julia als Paar zu:

Sie lud uns zum Frühstück zu sich ein. Da war ich schon angespannter, weil ich wusste, dass Luisa eher zurückhaltend war. Aber Julia ging rein und nahm Luisa so in den Arm und drückte sie, und dann begrüßte Luisa mich – und nahm mich auch direkt in den Arm! Damit hätte ich nie gerechnet. Dann haben wir gefrühstückt, ich war eher noch in Habachtstellung: Wo kann ich mich einbringen? Ich wollte das auf gar keinen Fall versemmeln. Und da laufen ja auch so viele Sachen gleichzeitig ab! Julia und ich waren ja auch gerade erst dabei, uns kennenzulernen, uns zu finden als Paar. Und dann lernte ich sie noch mal als Mutter kennen. Ich war sehr angetan, als ich sie mit ihren Töchtern sah.

Was Birgit dann über ihre Beobachtungen von Julias Mutterrolle erzählt, ist sehr interessant für die Konstellation einer Stiefmutter neben einer Mutter: Sie fühlt keine Konkurrenz. Julia übernimmt gegenüber ihren Töchtern eindeutig alleine die mütterliche Rolle, sodass Birgit gar nicht erst in eine mütterliche Rolle gedrängt wird. Vielmehr beobachtet sie Julias Rolle und vergleicht sie nicht mit sich, sondern mit der Beziehung zwischen ihr und ihrer eigenen Mutter:

> Meine Mutter und ich hatten auch ein enges Verhältnis, aber sie hat eher eine sehr klassische Rolle gespielt, sie war ja Jahrgang 33, und unser Verhältnis war ein bisschen oberflächlicher als dieses hier. Ich war sehr überrascht, welch tiefgreifende Themen Julia und ihre Töchter miteinander besprechen. Julia ist sehr politisch. Und manchmal tauschen sie sich sehr lebhaft aus. Eine Situation fällt mir da ein, die mir Amelie erzählt hatte. Meine Frau hat mal in München gelebt, und als die Kinder so zehn Jahre alt waren, meinte meine Frau, sie müsste mal mit denen zu einer Demo gehen. Auf der Veranstaltung sprach Edmund Stoiber von der CSU. Der hatte noch keine drei Sätze gesprochen, da ist meine Frau völlig steil gegangen und hat in die Menge hineingerufen und gebrüllt, das stimme alles nicht, was er sagen würde, und so weiter. Vor ihren Kindern, denen sie vorher eingeimpft hatte, sich besser ruhig zu verhalten! Das fand ich schon … sehr taff! Meine Eltern wären nie mit mir zu einer Demo gegangen. Dafür habe ich Julia schon – was heißt verehrt, aber ich dachte mir: Toll, dass du das mit deinen Kindern machst! Das finde ich beeindruckend, auf welche Art und Weise sie miteinander reden, auch übereinander.

Birgit hatte sich also auch in Julia als Mutter verliebt, hier verflechten sich Paarbeziehung und Familie – wobei Birgit neben der Mutter steht, also nicht mit ihr in Konkurrenz ist. Doch völlig frei von traditionellen Rollenerwartungen sind Birgit und ihre Familie dann doch nicht, darauf weist ihre Frau Julia hin, als wir darüber diskutieren:

> Birgit hat eine wirklich sehr offene Familie, obwohl wir hier auf dem Land leben, im katholischen Niederrhein. Es gibt eine große Herzlichkeit, die bewirkt, dass man sich findet. So entsteht vieles organisch. Es waren ja Amelie und Luisa, die überhaupt mit einem Begriff für Birgit gekommen sind: Bonusmama. Wir haben uns vorher darüber nie Gedanken gemacht, nie nach einem Etikett gesucht. Und gleichzeitig gibt es natürlich auch teils traditionelle Rollen und Aufgabenteilungen! Sonntag etwa war Luisa hier, meine kleine Tochter, und kurz vorm Gehen sagt sie: »Ach ja, meine Motorleuchte hat aufgeleuchtet, ich muss da mal gucken und Wasser nachfüllen oder so.« Ich guckte Birgit an, mein Blick sagte: »Kannst du da etwas machen?« Und dann war es wie selbstverständlich, dass Birgit aufgestanden ist und sich mit Luisa um das Auto gekümmert hat. Das sind familiale Bande, ohne dass man sie benennt. Oder damals, mit der Waschmaschine, als Luisa da herumwerkelte, und ich schon total genervt war: »Boah, hör auf, da herumzufrickeln!« Da sagte Birgit zu mir: »Du, lass sie mal, die kann das schon.«

Wenn Birgit eine Rolle zugeschrieben wird, wenn Erwartungen an sie gestellt werden, dann ist es ein Verhalten, das traditionell vielleicht eher von Vätern erwartet wird. In Konkurrenz zu dem Vater von Luisa und Amelie kommt Birgit dennoch nicht, zu weit entfernt scheint dieser Rollenvergleich.: Sie wird ja »Bonusmama« genannt, nicht »Bonuspapa«. Der Bonus, neben einer Partnerin zu sein, ist offenbar weniger konfliktgeladen als der Bonus, neben einer anderen Expartnerin zu sein. Denn dass sie Familie mit ihren Stiefkindern aufbauen will und nicht nur eine Freundschaft, das macht Birgit sehr klar, strahlend über die familiale Bande, die bereits geknüpft wurden:

> Luisa und Amelie haben viel beigetragen zu den Hochzeitsvorbereitungen. Da sagte Amelie dann plötzlich: Morgen gehe ich mit der Emily und dem Milan frühstücken. Das sind meine Nichte und mein Neffe. Das fanden wir so schön! Ohne dass wir damit irgendwas zu tun hatten! Mir ist schon wichtig, dass wir eine Familie sind. Dass wir füreinander da sind, wenn jemand Unterstützung braucht oder ein offenes Ohr. Was eben Familie ausmachen sollte.
>
> Meine Nichte hat selbst zwei kleine Kinder, fünf und drei. Da fühlen wir beide, meine Frau und ich, uns schon so … na ja, als Omas? Weiß nicht. Aber wir unternehmen viel zusammen mit den Kleinen, und Amelie sagte letztens auch, dann habe sie ja jetzt Cousinen und Cousins, und die beiden Kleinen seien dann ja so etwas wie ihre Groß-Nichten. Das fand ich sehr süß.

Wenn Birgit also eine familiäre Beziehung zu den Kindern ihrer Partnerin fühlt und die sich in ihre Familie integrieren wollen – wie bezeichnet sie denn ihre Beziehung zu ihnen? Ich frage Birgit danach, ob sich die Beziehung zu Luisa und Amelie möglicherweise ähnlich anfühlt wie zu ihren Nichten und Neffen. Birgit schüttelt spontan den Kopf, nee … Sie überlegt.

Das Verhältnis von Amelie und Luisa zu mir, wie das zwischen Tante und Nichten?! Nein ... also ich glaube, für diese Beziehung habe ich noch nicht das richtige Wort gefunden. Die beiden hingegen schon. Als Luisa hier war, haben wir die Hochzeitsfotos bekommen. Sie lud ein paar auf ihr Handy, bevor sie fuhr. Am Abend telefonierte meine Frau mit Amelie, und Amelie sagte: »Du, Mama, hast du schon gesehen, was Luisa auf Instagram gepostet hat?« Ein Foto, auf dem sie mir gratuliert, wir halten uns in den Armen, und es fließen auch Tränen. Das hat sie gepostet und dazugeschrieben: »Ich habe jetzt eine Bonusmama.«

Da haben wir sie, die befreite Co-Mutter: keine Konkurrenz zwischen Mütterrollen, einfach nur eine Person mehr in der Familie, die pure Bereicherung. Was Birgit da erzählt über ihre Beziehung zu den Kindern ihrer Partnerin, könnte einen Weg für die Befreiung der Stiefmutter weisen: sich als Familie zu empfinden, ohne dabei in eine Rolle zu geraten, die in Konkurrenz zu einer der Normfamilien-Rollen steht. Die fehlende Konkurrenz ist durch die geschlechtliche Arbeitsteilung zu erklären. In Julias und Birgits Haushalt finden die beiden Kinder die gewohnte mütterliche Kultur in emotionalen Fragen. Das ist anders als in einem Stiefmutter-Haushalt, in dem mit der neuen Frau an der Seite des Vaters auch eine neue emotionale Kultur Einzug hält, die schnell in Konkurrenz zu der mütterlichen emotionalen Kultur geraten kann. Birgit schafft es gegenüber den Kindern ihrer Frau offenbar, eine freie Familienrolle zu leben, die (noch?) keinen Namen hat. Was sie glücklich macht, ist die Gemeinschaft, das Beisammensein, die Geborgenheit der einfachen Co-Existenz:

Einmal war Amelie bei uns und kam ins Wohnzimmer, als ich bügelte. Sie hatte ein bisschen Bauchweh, wie Frauen das schon mal haben, einmal im Monat. Sie hat sich aufs Sofa gelegt, ich glaube, ich habe ihr eine Wärmflasche gemacht … Wir haben hier ja auch ein Gästezimmer, sie hätte sich auch zurückziehen können. Aber nein, sie legte sich zu mir. Fand ich total schön, da war so eine entspannte, ruhige Stimmung. Wir mussten uns nicht unterhalten. Einfach nur da sein. Und bügeln.

9
Frei.
Eine Frau gründet eine Großfamilie

Esel war weg. Die Lage war also sehr ernst. Es war nach einem der ersten Wochenenden mit beiden Kindern, und ich war völlig fertig, urlaubsreif, bettreif nahezu. Ich hatte mit alldem nicht gerechnet. Dass mein Zimmer geentert werden könnte. Bevor ich mit Bela und Arianna zusammengezogen war, lebte ich in einer WG, und es war völlig klar, dass mein Zimmer mir gehörte. Mein Zimmer, meine Tür, meine Ruhe. Wollte jemand etwas von mir, wurde geklopft, und ob ich »Herein« rief oder nicht, das war ganz mir überlassen. Kein »Herein«, kein Mensch in meinem Zimmer. Niemals wäre eine Mitbewohnerin auf die Idee gekommen, einfach die Tür aufzureißen, auf meinem Bett herumzuspringen, meine Schubladen zu öffnen oder sich etwas einfach zu nehmen, einen Stift, ein Kuscheltier, was auch immer. Man fragte. Man nahm sich nicht einfach. In meinem Zimmer.

Aber nun war mein Zimmer nicht mehr mein Zimmer, sondern mein und Belas Zimmer, und dass kleine Kinder in das Zimmer ihres Papas rennen und dort in die Schränke schauen und sich nehmen, was sie spannend finden, ist vermutlich irgendwie normal. Aber als plötzlich ein Kind durch mein (und Belas) Zimmer rannte, in mein (und Belas) Bett sprang und in meine (und Belas) Schränke schaute, war ich doch ziemlich schockiert. Es fühlte sich an wie eine nicht enden wollende

Grenzüberschreitung. Und so rief ich nur noch: »Nein!«, »Nimm das nicht, das gehört mir«, »Leg das wieder hin!«, ich war den ganzen Nachmittag damit beschäftigt, Schubladen zuzuhalten und Türen zu schließen, bis endlich die Kids und Bela unsere zum Spielplatz verkommene Wohnung wieder verließen und mich in den Trümmern eines gemeinsamen Familienwochenendes zurückließen.

Mir war elend. Sollte so etwa unser Zusammenleben aussehen? Hatte ich jetzt kein Recht mehr auf eine Privatsphäre? Sah so Leben mit Kindern aus? Ich ging in mein Zimmer und hatte große Lust, meine Tür abzuschließen und alles auszuräuchern (vielleicht nicht in der Reihenfolge). Sicher war sicher. Ich schloss ab. Ich lief durch meinen Raum und schaute, ob noch alles da war. Ich schloss die Schubladen richtig, legte die Stifte zurück in meine Schreibtischschublade, Papiere zurück auf den Schreibtisch, Figuren zurück auf die Regale, dann ging ich zum Kleiderschrank und schloss ihn richtig, und mein Blick wanderte wie immer auf den Schrank, wo ... Nein, wo Esel eben nicht mehr über mein Zimmer wachte! Mein Herz machte einen Satz. Kein Kuscheltier saß auf dem Schrank, da war niemand. Esel war weg!

Ich sollte Ihnen jetzt vielleicht einmal erklären, wer Esel ist. Esel habe ich von meiner Mutter geschenkt bekommen, als ich mit zehn oder elf krank im Bett lag. Sie kam vom Einkaufen zurück und brachte, neben Orangen, Hustensaft und einer Micky-Maus-Zeitschrift, dieses Kuscheltier mit: »Dem armen Esel hier fehlen ein paar Haare auf dem Kopf, und sein Fell ist so struppig, ich glaube, es ging ihm auch nicht gut da im Regal. Ich habe ihn dir mitgebracht, damit ihr zusammen gesund werden könnt!« Fortan war Esel immer dabei: auf Reisen, bei Umzügen, immer. Wenn ich krank war, war Esel auch krank, wir litten zusammen, bis es uns wieder gut ging, das taten wir auch noch, als ich Jugendliche war, und beim Auszug aus dem elterlichen Haus nahm ich Esel mit, zwar nicht mehr in mein Bett, aber wohl in mein Zimmer, auf meinen Schrank, wo auch immer ich wohne. Esel gehört zu mir. Noch viel mehr, seit meine Mutter vor einigen Jahren an Krebs gestorben ist und ich sie nicht mehr anrufen kann, wenn ich müde, krank, traurig oder verwirrt bin. Immerhin ist dann noch Esel da.

Und nun saß Esel nicht mehr auf dem Schrank. *Esel war weg!* Er war nicht auf dem Schrank, er war nicht im Schrank, nicht im Bett, nicht unter dem Bett, nicht sonst wo in meinem Zimmer. Weg. Nachdem die Kids da waren. In meinem Zimmer. Diese kleinen … Vor meinem inneren Auge erschien plötzlich die Stiefmutter von Hänsel und Gretel, sie grinste, zog eine Augenbraue hoch, strich sich über die Schürze und riet mir: »Schick sie in den Wald, in den Wald mit den Kindern!« Ich schloss meine Tür wieder auf und ging durch die Wohnung, Esel war nicht auf dem Sofa, nicht auf dem Wohnzimmertisch, nicht unter dem Tisch, nicht in der Küche, nicht in Ariannas Zimmer, mir wurde schlecht, Esel war auch nicht im zukünftigen Kinderzimmer, nicht im zukünftigen Kinderbett, Esel war weg. Ich rief Bela an. »Esel ist weg!«

Bela wusste auch nicht, wo Esel sein könnte, aber ich muss sagen, er reagierte auch nicht mit der angemessenen Besorgnis. Ich legte wieder auf, ich ging ins Kinderzimmer und schaute noch mal in den Schrank, nichts, unter das Bett, nichts. »In den Wald! In den Wald!«, schrie jetzt Hänsel und Gretels Stiefmutter sehr laut, und ich wusste, was zu tun war: Ich würde das Türschloss der Wohnung austauschen, mir neue Mitbewohnerinnen suchen, mein Handy für immer ausstellen, das mit der Stieffamilie sein lassen und … ah! Da war Esel. Ich hatte die kleine Schublade am Fuße des zukünftigen Kinderbetts geöffnet, und dort lag er und schaute einigermaßen verstört aus seinem Verlies. Behutsam nahm ich ihn hoch, brachte ihn zurück ins Schlafzimmer und setzte ihn auf meinen Schrank.

Und dann brach sich mein Vater das Bein. Es war ein paar Wochen nach dem Esel-Vorfall, ich war gerade mit Arianna, ihrem Bruder und der Hundedame im Park, Bela war joggen, der Kleine auf dem Spielplatz, und Arianna und ich saßen mit dem Hund auf einer Bank, da klingelte mein Telefon, es war mein Vater: »Ich liege im Krankenhaus, ich bin so blöd über eine Schubkarre gefallen und habe mir das Knie gebrochen.« Mein Herz machte einen Satz bei »Krankenhaus«, und bei »Knie gebrochen« war ich natürlich etwas erleichtert; gleichzeitig wurde mir klar, dass mein Vater jetzt über 70 war, seine Knochen wurden brüchiger. Er wurde alt.

»Mein Vater hat sich das Knie gebrochen«, sagte ich zu Arianna, und Arianna sagte: »Oh.« Dann kam Bela zurück. »Mein Vater hat sich das Knie gebrochen«, sagte ich, Bela sagte: »Oh.« Dann zankten sich die Kids um die Leine von Ariannas Hund, Ariannas Hund bellte los, Arianna schrie los, Bela versuchte zu vermitteln, und dann merkte ich, wie meine Beine ganz weich wurden, und kaufte mir beim Kiosk ein Wasser und Maoam, weil ich jetzt Zucker brauchte, aber dann wollten die Kids auch Maoam, und noch eins, und noch eins, Maoam!, und dann ging es wieder um die Leine, und Bela mischte sich wieder ein in die Leinendiskussion, und ich blieb stehen und rief: »Ist euch allen eigentlich scheißegal, dass mein Vater im Krankenhaus ist?!«

Das war nämlich der Punkt. Natürlich war es ihnen egal. Sie kannten ihn ja gar nicht. Der Kleine und Arianna hatten diesen Mann, der sich das Knie gebrochen hatte, nie in ihrem Leben gesehen oder gesprochen, was sollte er sie kümmern? Sie wollten weiter zum Fußballspielen im Park, wir gingen also weiter zum Fußball, Ariannas Hund grub Löcher in den Rasen, und die Kids spielten, ich saß bedröppelt auf der Wiese und konnte nicht warten, nach Hause zu kommen, ich wollte in meinen Kalender schauen, wann ich nach Wilhelmshaven zu meinem Vater fahren konnte, in Ruhe mit ihm reden und mit meinem Bruder, aber die Kids spielten und ... ich hatte genug. »Ich will jetzt zurück«, rief ich. Wieder die Spaß verderbende Stiefmutter, schon klar.

Am Parkausgang verteilte jemand Luftballons, und die Kids wollten einen Luftballon. Auf dem Weg zum Auto verlor der Kleine den Ballon, einfach so, er ließ nur kurz los, und der Ballon flog hoch, hoch davon, das Drama war groß, und Arianna schlug vor, dass wir zurückgehen könnten und einen neuen Ballon kaufen, da kamen wir bei unserem Mietauto an, einem Fiat 500, Bela hatte es gemietet und schloss auf, wir stiegen alle in das winzige Auto: Bela hinter das Lenkrad, der Kleine und Arianna nach hinten, ich und die Hündin auf den Beifahrerinnen-Sitz, die Hündin halb auf meinem Schoß, es roch nach Hund, und das Ballondrama erfüllte den kleinen Raum mit Klagequengeln, und Arianna sagte: »Wir können doch noch mal beim Parkeingang vorbeifahren und noch einen Ballon holen?« Und Bela fuhr da echt noch mal vorbei, noch mal zurück, zu diesen scheiß Ballons, und ich hasste sie alle. Ich hasste Bela, Arianna, den Kleinen und diesen Hund, weil es stimmte, ich fühlte es: Dass mein Vater alt wurde, war ihnen völlig egal, schnurzpiepegal. Mein Vater war nicht ihr Opa. Er war ein Fremder, und ein Ballon war wichtiger als sein gebrochenes Knie. Der Mann mit den Ballons war natürlich schon weg, und sie diskutierten über den Ballon, die ganze Fahrt nach Hause. Ich lebte in einer Rumba-Tennis-Ballon-Welt, und in dieser Welt hatte sich kein Papa das Knie gebrochen.

Zwischen Bela, Arianna, dem Kleinen und mir: ein Ozean.

Dann fuhr ich nach Wilhelmshaven zu meinem Vater, um ihn aus dem Krankenhaus abzuholen und ihm zu helfen. Und dann passierte es: Belas Urlaubspläne mit dem Kleinen fielen ins Wasser wegen irgendeiner neuen Corona-Beschränkung. Mir kam eine Idee. »Wollt ihr nicht nach Wilhelmshaven fahren, zu meinem Vater, und Urlaub an der Nordsee machen?« Das taten sie. Sie kamen, Bela und der Kleine, und es stellte sich heraus, dass es ihnen dort ganz gut gefiel: Das Wattenmeer, der Wind und die Spaziergänge mit Mya, dem Hund von meinem Vater, und zusammen hörten wir meinem Vater abends zu, wie er mit tiefer Stimme seine Geschichten erzählte und dann lachte wie ein wieherndes Pferd. Ich zeigte dem Kleinen alles, was ich als Kind toll fand, den Strand von Friesland, die beste Stelle am Deich zum Herunterkullern, das Drachensteigenlassen, das Wattwandern, den besten Flummi-Automaten. Es war großartig. Und als ich zurück nach Berlin musste zum Arbeiten, da blieben Bela und der Kleine noch ein paar Tage: Sie banden meinem Vater jeden Morgen die Schuhe zu, als er noch einen Verband tragen musste, und jeden Tag fuhren sie an meinen Lieblingsstrand. Als meine neue Familie zurück nach Berlin kam, sah ich plötzlich meinen Vater in ihren Gesten: Beim Geschichtenerzählen wurde plötzlich der Zeigefinger gehoben, und am Ende einer Geschichte wurde gelacht wie ein wieherndes Pferd.

Aus dem friesischen Herbst wurde in Berlin Weihnachten, und zum ersten Mal fragte ich mich: Was schenkt man kleinen Jungs eigentlich? Einen Drachen hatte der Kleine schon, dafür hatte ich gesorgt, einen Lenkdrachen natürlich, wie man ihn am Strand von Friesland braucht. Da fiel es mir ein: das einzig richtige Geschenk von mir – und meiner Mutter. Ich ging in das Kaufhaus, und zum ersten Mal seit Langem fuhr ich mit der Rolltreppe bis ganz nach oben in die Kuscheltierabteilung. Wie lang ich nicht mehr hier gewesen war! Es gab Kaninchen und riesige Bären, es gab Schweinchen und Nilpferde, Mäuse und Hündchen, meine Augen wurden zwischen all den Plüschtieren ganz groß, und ich meinte, meine Mutter in meinem Ohr zu hören: Du darfst dir aber nur eins aussuchen, und denk dran, es ist nicht für dich, sondern für den Kleinen! Ich nickte. Und so gingen wir zu den Eseln, meine Mutter und ich, und schauten sie uns an, die großen und die kleinen Esel, es waren so viele, ich suchte, bis ich einen fand, der irgendwie dünner und verwuschelter aussah als seine Eselsgenossen, da flüsterte meine Mutter über meine Schulter: »Ja, nimm diesen Esel, der ist struppeliger als die anderen, der braucht den Kleinen, und der Kleine braucht ihn!«

Als ich den eingepackten Esel zwischen Star-Wars-Lego und allerlei anderen coolen Jungssachen unter den Baum legte, war ich mir plötzlich nicht mehr so sicher, ob das so eine gute Idee gewesen war. Doch als der Esel aus seinem Papier befreit wurde, sah ich es: Meine Botschaft war angekommen. *Eseli* ist seither immer dabei, auch im Urlaub. Wir hatten nicht nur eine eigene Geschichte miteinander erlebt, sondern ich hatte dem Kleinen auch ein Stück meiner eigenen Geschichte mit meiner Mutter weitergegeben, und ein Stück meiner eigenen Geschichte mit meinem Vater.

Eine Stiefmutter kommt selten allein: Sie bringt ihre Leute mit, ihre Welt, ihr Leben. In der Patchworkfamilie tritt dabei allerdings ein Phänomen zutage, das – so beschreibt es auch Eva Illouz – heute immer seltener auftaucht: das Phänomen des nicht *autonom* ausgewählten Zusammenlebens und der Abhängigkeit von anderen, dafür nicht selbst ausgesuchten Menschen. In familiären Zusammenhängen zu Zeiten der Großfamilie, also etwa der antiken oder mittelalterlichen familia eines Hauses samt Mägden und Knechten, war dieses Phänomen allgegenwärtig: Die Familie wurde man nicht los. Allzu häufig haben sich die Menschen, vor allem die Frauen, ihre Ehepartner*innen nicht frei ausgesucht: Sie wurden nicht nur an einen Mann gekettet, sondern auch an seine Familie, mit der sie sich wohl oder übel in einem Haus arrangieren mussten. Dieses *Arrangieren-Müssen* ist heute beinahe verpönt: Man wischt nach links oder rechts, nicht nur in Dating-Apps, sondern auch während einer Partnerschaft: Passt dieser Mensch wirklich noch zu mir, oder passt nicht eher der dort drüben? Wer in einer Partnerschaft unglücklich wird, ist selbst schuld – trenn dich doch! In einer Patchworkfamilie kann man nicht wischen, man arrangiert sich mit allen Beteiligten.

Für die Kids spielen mein Vater und meine Mutter jetzt eine Rolle, ebenso wie ihre Mütter und deren Eltern in meinem Leben eine Rolle spielen, ob wir wollen oder nicht. Ich habe sie mir nicht ausgesucht, die Kinder nicht und ihre Mütter nicht, und doch sind wir nun eine Familie. Das widerspricht fundamental dem Dogma der negativen Wahlfreiheit, das Eva Illouz für unsere Gesellschaft diagnostiziert: Es widerspricht der Vorstellung, nur dann autonom und frei zu sein, wenn ich jede meiner Beziehungen autonom wähle und die Unabhängigkeit behalte, diese Bindung jederzeit aufzukündigen. Als Stiefmutter kann ich mir die Kinder meines Partners nicht frei aussuchen, ebenso wenig ihre Mütter, und doch lebe ich durch meine Partnerschaft mit all diesen Menschen in enger Beziehung und gegenseitiger Abhängigkeit. Wenn die Scheidung nach Illouz im 21. Jahrhundert ein »glanzvolles Fanal der Freiheit« geworden ist; wenn man die eigene Autonomie gerade dadurch behauptet, eine Beziehung frei zu wählen und frei zu beenden[119]; dann wird die Stieffamilie ein Ort des Widerstands gegen die vorherrschende Idee autonomer und individueller Freiheit, dann ist die Stieffamilie ein Ort der unfreiwilligen Bindung, in der Autonomie nicht durch Scheidung, sondern durch Beziehungsarbeit behauptet werden muss. Sehr oldschool.

In gewisser Weise hat eine Patchworkfamilie mehr mit den familias und Großfamilien des Mittelalters und der Aufklärung zu tun als mit der heutigen Kleinfamilie: Sie erstreckt sich über mehrere Mütter und Väter, mehrere Großelternpaare, viele Geschwister und Tanten und Onkel und noch viel mehr Cousinen und Cousins. Es gab Zeiten, da musste ich, um wirklich zu verstehen, was gerade in unserer Familie passiert, die Familiengeschichte von Belas Eltern, von den Eltern der Mutter des Kleinen, von Helens Eltern und von meinen Eltern mitdenken. Ein unendlich verzweigter Fluss von Emotionen über Generationen hinweg.

Tanz der Mütter

Ariannas Mutter hatte Geburtstag, und sie lud mich zu ihrem Fest ein, mich und Bela. Es war eine große Sache, weil Bela zum ersten Mal seit 15 Jahren eingeladen war: In Ariannas Kindheit hatten er und Helen dermaßen darüber gestritten, in welchem Land sie leben sollten, dass so etwas jahrelang absolut undenkbar gewesen war. Aber jetzt stritten sie nicht mehr, und Helen und ich mochten uns, seit wir uns zum ersten Mal sahen: Sie in einem umwerfenden gelben Kleid, kurz nach einem Foto-Shooting in ihrem Café, und ich in einem Jeans-Overall, sie begrüßte mich warmherzig und rief: »Ich ziehe mich um!«, und sie kam im Jeans-Overall wieder raus.

Und jetzt lud sie uns zu ihrem Geburtstag ein. Da lag ich nun, in Helens Café, unter einer Decke, auf einer Yoga-Matte auf dem Boden, auf der einen Seite Bela, auf der anderen eine Freundin von Helen, und lauschte dem Gong. Denn Helen hatte eine Gong-Künstlerin für eine Gong-Reise zu ihrem Geburtstag eingeladen und all ihre 50 Gäst*innen gezwungen, sich im Dunkeln auf ihre Yoga-Matten zu legen, die Augen zu schließen und dem Gong zu lauschen. Der gongte. Er gongte ganz schön, ich hielt meine Augen geschlossen und lag zwischen 50 Freundinnen der Mutter der Tochter meines Geliebten, der neben mir lag, und es war absolut nicht absurd. Es war schön. Der Gong nahm alle Absurdität mit sich, er nahm auch meine Gedanken und meinen Körper mit sich, und so schwebte ich durch Helens Café und flog durch ihre Fenster hinaus zwischen den Baumwipfeln hindurch in die Nacht, und als der Gong versiegte, wollte ich nicht mehr zurück auf den Boden, doch das musste ich, und dann kam eine ältere Frau an Ariannas Seite auf mich zu, und Arianna strahlte mich an: »Elsa, das ist meine Großmutter!«, und sie strahle mich auch an, diese Frau. »Es freut mich sehr!«, sagte sie, sie habe schon viel von mir gehört, und ihr Gesicht sagte mir, dass es mehr Gutes als Schlechtes gewesen sein musste.

Sie erzählte ein bisschen über Helen als Kind, schließlich war ja Helens Geburtstag, also erzählte sie mir und Arianna und Bela, wie sie Helen bekommen hatte: Sie war in der Oper, mit Helens Vater, als die Wehen einsetzten, und sie sollte nicht einfach so aufstehen, mittendrin, deshalb hielt sie es bis zur Pause durch, um ins Krankenhaus zu fahren, wo Ariannas Mutter dann wenige Stunden nach den Arien zur Welt kam, was natürlich ein bisschen erklärt über Helens Art, aus allem im Leben eine Oper zu machen. Und dann begann ich Ariannas Großmutter zu erzählen, was für eine tolle jugendliche Enkelin sie da hatte, obwohl sie das natürlich schon wissen musste, aber eine Geschichte kannte sie sicher noch nicht, denn das war die Geschichte von Arianna und meiner Mutter. Sie hatten sich endlich kennengelernt.

Das kam so: Bei meinem ersten gemeinsamen Urlaub mit Bela, Arianna und dem Kleinen am Gardasee brach ich eines Abends weinend zusammen. Mir war klar geworden, dass meine Mutter meine Familie, den Kleinen und Arianna, nie kennenlernen würde. Sie würden sich nie sehen, sie würden nie zusammen lachen, sie würden nie den großartigen Couscous meiner Mutter schmecken. Ich weinte den ganzen Abend in Belas Armen, Arianna war noch wach und häkelte drinnen an ihrem Bikini; sie traute sich nicht vor die Tür, wo ich schluchzte. Obwohl sie nicht zu uns rauskam, muss Arianna das alles mitbekommen haben, denn danach fragte sie mich viel nach meiner Mutter: wie sie so war; ob sie mehr so wie ihre Mutter war oder wie die Mutter von ihrem Bruder; ob sie Arianna wohl mögen würde. Ich erzählte ihr immer wieder von meiner Mutter, und Arianna gefielen die Geschichten, und je mehr ich ihr Lachen über den Witz meiner Mutter sah, das Verständnis für die Schwächen meiner Mutter und die Verletzungen, die meine Mutter mir angetan hatte, desto mehr bekam ich das Gefühl, dass die beiden sich kennenlernten, dass sie sich mochten, und mehr noch: In dieser Sympathie zwischen Arianna und meiner Mutter fand ich immer mehr Sympathie für die Beziehung zwischen Arianna und ihrer Mutter. Ich glaube, wir haben sehr viel gemeinsam, Arianna und ich, in den Verhältnissen zu unseren Müttern.

Dann kam der 16. Januar, es war der Januar nach dem *Eseli*-Weihnachten, der siebte Todestag meiner Mutter, und ich war nicht in Berlin, um zu ihrem Grab zu gehen und ihr einen Strauß ihrer Lieblingsblumen zu bringen. Ich war in Wilhelmshaven bei meinem Vater, meinem Bruder und meiner Stiefmutter, weil ich das Gefühl hatte, meine Trauer mit denen teilen zu wollen, die meine Mutter wenigstens kannten. Keine so gute Idee, so weit weg vom Friedhof und mit niemandem in Berlin, der meine Mutter besuchen konnte. Kein Mensch in

Berlin, der meiner Mutter gekannt hatte, der ihr Blumen bringen konnte. Kein Mensch?

Da rief mich Arianna plötzlich an, in Tränen aufgelöst: In der Schule hatte sie an der Tafel gestanden, Mathe, und versucht, die Aufgabe zu lösen, und plötzlich gemerkt, wie drei Jungs über ihren Arsch gesprochen hatten. Erst leise, dann immer lauter: »Man kann einfach nicht weggucken, höhöhöhöhö«, schließlich so laut, dass die ganze Klasse es hören musste, war sich Arianna sicher. Arianna konnte sich auf nichts mehr konzentrieren, sie drehte sich um, alle starrten sie an, und die Lehrerin? Machte nichts. »Und weißt du, was das Schlimmste war? Danach habe ich einen der Jungs getroffen, auf dem Schulhof, und er sagte: ›Hey, sorry, das war blöd vorhin‹, und weißt du, was ich sagte? Ich sagte: ›Ach, alles gut!‹ ALLES GUT, Elsa! ALLES GUT?! Jetzt habe ich ihnen auch noch die Erlaubnis für ihr Scheißverhalten gegeben?! Was soll ich denn jetzt tun? Morgen sehe ich sie wieder! In MATHE!« Wir überlegten zusammen: dass sie direkt zu ihnen gehen sollte, schnellen Schrittes, selbstbewusst, aber nicht zu wütend, einfach überzeugend, sich vor sie stellen und ihnen sagen: »Das, was ihr gestern hier abgezogen habt, geht gar nicht. DAS MACHT IHR NIE WIEDER.« Wir haben lange daran gearbeitet, dass es keine Beschwerde sein darf und keine Bitte, so was zu unterlassen – sondern einfach eine trockene Feststellung: »Das macht ihr nie wieder.«

Ich fand es so schön, dass Arianna mich angerufen hatte, dass ich mich traute: »Du, Arianna, kann ich dich etwas fragen?« »Ja!« »Morgen ist der Todestag meiner Mutter, und ich bin ja nicht in Berlin, und ich dachte, vielleicht kannst ja du …« – »Ja! Ja, das mache ich gerne! Auf jeden Fall!«

Sie klärte die Sache mit den Jungs in der Schule, die sich bei ihr entschuldigten, ganz ehrlich entschuldigten sie sich für ihr mieses patriarchales Scheißverhalten, ich war beeindruckt, Jugendliche im Jahr 2022. Und dann bereitete sich Arianna für den Friedhof vor: Sie mag Frühlingsblumen, hatte ich ihr gesagt, besorge so viel Frühling, wie du im Januar nur finden kannst. Arianna kaufte die Lieblingsblumen meiner Mutter im Blumenladen, sie organisierte, dass Helen sie zum Friedhof fuhr, aber zum Grab, entschied Arianna, wollte sie dann alleine gehen. Und das tat Helen wirklich: Sie fuhr ihre Tochter zum Grab der Mutter ihrer Stiefmutter, und sie wartete im Auto.

Am 16. Januar leuchtete dann mein Handy: Nachricht von Arianna. Ein Video. Arianna auf dem Friedhof, hinter ihr der graue Januarhimmel, sie stellte das filmende Handy in der Ecke des Urnengrabs auf den Boden, sodass man das Grab und sie sehen konnte. Sie kniete auf dem Rasen vor dem Grab, wie ich es nun schon jahrelang immer getan hatte, nie waren wir bisher zusammen hier gewesen, und nun war sie hergekommen. Ariannas Gesicht war voller Liebe und Respekt. Sie hatte einen Strauß bunter Freesien und Gerbera dabei, einen richtig leuchtenden Frühlingsstrauß im grauen Januar, rot, gelb, rosa, weiß, lila, sie knüpfte ihn auf und verteilte die Blumen rund um den Stein, in aller Ruhe, eine nach der anderen, als würde sie den Stein mit Blütenblättern streicheln. Dann hielt sie eine Kerze hoch, schaute zu mir, zündete sie an und stellte sie in die kleine Laterne. Und dann hielt sie noch etwas hoch: einen Brief. Von Arianna. An meine Mutter. Liebe Eve.

Wir tanzten. Als ich das alles Ariannas Oma erzählte, da auf dem Geburtstag von Helen, und die Augen der Großmutter leuchteten, da spürte ich, wir tanzten, alle zusammen, im Café der Mutter der Tochter meines Partners: Arianna, Ariannas Mutter, Ariannas Großmutter, meine Mutter und ich.

Wir tanzten den Tanz der Mütter.

Stieftochter sein

Ich bin Arianna. Ich bin eine Stieftochter. Genau genommen bin ich eine zweifache Stieftochter, auch wenn ich mich schwertue damit. Ich bin die Tochter von Bela und Helen. Als ich drei war, heiratete mein Vater die Mutter meines Bruders. Und als ich 13 war, zog er mit Elsa zusammen. Solange ich mich erinnern kann, hatte ich immer eine Stiefmutter an meiner Seite. Man könnte also denken, dass ich mich daran gewöhnt habe. An die Situation und an den Begriff. Aber (spoiler alert): auf gar keinen Fall. Selbst jetzt, mit 17, weckt der Begriff gruselige Bilder in mir und ich kriege dieses Urgs-Gefühl im Bauch, das Elsa beschrieben hat.

Natürlich ist es ein Unterschied, ob man eine Stiefmutter mit drei Jahren bekommt oder mit 13. Meine beiden Stiefmütter haben mich auf unterschiedliche Weise geprägt, ich wäre heute nicht dieselbe Person, wenn sie nicht Teil meines Lebens gewesen wären, ob mir das gefällt oder nicht.

Als ich Elsa kennenlernte, gefiel sie mir fast sofort. Das Erste, was ich bemerkte, war ihr Unterlippen-Piercing, ich hab mich gleich gefragt … kann so eine Stiefmutter aussehen?

Mir war schnell klar, dass ich Elsa nicht in eine Schublade stecken konnte. Auch unsere Beziehung wusste ich nicht einzuordnen. Ich fand Elsa nett, sympathisch, und doch war ich oft wütend, genervt, zog sich mein Magen zusammen, und es dauerte eine Zeit, bis ich mir eingestand, dass ich eifersüchtig war.

Das war kein schönes Gefühl. Ich wollte nicht eifersüchtig sein. Gleichzeitig wusste ich nicht, wie ich diese negativen Empfindungen loswerden sollte. Irgendwann entschloss ich mich zu einer Gesprächstherapie. Und mit der Zeit wurde mir klar, dass nicht Elsa Schuld an meinen Gefühlen war, dass sie nichts mit ihrer Persönlichkeit zu tun hatten, sondern mit mir und meinen bisherigen Verletzungen.

Es war, als fände ich das Licht am Ende eines dunklen Tunnels.

Ab diesem Punkt ging es wirklich bergauf. Obwohl wir schon zwei Jahre zusammenlebten, lernte ich Elsa noch einmal komplett neu kennen, und zwar mit meinen eigenen Augen, nicht durch diese dunkle Sonnenbrille, die aus den Erfahrungen meiner Kindheit entstanden war. Ich begann Elsa wirklich gern zu mögen, und mir fiel auf, wie ähnlich wir uns eigentlich sind. Zum Beispiel: Wie sehr wir uns beide für andere Menschen und ihr Verhalten interessieren; wir wollen andere verstehen, wir wollen sie so gut behandeln, wie wir können. Nachdem ich länger bei Elsa und meinem Vater lebte, merkte ich, dass sie in manchen Situationen besser wusste, was mir guttun würde, als ich selber. Heute ist sie eine meiner engsten Vertrauenspersonen.

Was ich am meisten zu schätzen lernte, war, dass wir über die Schwierigkeiten und schrecklichen Seiten unserer Beziehung sprechen konnten. Wir merkten, dass wir oft mit den gleichen Gefühlen und Situationen umgehen mussten. Zum Beispiel hatten wir einen ähnlichen Traum: Wir befanden uns mit der Familie in einem brennenden Haus und mussten raus. In meinem Traum rettete mein Vater Elsa zuerst und ich verbrannte langsam. In Elsas Traum half Papa zuerst mir.

Ich kann mir vorstellen, dass das dämlich klingt, und das merkten wir sofort, als wir es zum ersten Mal aussprachen.

Gleichzeitig denke ich, dass es zeigt, wie sehr unsere Stiefmutter-Tochter-Beziehung anfangs von Stereotypen geprägt war, von denen wir uns befreien mussten. Ich kann euch nur ans Herz legen, dasselbe zu tun, weil ihr sonst viel verpassen würdet.

Ich zum Beispiel käme niemals in den Genuss von Elsas phänomenaler Phô-Suppe, die sie immer für mich kocht, wenn ich krank bin.

Danke

Kein Buch wird von nur einer Autorin geschrieben, und so ist es auch mit diesem: Die Co-Autorinnenschaft durch meine Ideengeberinnen, Diskussionspartnerinnen, Hinweiserinnen, Mitdenkerinnen, Umdenkerinnen, Weiterdenkerinnen, Infragestellerinnen, Korrektorinnen, Unterstützerinnen und Schulteranbieterinnen ist so vielfältig, dass keine Liste diesem ewigen gesellschaftlichen Fluss des Schreibens gerecht werden kann.

So kann ich nur mein Bewusstsein darüber sichtbar machen, dass die Inspiration für dieses Buch ohne meine klugen Kolleginnen in der Wochenzeitung *der Freitag*, vor allem Susann Massute, Lisa Kolbe, Alina Saha und Ebru Taşdemir, wohl kaum entstanden wäre: Nur in der kollektiven Wärme unseres Gesprächs konnte die Idee der Stiefmutter-Befreiung gedeihen. Danke für eure Neugier, Empathie und Solidarität.

Ohne meine geliebten Freundinnen Franziska Brachthäuser, Sevda Evcil, Mélina Germes, Andrea Kretschmann, Theresa Richarz und Tine Steininger hätte ich diese Idee nie umsetzen können: Nur durch euer Zuhören, euer stetes Raten zu Geduld und euer solidarisches Einfühlen in ausnahmslos alle Mitglieder meiner Familie konnte ich die Ruhe und den Abstand gewinnen, meine Rolle als Stiefmutter zu verstehen. Danke für eure kritische Begleitung und euer Verständnis für eine immer wieder abgetauchte, unerreichbare, weil schreibende Freundin.

Danke allen Stiefmüttern, die mich in langen Gesprächen in

ihre Leben hineingelassen haben, damit wir alle gemeinsam etwas lernen können.

Und vor allem danke ich euch, meiner Familie, für euer Vertrauen, mich ein Buch schreiben zu lassen, das aus den Tiefen unserer und eurer Familiengeschichte erzählt, und mir dabei alle Freiheit zu schenken. Danke, meine Stieffreundintochtermitbewohnerin, für deine Freundschaft, deine herzliche Weisheit und dein weises Herz. Danke, mein Schlumpf, dass du mich in dein kleines blaues Herz gelassen hast und ungestüm Stiefmütter verteidigst, wo auch immer sie beaugenrollt werden. Et merci, mon Amore. Ohne dich gäbe es weder dieses Buch noch unsere Familie noch die Mutter in mir. Io vorrei, non vorrei – ma se vuoi …

Literatur

Achtelik, Kirsten: Behindert, queer, Kinderwunsch? Ein Anstoß für die politische Debatte. In: Gen-ethischer Informationsdienst, S. 16–18, Ausgabe 242

Alber, Erdmute: Transfers of Belonging. Child Fostering in West Africa in the 20th Century, Leiden, Netherlands: Brill 2018

Anapol, Deborah: Polyamory in the 21st century. Love and Intimacy with Multiple Partners, Lanham, Boulder, New York, Toronto, Plymouth: Rowman & Littlefield Publishers 2011

Aglietta, Michel: Ein neues Akkumulationsregime. Die Regulationstheorie auf dem Prüfstand, Berlin: VSA 2000

Ahmed, Sara: The cultural politics of emotion, Edinburgh: University Press 2004

Arendt, Hannah/McCarthy, Mary: Im Vertrauen. Briefwechsel 1949–1975, hrsg. von Carol Brightman, Wiederveröffentlichung München: Piper 2020

Barthes, Roland: Fragmente einer Sprache der Liebe, Frankfurt a. M.: Suhrkamp 1988

Baureithel, Ukrike: Der Eigen-Sinn des Gebärens. Von den Grenzen der Planbarkeit des Menschen, in: Forum Wissenschaft, hrsg. vom Bund Demokratischer Wissenschaftlerinnen und Wissenschaftler e. V., Marburg, Ausgabe 04/2007, www.bdwi.de/forum/archiv/archiv/907652.html

Baureithel, Ulrike: Unter der Flagge der Selbstbestimmung: Das Geschäft mit dem Kinderwunsch, in: Blätter für deutsche und internationale Politik, Herausgeberkreis, Berlin, Januar 2023, S. 35–38

Bettelheim, Bruno: Kinder brauchen Märchen, 2. Aufl. München: Deutscher Taschenbuch Verlag 1980

Bettelheim, Bruno: Gespräche mit Müttern, 8. Aufl. München: Piper 1988

BFSFJ: Stief- und Patchworkfamilien in Deutschland. Monitor Familienforschung, Ausgabe 31 www.bmfsfj.de/resource/blob/76242/1ab4cc12c386789b943fc7e12fdef6a1/monitor-familienforschung-ausgabe-31-data.pdf

Boltanski, Luc/Thévenot, Laurent: Über die Rechtfertigung. Eine Soziologie der kritischen Urteilskraft, Hamburg: Hamburger Edition 2007

Cammarata, Patricia: Raus aus der Mental Load-Falle. Wie gerechte Arbeitsteilung in der Familie gelingt, Weinheim/Basel: Beltz 2020

Deri, Jillian: Love's refraction. Jealousy and compersion in queer women's polyamorous relationships, University of Toronto Press 2015

Diehl, Sarah: Die Uhr, die nicht tickt. Kinderlos glücklich. Eine Streitschrift, Zürich, Hamburg: Arche 2014

Donath, Orna: #regretting motherhood. Wenn Mütter bereuen, 3. Aufl. München: Albert Knaus Verlag 2016

Doodson, Lisa und David Morley: Understanding the Roles of Non-Residential Stepmothers, in: Journal of Divorce Remarriage, Vol. 45, Philadelphia: The Haworth Press 2006

Entleitner-Phleps, Christine: Zusammenzug und familiales Zusammenleben von Stieffamilien. Doktorarbeit. Wiesbaden: Springer Fachmedien 2017

Fleet, Rebecca: Die Stiefmutter. Roman, 2. Aufl. München: Penguin 2022

Foucault, Michel: Überwachen und Strafen. Die Geburt des Gefängnisses, Frankfurt a. M.: Suhrkamp 1994

Foucault, Michel: Über Hermaphrodismus. Der Fall Barbin, hrsg. von Wolfgang Schäffner und Joseph Vogel, Frankfurt a. M.: Suhrkamp 1998

Frevert, Ute: Mächtige Gefühle. Von A wie Angst bis Z wie Zuneigung. Deutsche Geschichte seit 1900, 2. Auflage, Frankfurt am Main: Fischer 2020, S. 289

Fromm, Erich: Haben oder Sein. Die seelischen Grundlagen einer neuen Gesellschaft, Hamburg: Spiegel-Verlag 2006/2007

Gramsci, Antonio: Fordismus und Amerikanismus; in: Antonio Gramsci, Philosophie der Praxis, Hamburg: Argument 1995

Grünewald, Katharina: Glückliche Stiefmutter. Gut zusammen leben in Patchworkfamilien, erw. Neuausgabe, Freiburg: Herder 2018

Haller, Lisa Yashodhara und Alicia Schlender (Hrsg.): Handbuch Feministische Perspektiven auf Elternschaft, Opladen, Berlin, Toronto: Verlag Barbara Budrich 2022

Hill, Milli: Give Birth Like A Feminist. Your Body, Your Baby, Your Choices, London: HQ, HarperCollinsPublishers 2019

Hutfless, Esther und Barbara Zach (Hrsg.): Queering Psychoanalysis. Psychoanalyse und Queer Theory – Transdisziplinäre Verschränkungen, Wien: Zaglossus Verlag 2017; neu erschienen in der Edition Assemblage, Münster 2022

Illouz, Eva: Warum Liebe endet. Eine Soziologie negativer Beziehungen, Berlin: Suhrkamp 2018

Juul, Jesper: Aus Stiefeltern werden Bonuseltern. Chancen und Herausforderungen für Patchwork-Familien, 5. Aufl. Weinheim: Beltz Verlag 2021

Kaiser, Mareice: Das Unwohlsein der modernen Mutter, 4. Aufl. Hamburg: Rowohlt 2021

Kissling, Ute: How to survive als Stiefmutter. Vom glücklichen Leben mit Beutekindern und Bonusfamilie, Berlin: Schwarzkopf & Schwarzkopf 2017

König, Jochen: Mama, Papa, Kind? Von Singles, Co-Eltern, und anderen Familien, Freiburg im Breisgau: Herder 2015

Krüger, Wolfgang/Münzer, Katharina: Über-Leben in der Patchworkfamilie. Books on demand 2016

Kunze, Susann: Stieffamilien. Beziehungsqualität und kindliche Kompetenzentwicklung, Wiesbaden: Springer Fachmedien 2020

Martin, Wednesday: Stepmonster: A New Look at Why Real Stepmothers Think, Feel, and Act the Way We Do, CreateSpace Independent Publishing Platform 2015

Nelson, Maggie: Die Argonauten, Berlin: Hanser 2017

Notz, Gisela: Kritik des Familismus. Theorie und soziale Realität eines ideologischen Gemäldes, Stuttgart: Schmetterling Verlag 2015

Petermann, Susanne: »Du hast mir gar nichts zu sagen!« Stiefmutter sein ist nichts für Feiglinge, München: Diana Verlag 2015

Rousseau, Jean-Jacques: Émile oder über die Erziehung, Köln: Anaconda Verlag 2010

van Schaik, Carel und Kai Michel: Die Wahrheit über Eva. Die Erfindung der Ungleichheit von Frauen und Männern. 2. Aufl. Hamburg: Rowohlt 2020

Schlender, Alicia: Who Cares? Sorgearbeit in Co-Elternschaften: eine geschlechtertheoretische und gesellschaftskritische Untersuchung. Masterarbeit. Göttingen 2019: Georg-August-Universität

Schondelmayer, Anne-Christin/Riegel, Christine/Fitz-Klausner, Sebastian (Hg.): Familie und Normalität. Diskurse, Praxen und Aushandlungsprozesse, Opladen, Berlin, Toronto: Verlag Barbara Budrich 2020

SPD, Bündnis 90/Die Grünen, FDP: Mehr Fortschritt wagen. Bündnis für Freiheit, Gerechtigkeit und Nachhaltigkeit. Koalitionsvertrag zwischen SPD, Bündnis 90/Die Grünen und FDP 2021 www.bundesregierung.de/resource/blob/974430/1990812/04221173eef9a6720059cc353d759a2b/2021-12-10-koav2021-data.pdf?download=1

Tazi-Preve, Mariam Irene: Das Versagen der Kleinfamilie. Kapitalismus, Liebe und der Staat, Berlin: Verlag Barbara Budrich 2018

Tretau, Alisa (Hg.): Nicht nur Mütter waren schwanger. Unerhörte Perspektiven auf die vermeintlich natürlichste Sache der Welt. Münster: Edition Assemblage 2018

Vinken, Barbara: Die deutsche Mutter. Der lange Schatten eines Mythos, 2. Aufl. Frankfurt a. M.: Fischer Taschenbuch 2011

Weaver, Shannon und Marilyn Coleman: A mothering but not a mother role. A grounded theory study of the nonresidential stepmother role, in: Journal of Social and Personal Relationships, Thousand Oaks, California: SAGE Publishing 2005, S. 487

Wimbauer, Christine: Co-Parenting und die Zukunft der Liebe. Über post-romantische Elternschaft, Bielefeld: transcript 2021

Anmerkungen

1 vgl. zum langwierigen und noch immer andauernden Kampf um die Gleichstellung queerer Eltern etwa Richarz, Theresa: Lesbische Elternschaft und Schwule Elternschaft, in: *Handbuch Feministische Perspektiven auf Elternschaft*, hrsg. von Lisa Yashodhara Haller und Alicia Schlender, Opladen, Berlin, Toronto: Verlag Barbara Budrich 2022, S. 229–252

2 vgl. Doodson, Lisa und David Morley: Understanding the Roles of Non-Residential Stepmothers, in: *Journal of Divorce & Remarriage*, Vol. 45, Philadelphia: The Haworth Press 2006, S. 112

3 Nelson, Maggie: *Die Argonauten.* Berlin: Hanser Berlin 2017, S. 30

4 ebd., S. 30 f.

5 Frevert, Ute: *Mächtige Gefühle. Von A wie Angst bis Z wie Zuneigung.* Deutsche Geschichte seit 1900, 2. Auflage, Frankfurt am Main: Fischer 2020, S. 289

6 Dazu gehören der *Generations and Gender Survey* des Bundesinstituts für Bevölkerungsforschung, der *Familiensurvey* sowie der Survey *Aufwachsen in Deutschland: Alltagswelten* des Deutschen Jugendinstituts, vgl. Susann Kunze: *Stieffamilien. Beziehungsqualität und kindliche Kompetenzentwicklung*, Wiesbaden: Springer Fachmedien 2020

7 Der *Familiensurvey* des Deutschen Jugendinstituts 1999 kommt auf sieben Prozent, der *Generations and Gender*

Survey 2005 auf 13,6 Prozent und *AID:A* 2009 auf zehn Prozent.

8 vgl. Doodson, Lisa und David Morley: Understanding the Roles of Non-Residential Stepmothers, in: *Journal of Divorce & Remarriage*, Vol. 45, 2006, S. 112

9 Illouz, Eva: *Warum Liebe endet. Eine Soziologie negativer Beziehungen*, Berlin: Suhrkamp 2018, S. 32 und 38

10 Unter dem Begriff »mental load« wird jene emotionale Sorgearbeit diskutiert, die im elterlichen, meist mütterlichen Kopf stattfindet: das Mitdenken des emotionalen und psychischen Lebens der Kinder, die Planung und Organisierung von Alltagsaufgaben für die ganze Familie, wie etwa das Kaufen von Geschenken für die Geburtstage von Freund*innen der Kinder. International wurde der Begriff im feministischen Kontext von der französischen Comiczeichnerin Emma geprägt, in Deutschland machte ihn die Autorin und Bloggerin Patricia Cammarata mit ihrem Buch *Raus aus der Mental Load Falle: Wie gerechte Arbeitsteilung in der Familie gelingt* 2020 bekannt.

11 vgl. Bücker, Teresa: Kollektivität. In: *Handbuch Feministische Perspektiven auf Elternschaft*, hrsg. von Lisa Yashodhara Haller und Alicia Schlender, Opladen, Berlin, Toronto: Verlag Barbara Budrich 2022, S. 610

12 ebd.

13 Die Frage, ob es so etwas wie ein »Recht auf ein Kind« geben kann, wird unter Feministinnen insbesondere im Zusammenhang mit der Legalisierung von Eizellenspenden und Leihmutterschaft diskutiert. Vgl. hierzu etwa Kirsten Achtelik: Behindert, queer, Kinderwunsch? Ein Anstoß für die politische Debatte, in: *Gen-ethischer Informationsdienst*, 242, August 2017, S. 16–18; oder, ebenfalls kritisch: Ulrike Baureithel: Unter der Flagge der Selbstbestimmung:

Das Geschäft mit dem Kinderwunsch, in: *Blätter für deutsche und internationale Politik*, Köln, Januar 2023, S. 35–38

14 Bücker 2022, S. 610

15 van Schaik, Carel und Kai Michel: *Die Wahrheit über Eva. Die Erfindung der Ungleichheit von Frauen und Männern.* 2. Aufl. Hamburg: Rowohlt 2020, S. 101

16 Diehl, Sarah: *Die Uhr, die nicht tickt. Kinderlos glücklich. Eine Streitschrift.* Zürich, Hamburg: Arche 2014, S. 26

17 vgl. van Schaik und Michel 2020, S. 97

18 Zahlen des Statistischen Bundesamts zu Haushalten und Haushaltsmitgliedern in Deutschland von 2020: www.destatis.de/DE/Themen/Gesellschaft-Umwelt/Bevoelkerung/Haushalte-Familien/Tabellen/1-1-privathaushalte-haushaltsmitglieder.html

19 Alber, Erdmute: *Transfers of Belonging. Child Fostering in West Africa in the 20th Century*, Leiden, Netherlands: Brill 2018, S. 97

20 Alber 2018, S. 123

21 Alber 2018, S. 60f.

22 Alber 2018, S. 118

23 Krüger, Wolfgang/Münzer, Katharina: *Über-Leben in der Patchworkfamilie.* Berlin: Books on demand 2016

24 explorativ zu Co-Parenting in Deutschland: Schlender, Alicia: *Who cares? Sorgearbeit in Co-Elternschaften: eine geschlechtertheoretische und gesellschaftskritische Untersuchung.* Masterarbeit. Göttingen 2019: Georg-August-Universität, vgl. auch Christine Wimbauer: Co-Elternschaft. In: *Handbuch Feministische Perspektiven auf Elternschaft*, hrsg. von Lisa Yashodhara Haller und Alicia Schlender, Opladen, Berlin, Toronto: Verlag Barbara Budrich 2022, S. 550

25 vgl. Weaver, Shannon und Marilyn Coleman: A mothering but not a mother role. A grounded theory study of the nonresidential stepmother role, in: *Journal of Social and Personal Relationships*, Thousand Oaks, California: SAGE Publishing 2005, S. 487

26 Kunze, Susann: *Stieffamilien. Beziehungsqualität und kindliche Kompetenzentwicklung*, Wiesbaden: Springer Fachmedien 2020, S. 313

27 Weaver, Shannon und Marilyn Coleman: A mothering but not a mother role. A grounded theory study of the nonresidential stepmother role, in: *Journal of Social and Personal Relationships*, Thousand Oaks, California: SAGE Publishing 2005, S. 483, eigene Übersetzung aus dem Englischen

28 Rousseau, Jean-Jacques: *Émile oder über die Erziehung*, Köln: Anaconda Verlag 2010, S. 718

29 vgl. Weaver/Coleman 2005, S. 479

30 vgl. ebd., S. 478, eigene Übersetzung aus dem Englischen

31 Doodson/Morley 2006, S. 118 ff., eigene Übersetzung aus dem Englischen

32 ebd., S. 121

33 ebd., S. 121

34 zukunftsforum-familie.de, vgl. Notz, Gisela: *Kritik des Familismus. Theorie und soziale Realität eines ideologischen Gemäldes*, Stuttgart: Schmetterling Verlag 2015, S. 20

35 *Mehr Fortschritt wagen. Bündnis für Freiheit, Gerechtigkeit und Nachhaltigkeit.* Koalitionsvertrag zwischen SPD, Bündnis 90/Die Grünen und FDP 2021, S. 94 www.bundesregierung.de/resource/blob/974430/1990812/04221173eef9a6720059cc353d759a2b/2021-12-10-koav2021-data.pdf?download=1

36 Rousseau, Jean-Jacques: *Émile oder über die Erziehung*, Köln: Anaconda 2010, S. 32

37 van Schaik und Michel 2020, S. 94
38 ebd., S. 91
39 ebd., S. 96
40 zit. nach van Schaik/Michel 2021, S. 97
41 ebd., S. 313
42 Die revolutionäre Bewegung der Hussiten im 15. Jahrhundert, die Reformation, die Querelle des femmes zwischen dem 14. und 17. Jahrhundert in Frankreich: Sie alle trugen dazu bei, dass sich das Menschenbild und die Philosophie in Europa weiterentwickelten.
43 Vinken, Barbara: *Die deutsche Mutter. Der lange Schatten eines Mythos*, 2. Aufl. Frankfurt a. M.: Fischer Taschenbuch 2011, S. 113
44 Vinken 2011, S. 115 ff.
45 Vinken 2011, S. 130 f.
46 ebd., S. 132
47 Diehl 2014, S. 5
48 ebd.
49 ebd., S. 29
50 Rousseau 2010, S. 17 und 31
51 Rousseau 2010, S. 711
52 zit. nach Diehl 2014, S. 30
53 Rousseau 2010, S. 29
54 Vinken 2011, S. 136 und 143
55 Das Adjektiv »arbeiterlich« führte der Soziologe Wolfgang Engler als Bezeichnung für die Gesellschaftsform in der DDR ein – in Abgrenzung zur Mittelschichtsgesellschaft in Westdeutschland. Mir scheint es sinnvoll, diesen Begriff auch für die Lebensform von Arbeiter*innenfamilien im 19. und 20. Jahrhundert anzuwenden, in Abgrenzung zur bürgerlichen Lebensform, über die Rousseau sich auslässt.

56 Diehl 2014, S. 27

57 Notz 2015, S. 35

58 Vinken 2011, S. 240

59 vgl. Notz 2015, S. 80

60 BFSFJ: Stief- und Patchworkfamilien in Deutschland. Monitor Familienforschung, Ausgabe 31, S. 9 www.bmfsfj.de/resource/blob/76242/1ab4cc12c386789b943fc7e12fdef6a1/monitor-familienforschung-ausgabe-31-data.pdf

61 Diehl 2014, S. 21

62 »Weltweib« ist der deutsche Begriff, den der Schweizer Pädagoge Johann Heinrich Pestalozzi, anlehnend an Rousseau, in seinen Arbeiten über die Rolle der Mutter in den deutschen Sprachraum eingebracht hat: Das Kind eines Weltweibes habe keine Mutter, behauptete Pestalozzi, da sie ihr Herz ganz für sich behalte. Vgl. auch hier Vinken 2011, S. 148 ff.

63 Illouz 2018, S. 93 und 148 f.

64 ebd., S. 63

65 Boltanski, Luc/Thévenot, Laurent: *Über die Rechtfertigung. Eine Soziologie der kritischen Urteilskraft*, Hamburg: Hamburger Edition 2007, S. 39; zit. nach Illouz 2018, S. 95

66 Illouz 2018, S. 98

67 Doodson/Morley 2006, S. 109

68 Illouz 2018, S. 150

69 vgl. Weaver/Coleman 2005, S. 484

70 ebd., S. 483

71 Frevert 2020, S. 229

72 vgl. Tazi-Preve, Mariam Irene: *Das Versagen der Kleinfamilie. Kapitalismus, Liebe und der Staat*, Berlin: Verlag Barbara Budrich 2018, S. 21 ff.

73 Hutfless, Esther/Zach, Barbara (Hrsg.): *Queering Psychoanalysis. Psychoanalyse und Queer Theory – Transdiszipli-*

näre Verschränkungen, Wien: Zaglossus Verlag 2017; neu erschienen in der Edition Assemblage, Münster 2022

74 Katharina Grünewald: *Glückliche Stiefmutter. Gut zusammen leben in Patchworkfamilien*, erw. Neuausgabe, Freiburg: Herder 2018, S. 116

75 Juul, Jesper: *Aus Stiefeltern werden Bonuseltern. Chancen und Herausforderungen für Patchwork-Familien*, 5. Aufl. Weinheim: Beltz Verlag 2021, S. 47

76 vgl. Bettelheim, Bruno: *Kinder brauchen Märchen*, 2. Aufl. München: Deutscher Taschenbuch Verlag 1980, S. 231

77 Ahmed, Sara: *The cultural politics of emotion*, Edinburgh: University Press 2004

78 Deri, Jillian: *Love's refraction. Jealousy and compersion in queer women's polyamorous relationships*, University of Toronto Press 2015

79 Frevert 2020, S. 232

80 vgl. ebd., S. 241 ff.

81 ebd., S. 232

82 Barthes, Roland: *Fragmente einer Sprache der Liebe*, Frankfurt a. M.: Suhrkamp 1988, S. 74

83 Petermann, Susanne: *»Du hast mir gar nichts zu sagen!« Stiefmutter sein ist nichts für Feiglinge*, München: Diana Verlag 2015, S. 49

84 ebd. S. 51

85 ebd. S. 58

86 ebd. S. 116

87 Deri 2015, S. 16

88 Fromm, Erich: *Haben oder Sein. Die seelischen Grundlagen einer neuen Gesellschaft*, Hamburg: Spiegel-Verlag 2006/2007, S. 60

89 ebd., S. 61

90 Petermann 2015, S. 145

91 Fromm 2006/2007, S. 132

92 Deri 2015, S. 32

93 vgl. Anapol, Deborah: *Polyamory in the 21st century. Love and Intimacy with Multiple Partners*, Lanham, Boulder, New York, Toronto, Plymouth: Rowman & Littlefield Publishers 2011, S. 121

94 Anapol 2011, S. 121 f.

95 Fromm 2006/2007, S. 196

96 Deri 2015, S. 89

97 ebd.

98 Anapol 2011, S. 105

99 Kunze 2020, S. 299

100 Ich würde ja gerne damit angeben, dass ich auf die Idee kam, den Briefwechsel zwischen der US-amerikanischen Schriftstellerin Mary McCarthy und der Philosophin Hannah Arendt zur Untersuchung der Stiefmutterrolle heranzuziehen, aber das war die Künstlerin Nina Wood. An der Hochschule für Gestaltung in Offenbach forscht die Designerin zu *Schreiben aus Bruchstücken – Materialistisches Schreiben im Spätkapitalismus*. Nach dem Tod ihrer Stiefmutter beschäftigte sich Nina Wood mit ihrer Trauer und fertigte ein (bruchstückhaftes) Textbuch dazu an, u. a. mit Zitaten von Mary McCarthy.

101 Arendt, Hannah/McCarthy, Mary: *Im Vertrauen. Briefwechsel 1949–1975*, hrsg. von Carol Brightman, Wiederveröffentlichung München: Piper 2020, S. 158

102 ebd., S. 191

103 ebd., S. 193 f.

104 Man darf nicht müde werden zu betonen, dass dieses Bild der harmonischen Familie sehr häufig ein Trugschluss ist. Die vollen Frauenhäuser und die leisen Berichte misshandelter Kinder erzählen eine ganz andere Geschichte über die

geschlossene »Kernfamilie«, die allzu häufig kein Rückzugsort und Schutzraum ist, sondern im Gegenteil ein Ort der Ohnmacht und der Gewalt.

105 vgl. McCarthy 2020, S. 189

106 Kissling, Ute: *How to survive als Stiefmutter. Vom glücklichen Leben mit Beutekindern und Bonusfamilie*, Berlin: Schwarzkopf & Schwarzkopf 2017, S. 132 f.

107 Der italienische Philosoph Antonio Gramsci prägte den Begriff »Fordismus« und untersuchte die Auswirkungen der fordistischen Produktionsweise auf die Arbeiter; der Begriff wurde später von dem französischen Wirtschaftswissenschaftler Michel Aglietta zur Wirtschaftstheorie eines eigenen Akkumulationsregimes weiterentwickelt. Vgl. etwa Gramsci, Antonio: Fordismus und Amerikanismus; in: Antonio Gramsci, *Philosophie der Praxis*, Hamburg: Argument 1995 und Aglietta, Michel: *Ein neues Akkumulationsregime. Die Regulationstheorie auf dem Prüfstand*, Berlin: VSA 2000

108 vgl. zum Zusammenhang zwischen wirtschaftlicher Entwicklung und Biopolitik: Ulrike Baureithel: Der Eigen-Sinn des Gebärens. Von den Grenzen der Planbarkeit des Menschen, in: *Forum Wissenschaft*, hrsg. vom Bund Demokratischer Wissenschaftlerinnen und Wissenschaftler e. V., Marburg, Ausgabe 04/2007, www.bdwi.de/forum/archiv/archiv/ 907652.html

109 Kissling 2017, S. 134

110 Koester, Elsa: »Ey, frag ruhig!«, erschienen in der Wochenzeitung *der Freitag*, 13.12.2018, Ausgabe 47/2018, https://www.freitag.de/autoren/elsa-koester/ey-frag-ruhig

111 Foucault, Michel: *Überwachen und Strafen. Die Geburt des Gefängnisses*, Frankfurt a. M.: Suhrkamp 1994, S. 183

112 Foucault 1994, S. 236

113 Uneindeutigkeit hieß in diesem Kontext nicht, als welches Geschlecht sich das Baby oder Kleinkind fühlte, das dazu weder befragt werden konnte noch befragt werden sollte – sondern es ging um körperliche Intersexualität, also zum Beispiel um äußere Geschlechtsteile, die zu lang für eine Norm-Klitoris und zu klein für einen Norm-Penis waren.

114 Foucault, Michel: *Über Hermaphrodismus. Der Fall Barbin*, hrsg. von Wolfgang Schäffner und Joseph Vogel, Frankfurt a. M.: Suhrkamp 1998, S. 8

115 Foucault 1998, S. 8 ff.

116 Illouz 2018, S. 63

117 Illouz 2018, S. 67

118 Illouz 2018, S. 70

119 vgl. Illouz 2018, S. 326 f.